China

大变局下的

中欧经贸合作

Europe

China-EU Economic Cooperation against the Backdrop of Profound Changes Unseen in a Century

殷仲义　何冬妮◎等著

中国工人出版社

图书在版编目（CIP）数据

大变局下的中欧经贸合作 / 殷仲义，何冬妮等著.
—北京：中国工人出版社，2020.7
ISBN 978-7-5008-7484-3

Ⅰ.①大… Ⅱ.①殷… ②何… Ⅲ.①经贸合作—研究—中国、欧洲 Ⅳ.①F125.55

中国版本图书馆CIP数据核字（2020）第173172号

大变局下的中欧经贸合作

出 版 人	王娇萍
责任编辑	左　鹏
责任印制	黄　丽
出版发行	中国工人出版社
地　　址	北京市东城区鼓楼外大街45号　邮编：100120
网　　址	http://www.wp-china.com
电　　话	（010）62005043（总编室）　（010）62005039（印制管理中心）
发行热线	（010）62005996　（010）82029051
经　　销	各地书店
印　　刷	北京市密东印刷有限公司
开　　本	710毫米×1000毫米　1/16
印　　张	20.5
字　　数	300千字
版　　次	2020年12月第1版　2021年10月第2次印刷
定　　价	68.00元

目 录

结 语 推进中欧自贸进程的共识与行动

附 件 中欧合作的相关数据与建议

参考文献

前　言

处在历史关口的中欧经贸合作

迟福林

2014 年 4 月 1 日，习近平主席在欧洲学院发表重要演讲时指出，“我这次欧洲之行，就是希望同欧洲朋友一道，在亚欧大陆架起一座友谊和合作之桥。我们要建设和平稳定之桥，把中欧两大力量连接起来。我们要建设增长繁荣之桥，把中欧两大市场连接起来。我们要建设改革进步之桥，把中欧两大改革进程连接起来。我们要建设文明共荣之桥，把中欧两大文明连接起来。”① 当天下午，中国（海南）改革发展研究院（简称“中改院”）在中国驻欧盟使团的支持下，与欧洲学院合作举办了以“中国改革对欧洲和世界的影响”为主题的国际研讨会，中改院在论坛上倡议启动中欧自贸区可行性联合研究。自此以来的 6 年时间里，我和我的团队围绕推进中欧自贸进程等中欧经贸合作的重要议题与欧洲的智库、专家、学者合作开展了一系列的研究和研讨，特别是就加快中欧自贸进程不断地发出改革智库的声音。

大变局下，中国发展的外部环境和外部形势更为复杂，中欧合作的战略性、重要性、现实性进一步凸显。在 2019 年中欧领导人峰会发布的

① 习近平主席关于中欧关系的重要论述[N]. 人民日报，2015-10-16.

《第二十一次中国—欧盟领导人会晤联合声明》（简称《联合声明》）中，双方承诺在2020年达成高水平的中欧投资协定，并提出在下一次领导人会晤之前制定新的合作议程。这在经济全球化遭遇贸易保护主义、单边主义、民粹主义等全球化逆潮严重冲击之际，具有十分重要的意义。在我看来，立足2020，面向2035，展望中欧合作新议程的基本框架，就是以维护基于规则的多边贸易体制为目标，双方应以自由贸易为引领，以服务贸易为重点，以双边促多边，在经贸、投资、服务、环保、治理、可持续发展等广阔领域全面深化中欧合作。

一、 坚定维护多边原则是中欧经贸合作的战略选择

1. 疫情正在深刻改变中欧经贸合作的外部环境。从外部看，疫情冲击下某些产业链、供应链区域化及本土化可能成为一个新的趋势；与此同时，疫情助推某些孤立主义、单边主义、民族主义和贸易保护主义思潮，大国经贸关系正在发生更复杂的变化。

2. 中欧都正面临着重大的挑战。从各自内部看，如果疫情再次引发欧元区债务危机，那么欧盟一体化将有可能陷入危机；疫情已对中国扩大开放进程带来严峻挑战，并对中国的经济转型与改革进程产生影响。

3. 坚定维护多边原则是中欧的共同选项。在这个历史关头，中欧坚定维护多边主义原则，合作应对疫情加剧的经济全球化逆潮，是中欧经贸合作的战略选项。

二、 以一体化大市场为目标是中欧务实的战略选择

1. 中欧经济结构的互补性蕴含中欧一体化大市场的巨大需求空间。欧盟总体已经进入后工业化时期，中国正进入工业化后期，2018年欧盟人均GDP接近中国的4倍；欧盟整体服务业比重（78.8%）比中国服务业比重

（52.2%）高出许多。[1] 中欧经济结构的互补性远大于竞争性，中欧间贸易投资需求潜力特别是服务贸易潜力远未释放。

2. 中国经济转型趋势蕴含中欧贸易投资的巨大需求空间。未来 10~15 年，中国人口城镇化与产业转型升级将不断扩大中欧经贸合作的巨大市场空间。2010 年以来，中国一直是欧盟服务出口增速最快的市场，随着中国服务消费需求的快速释放，以一体化大市场为目标推进形成中欧经贸合作新格局，将加快释放中欧贸易投资需求潜力。这既可以刺激欧盟经济复苏从而为欧盟的稳定发展提供助力，也将释放中国巨大的消费潜力。

3. 中欧走向一体化大市场是中欧与世界的共赢。在疫情全球大流行的背景下，中欧就走向一体化大市场做出制度安排，将对稳定全球投资者和消费者预期、重塑信心产生重大作用。这既可以刺激欧盟经济复苏从而为欧盟的稳定发展提供助力，也将释放中国巨大的消费潜力，这将为遭受疫情严重冲击的世界经济的复苏注入强劲动力。

三、加快由投资协定谈判转向自贸协定谈判进程，是中欧深化经贸合作的战略选项

1. 中欧一体化大市场需求潜力的释放取决于双方自由贸易的制度安排。客观看中欧贸易投资潜力的释放越来越受限于双方缺乏自由贸易的制度安排。立足实现中欧一体化大市场，尽快推动中欧投资协定谈判转向中欧自贸协定谈判，对中国、对欧盟是现实的战略选项。

2. 尽快启动中欧自贸区可行性联合研究。建议中欧努力在 2020 年完成投资协定谈判，尽快启动中欧自贸区可行性联合研究，向全球释放世界两大主要经济体推进自由贸易进程的强有力的信号，为疫情严重冲击下的世界经济注入新的信心和能量。

---

① 2018 年欧盟的数据包括英国，欧盟数据来源于经合组织统计数据库。
国家统计局．服务业成为中国经济第一大产业[EB/OL]．国家统计局网站，2019-07-22.

3. 携手维护和推动开放、包容、普惠、平衡、共赢的自由贸易进程。中欧启动自贸区进程，推动中欧两大市场的一体化，是中欧在大变局下赢在转折点的重要选择，是共同促进世界经济可持续增长的重要选择，也是中欧共同影响21世纪全球治理变革的重要选择。中欧应在政府、企业、智库、社会、舆论等多个层面加强交流对话，尽快就建立中欧自贸区达成共识。

四、 务实推动变革中国与变革欧洲的合作进程

无论是实现双边合作突破，还是共同推进多边进程，中欧都需要加快推进各自的结构性改革，打破阻碍双边多边开放合作的结构性、制度性壁垒。

1. 把结构性改革纳入中欧合作新议程。中欧携手推进双边多边的开放合作，促进双边多边贸易投资自由化和便利化，对欧盟成员国的劳动力市场、财政金融制度改革，对中国的服务业市场开放、城乡一体化发展、市场监管改革都提出了新的要求。在中欧合作新议程中，中欧改革伙伴关系要放在更加突出的位置。推进中欧自贸进程的突出矛盾在于中欧贸易投资合作的结构性、制度性壁垒。打破阻碍中欧自贸进程的结构性制度性障碍，对中国加快以服务业市场开放为重点的结构性改革提出了新的要求，也对欧盟推进劳动力市场、财政金融制度等结构性改革提出了新的要求。只有通过中欧各自内部的结构性改革，从根本上破除影响中欧自由贸易进程的结构性制度性壁垒，才能逐步实现中欧之间商品、服务、要素的自由流动和优化配置，从而走向中欧一体化的大市场。

2. 以开放、透明和可持续发展为原则推进“一带一路”与欧亚互联互通战略对接的重大项目。中国把欧盟作为“一带一路”倡议重点合作对象。欧盟在跨境、区域和全球互联互通网络及相关规则、制度建设上有许多实践经验。关键是从长远出发，尽快研究形成“一带一路”与欧亚互联互通战略对接的重大项目清单和时间表，以开放、透明和可持续发展为原

则加快重大合作项目的落地。

3. 以变革中国与变革欧洲携手推进全球多边经贸体系变革。中欧双边合作对于维护以联合国为核心的多边体系极为重要。尤其在 WTO 改革问题上，中欧合作的核心问题是坚持维护以自由贸易为主线的多边合作体系。以推进全球经济治理新变革为共同目标，中欧应加快推进 WTO 争端解决机制、透明度、市场监管等改革取得重大进展，共同发起 WTO 新议题，使 WTO 吸收新一代区域贸易协定中的新内容，共建 WTO 多边贸易体系的升级版。

在过去几年的研究基础上，在国家社科基金重点项目“建立中欧自贸区面临的结构性矛盾及其破解”支持下，我和我的团队研究撰写了《大变局下的中欧经贸合作》研究报告。本研究报告是我院研究团队集体创作的成果，主要编写者有殷仲义、何冬妮、匡贤明、陆峰、危文锋等，钟尹曼、朋程等参与了资料收集和数据整理工作。当前，新冠肺炎疫情正在全球蔓延，严重冲击全球经济格局、经济秩序以及国际经贸关系，给中欧关系带来许多不确定性。在这个历史关头，需要发挥智库在中欧合作新议程中的重要积极作用。我与我的团队将继续关注和研究推进中欧自贸进程和中欧经贸合作涉及的重大课题。

谨以此书献给中欧建交 45 周年！

迟福林
2020 年 5 月 6 日

China

导言

大变局下的中欧经贸合作

Europe

在全球处于百年未有之大变局、全球秩序重塑的历史当口，中国与欧盟作为世界多极化、经济全球化、区域经济一体化的重要力量，以推进自由贸易进程为主线深化双方经贸合作，从而推动双边关系向更高水平迈进，是双方应对大变局的重大选项和现实路径。

本报告研究了全球大变局下中欧面临的共同挑战与共同责任，分析了推进中欧自贸进程的现实基础和重大机遇以及推进中欧自贸进程面临的结构性矛盾，提出了2020—2035年加快中欧自贸进程的基本目标及其以此为目标导向推进欧盟内部结构性改革和中国内部结构性改革建议。

在本书定稿之际，新冠肺炎疫情演变为全球大流行，有可能成为世界秩序重塑的历史拐点。无论是对中国还是对欧盟而言，新冠肺炎全球大流行成为各国内部治理和全球治理大考。但是，全面系统研究怎样通过深化自贸合作共同应对新冠肺炎全球大流行及其深远影响，不是本课题设计的研究内容，而是本课题组计划研究的另外一个重大课题。

一、全球大变局下中欧关系的重要变化

1. 世界正处于百年未有之大变局。世界经济政治格局正处于大调整、大变革中。随着新兴经济体的整体性崛起和各国综合实力对比的变化，世界正在加速走向多极化。贸易保护主义、民粹主义、单边主义等经济全球化逆潮冲击世界经济，WTO多边贸易体制面临生存危机，经济全球化正在危机中重塑自由贸易的动力结构。美国正在退出“二战”后由其推动引领形成的全球多边贸易体制和全球治理体系，由全球主义转向美国优先的趋势明显，不但带头由多边主义转向单边主义和贸易保护主义，挑起美欧贸

易争端、中美贸易战，还大幅减少美国对全球公共产品的供给，导致美国全球领导力减弱，给世界经济、地缘政治、国际关系带来复杂变化和不确定性。

2. 欧盟一体化进程面临前所未有的严峻挑战。从20世纪90年代欧盟诞生后到2010年欧洲主权债务危机爆发之前，欧盟一体化的深度和广度不断扩大——从深度上，欧盟从区内自由贸易到共同市场再到货币一体化，并推进了共同外交、贸易、安全等对外政策；从广度上，欧盟在经历两轮东扩后，成员国达到28个，堪称全球区域一体化的典范。2008年国际金融危机爆发严重冲击欧盟成员国的经济和财政，2009年希腊率先爆发主权债务危机，2010年主权债务危机在欧元区成员国快速蔓延。2010年底，"阿拉伯之春"运动爆发引发了欧洲难民危机。接连不断的危机给欧洲底层和中低收入者带来严重冲击，导致"去全球化"和"去欧盟化"的民粹主义和极端主义思潮日趋泛滥。过去10多年，欧洲极右翼政党势力不断扩张、接连参与执政，多个国家极右翼政党参选欧洲议会，欧盟左翼衰弱、右翼崛起的趋势已经开始形成。2016年英国全民公投决定脱欧，在欧盟与英国经历了3年的艰苦谈判后，2020年1月31日正式脱欧并进入为期11个月的过渡期，欧洲一体化进程遭遇重大挫折。就在欧盟一体化处于内忧外患之际，新冠肺炎全球大流行，欧盟成为全球疫情"震中"，疫情最严重的意大利、西班牙等国家的经济和财政遭遇严重冲击，欧元区主权债务危机被再次触发的风险明显上升，欧元区崩溃的可能性并非空穴来风。欧盟一些成员国面对疫情的"各扫门前雪"做法，削弱了"团结欧洲"精神的向心力和凝聚力，导致欧盟一体化进程的不确定性和风险增大。

3. 中国在内外环境发生深刻复杂变化的背景下坚定推进经济转型升级。经过40多年的改革开放，中国已是全球第二大经济体和全球最大的制造业基地，中国经济占全球经济的比重由1978年的1.75%上升到2019年的16%，近年来中国经济增长对世界经济增长的贡献率超过30%。面对经济全球化逆潮挑战、美国贸易挑战和科技封锁等外部冲击以及经济转型升级面临的内部结构性矛盾，中国加快推进经济转型升级，走向高质量发展的趋势已经开始形成。第一，中国已进入消费新时代，服务型消费成为消费重点，消费结构还有 15~20 个百分点的升级空间。① 第二，中国进入工业化后期，服务业成为主导产业，产业结构还有 10~15 个百分点的升级空间。② 第三，中国消费结构升级蕴藏巨大内需潜力。2019 年社会消费品零售总额比上年增长 8.0%，规模首次突破 40 万亿元。③ 摩根士丹利预计，2030 年中国个人消费将达到 9.7 万亿美元。第四，中国开放转型呈现三大趋势：从制造业领域为主的开放走向服务领域为重点的开放；从商品和要素流动型开放走向规则等制度型开放；从经济全球化的参与者到经济全球化的推动者。新冠肺炎疫情暴发后，中国采取了以经济社会停摆为代价的抗疫模式，尽管经济衰退的风险和压力增大，但中国采取的迅速行动与广泛的国际合作，为守住中国经济发展的基本盘奠定了基础。中国即将进入"十四五"时期，未来 5~10 年是中国通过经济转型升级促进高质量发展迈向高收入国家的关键时期，在百年大变局的背景下能不能实现向高收入国家的跨越，取决于中国全面深化改革开放的进程。

4. 大变局下中欧关系的变化需要客观务实的研判。百年大变局下，世界在变、欧盟在变、中国也在变，应当对这些变化对中欧关系的影响有更客观更务实的估计。一是长期以来作为中欧关系压舱石的中欧经贸关系在发生变化。中国海关总署数据显示，2020 年前两个月，东盟超越欧盟成为中国第一大贸易伙伴。在这之前，欧盟连续 15 年是中国最大的贸易伙伴，未来中国消费结构和产业结构转型升级蕴含中欧经贸合作的巨大市场空间，但中欧大市场的潜力释放越来越受制于双方缺乏贸易投资自由化便利化进程的重大突破。随着《中国—东盟自贸协定升级版》2019 年开始全面实施，中国与东盟市场和经济融合已经达到更高的水平。二是中欧间经济

① 匡贤明．扩大进口有效释放消费潜力[N]．人民日报海外版，2019-10-22.

② 迟福林．在转型中谋求国企改革的新空间、新机遇[N]．中国经济导报，2016-04-15.

③ 国家统计局．2019 年统计公报[R]．2020-02-28.

合作与政治安全越来越交织在一起。中国提出“一带一路”倡议，不仅对“一带一路”倡议与欧盟的欧亚互联互通战略的对接抱有积极态度，而且务实推进了“17+1”合作机制，但欧盟内部对“一带一路”倡议有不同的解读，认为“一带一路”倡议有可能导致“两个欧洲”。三是美欧关系的变化、中美关系的变化牵动影响中欧关系的变化。一方面，美欧关系正在发生变化。作为欧盟的传统盟友，美国在欧美经贸、安全合作、全球治理合作等议题上的态度和政策一再让欧盟失望，欧盟与美国在经贸、科技、环境等议题上对中国的态度出现分化。2020 年 2 月召开的第 56 届慕尼黑安全会议（慕安会）以“西方的缺失”为主题，美欧在许多议题上的不同政策态度折射出美欧关系的变化。另一方面，中美关系正在发生变化。中国被美国视为战略竞争对手，与中国在贸易、金融、科技等领域的竞争和冲突在上升，有学者认为中美正走向“新冷战”。欧盟智库布鲁盖尔研究所的一份研究报告认为，“很明显，尽管欧盟没有陷入与中国的全球权力斗争，但中国与欧洲的历史盟友美国之间不断升级的竞争，使中欧关系变得更加复杂”。在美欧关系、中美关系发生变化的背景下，欧盟对与中国合作的态度和政策选择受到欧盟与美国关系、美国与中国关系的影响。从欧盟国家对使用中国企业华为的 5G 技术等案例看，欧盟正试图在其与美国的关系和其与中国的关系中找到新的平衡点。

总的来看，尽管世界在变、欧盟在变、中国在变，给中欧合作带来各种各样的不确定性和风险，但不能忘却中国改革开放 40 多年来与欧洲国家的经贸和技术合作有力促进了中国的经济社会发展；欧洲国家也因较早抓住中国改革开放机遇进入了中国市场而获得了巨大的市场红利和收益；从欧债危机到新冠肺炎危机，中国在欧盟经历的每一次危机中都选择与欧盟站在一处；中欧深化经贸合作的基础扎实、空间广阔。我们对中欧进一步深化经贸合作仍抱有审慎乐观的态度。

二、立足长远与战略，抓住深化中欧经贸合作的历史窗口

2020年是中欧建交45周年。从2020到2035年，是中国经济转型升级的历史关键期，也是欧盟一体化进程的历史关键期。中欧双方如果能抓住这个时间窗口实现深化双边经贸合作的历史性突破，将推动中欧关系向更高水平迈进，为中国和欧盟在应对大变局中赢得更大的主动性，为世界经济注入更大的确定性和正能量。

1. 2020年：完成中欧投资协定谈判，启动中欧自贸区的可行性研究。2014年，中改院建议尽快启动中欧自贸区可行性研究和谈判；2016年，中改院和欧洲政策研究中心分别围绕中欧自贸区开展研究并发布研究报告。如果那时就启动中欧自贸区可行性的联合研究，今天中国和欧盟共同反对贸易保护主义、携手维护多边贸易体制就会有更多的共识和共同行动。

根据2019年4月9日发布的《第二十一次中国—欧盟领导人会晤联合声明》（简称《联合声明》），双方共同承诺在2020年达成高水平的中欧投资协定，在下一次领导人会晤前制定新的合作议程。在经济全球化出现复杂变化的背景下，这一声明具有十分重要的现实意义。中欧应坚持在2020年完成投资协定谈判，同时启动中欧自贸区可行性联合研究。这将向全球释放世界两大主要经济体深化经贸合作的信号，尤其是将给被新冠病毒危机蒙上阴影的世界经济注入积极能量。

2. 2025年前：以服务贸易为重点启动中欧自贸区谈判。服务贸易是中欧经贸合作的最大空间和最大潜力所在。加快中欧自贸进程，焦点和难点都在服务贸易。考虑到自贸协定谈判周期和各种不确定因素，为争取在未来10年左右建立中欧自贸区，在2025年前中欧应以服务贸易为重点启动中欧自贸区谈判，并尽可能早地实施早期收获计划，加快以服务业市场为重点的双向市场开放，加快中欧货币、技术、宏观政策等方面的协同合作，积极推进中欧商品、服务、资本、人员、信息的自由流

动。这不仅将释放出巨大的市场需求、使中欧经济都获得强劲的持续增长动力，也将形成推进经济全球化，维护世界经济稳定、可持续发展的新动力。

3. 2035 年前：以建立中欧自贸区为载体走向中欧一体化大市场。2035 年前甚至更早完成中欧自贸协定谈判，是中欧走向一体化大市场的现实路径选择。建立中欧自贸区，意味着将在覆盖当前全球 1/4 的人口、全球 37. 8%的 GDP、全球 45. 1%的货物贸易、全球 48. 2%的服务贸易、全球 36. 4%的对外直接投资存量的巨大市场内，[①] 实现货物、服务、资本、技术、人才、信息的自由流动与资源优化配置，以建立中欧自贸区为路径走向中欧一体化大市场，不是中欧联合起来搞封闭的小圈子，而是引领全球自由贸易进程，以开放的双边合作带动区域和全球多边合作，坚持和维护多边贸易体制。中欧应进一步深化共识、扩大共同利益、弥合分歧，力争在中欧建交 60 周年、即 2035 年之前甚至更早，以“零关税、零壁垒、零补贴”为目标建立中欧自贸区，加快中欧贸易投资自由化和便利化进程；以资本、技术、人才自由流动为重点加快构建中欧一体化的投资大市场；以旅游、健康医疗、文化娱乐等生活性服务业合作为重点加快构建中欧一体化的服务消费大市场；以金融、信息、物流、教育培训、科技研发、设计和专业服务等产业合作为重点建设中欧一体化的生产性服务业大市场；以智能制造合作为重点加快建设中欧一体化的数字经济大市场；以低碳环保技术合作为重点加快建设中欧一体化的环保产业大市场；以“一带一路”倡议与“欧亚互联互通”战略深入对接为重点加快形成中欧一体化的第三方合作大市场。

三、以服务贸易为重点推进中欧自贸进程

服务贸易是中欧深化经贸合作的最大潜力所在，也是中欧经贸合作的

---

① 人口、GDP、直接投资存量数据根据世界银行数据库统计数据得出；货物贸易数据根据 WTO 数据库统计数据得出；服务贸易数据根据世界银行数据库统计数据得出。

最大短板。2020—2035 年，以逐步走向一体化的大市场为导向，中欧应以服务贸易为重点建设中欧自贸区。

1. 中欧服务贸易合作潜力巨大。欧盟是全球服务贸易规模最大的经济体，中国是全球服务贸易增长最快的经济体。然而，中欧目前的服务贸易占中欧贸易总额的比重只有 14%左右，远低于全球 24.2%的平均水平。[①] 这就需要把握住中国消费升级的时间窗口，打破中欧服务贸易壁垒，加快提升中欧服务贸易自由化和便利化水平，尽快使中欧服务贸易比重达到全球平均水平。

2. 把服务贸易作为中欧自贸议程的重点。在中国当前存在巨大供给缺口而欧盟具有明显优势的医疗、健康、养老、教育、环保等服务业领域，在面向未来的互联网、5G、人工智能、数字贸易等新经济领域，中欧合作的潜力无穷。欧盟加大对中国服务出口、加强与中国技术合作的力度；中国降低欧盟服务、技术等服务项下商品的关税和进口环节增值税，对欧盟国家出口的癌症、罕见病治疗的医疗器械实行进口零关税和特殊增值税率，引进欧盟医疗技术、采用欧盟部分药品标准等，将形成中欧服务贸易的众多新亮点。

3. 扩大中欧服务业市场的双向开放。释放中欧服务贸易巨大潜力的关键在于服务业市场的双向开放。近些年，中国加大了以服务业为重点的市场开放力度，在很多领域出台了突破性的开放举措，开创了深化中欧服务业合作的巨大市场空间。中欧应当把服务业市场双向开放作为加快中欧自贸进程的重要路径。

四、破解中欧自贸进程的结构性制度性障碍

加快中欧自贸进程，主要矛盾在于中欧贸易投资合作的结构性、制度性壁垒。中欧都需要加快推进结构性改革，打破阻碍双边多边自贸进程的

① 根据 WTO 数据库统计数据得出。

结构性、制度性壁垒。

1. 以结构性改革形成推进中欧自贸进程的新动力。无论是从中国看，还是从欧盟看，实现商品、服务、要素在中欧之间的自由流动和优化配置的关键，在于破除影响中欧自由贸易进程的结构性制度性壁垒，在于中欧各自的结构性改革。加快中欧自贸进程，对中国的服务业市场开放和市场监管改革，对欧盟成员国的劳动力市场、财政金融制度改革等都提出了新的要求。在中欧合作新议程中，破除影响中欧自由贸易进程的结构性制度性壁垒，应该放在发展中欧改革伙伴关系中更加突出的位置。

2. 以开放的中国携手开放的欧洲，共同促进全球需求复苏与世界经济增长。中国正在走向大开放的新格局、加快建设开放型经济的新体制，欧盟和世界面对的将是越来越开放的中国。中国一直把欧盟看作共建“一带一路”的重点合作对象，欧盟在跨境、区域和全球互联互通网络相关规则、制度建设上有许多实践经验可资中国借鉴。从长远出发，中欧以开放、透明、绿色和可持续发展为原则，联合推出“一带一路”与欧亚互联互通战略对接的重大项目，积极促进亚欧市场互联互通，加快释放市场需求，以此促进全球需求复苏和世界经济增长。

3. 以变革的中国携手变革的欧洲，携手推进全球治理体系变革。作为多边主义和自由贸易的坚定维护者，中欧以结构性改革推进双边自贸进程，为发达国家和发展中国家之间、新兴经济体之间的自由贸易树立典范，对于推进开放、包容、普惠、平衡、共赢的经济全球化至关重要。作为区域经济一体化发展的引领者和推动者，中欧应通过深化双边经贸合作，促进欧亚市场一体化，引领区域和多边开放、包容、公平、互利的经济贸易安排。作为全球可持续发展的重要战略合作伙伴，中欧应以经贸合作带动深化反贫困、公共卫生、气候变化、健康医疗、金融安全等领域的合作，共同完善传统安全领域和非传统安全领域的多边治理合作机制。

立足 2020 年，面向 2035 年，推进中欧关系迈向更高水平，核心是加快中欧自贸进程。把握全球大变局下中欧合作的历史窗口，以走向中欧一体化大市场为导向，在 2035 年前以服务贸易为重点建立高标准的中欧自贸区，不仅有利于中国与欧盟在大变局中赢得更大的发展空间，更将为大变局中的世界经济注入开放、合作与发展的重要动力。

第一章

大变局下中欧面临的共同挑战与共同责任

面对百年未有之大变局，作为具有全球影响力的两大经济体，中国与欧盟需要扩大共识、弥合分歧、共克时艰，以深化合作共同应对逆全球化、贸易保护主义、单边主义、全球需求不足等挑战，以深化合作共同承担作为世界重要两极促进世界经济可持续发展的共同责任。

一、世界正处于百年未有之大变局

进入新的世纪，世界在发生深刻变化，欧盟在发生深刻变化，中国也在发生深刻变化，内外环境的深刻变化都会深刻影响中欧关系。与20世纪不同，在新技术革命、新产业革命兴起的推动下，随着新兴经济体与发展中国家整体实力的不断提高，国际力量对比正在发生重大变化，世界多极化趋势更加明显，曾经的经济全球化领导者的美国，由全球主义转向美国优先，大国关系正在发生深刻调整，经济全球化正面临新的挑战和新的问题，构成了中欧关系大调整的大背景。作为世界两大经济体和全球体系中的重要力量，中欧合作是向前、停滞还是后退，取决于中欧应对全球大变局的共同挑战和共同责任的认知，也取决于双方合作对彼此发展的重要性。

1. 世界正在发生深刻复杂的变化

(1) 新技术革命和新产业革命兴起，引起经济发展模式、格局和理念的深刻变化。

——数字经济、人工智能等新技术革命、新产业革命深刻改变经济发展模式。不仅带来生产方式、生活方式、贸易方式的根本变化，而且使依赖资源要素投入的发展模式越来越向依赖信息技术、网络互联互通的发展模式转变。在5G通信的引领下，大数据、人工智能、云计算、移动互联网、物联网、区块链等新业态爆发式增长，催生新的产业不断涌现，塑造着超越国家、超越地域的“互联互通”的世界格局。过去15年间，数字经济的增速是全球GDP增速的2.5倍。到2025年，全球数字经济规模将达到23万亿美元，占全球GDP比重将达到24.3%。[①] 数字经济引领全球新一轮产业变革趋势明显。根据世界经济论坛（WEF）全球数字化转型报告，全球产业数字化转型带来的经济价值在2025年将超过100万亿美元，等于2018年全球GDP的总和。[②]

——新技术革命、新产业革命引起全球经济格局深度调整。全球主要大国都在争夺新技术革命和新产业革命的制高点，以此塑造有利于自身发展的国际竞争与合作格局。全球主要发达国家都把数字经济作为经济发展的重点，通过不断加强数字技术创新、促进数字领域的贸易投资等方式，谋求国际竞争发展的新优势。一些新兴市场国家和发展中国家的后发优势显现，在很多方面已经与发达国家站在同一起跑线上。一些发展中国家由于教育发展滞后、技术人才缺乏等因素，在全球新一轮科技革命中仍然处于不利地位。

——新技术革命、新产业革命成为经济全球化的重要动力。新一轮技术革命与产业革命推动全球经济的信息化、数字化、智能化。信息化降低了贸易的交易成本，推动全球自由贸易快速发展，全球商品与服务进口占GDP的比重从1960年的12.3%提升至2018年的30.1%。[③] 全球正进入5G时代，数字革命的新突破向纵深推动人类社会的联系和互动，不断打破自由贸易进程中的各种限制和壁垒。在5G通信技术的引领下，大数据、人

① 顾学明．大力发展服务贸易提升全球价值链地位[N]．经济参考报，2018-09-12.
② 华为．华为发布全球联接指数2018[EB/OL]．华为官网，2018-05-29.
③ 根据世界银行数据库统计数据得出。

工智能、云计算、移动互联网、物联网、区块链等新业态正呈现爆发式增长，数字产品和服务的可贸易性越来越高，全球贸易成本不断大幅度降低。新技术革命、新产业革命创造的贸易效益使经济全球化进程不可逆转。

——新技术革命、新产业革命推动形成发展新理念。2017 年 1 月 28 日，国家主席习近平在瑞士日内瓦万国宫发表题为《共同构建人类命运共同体》的主旨演讲，提出“构建人类命运共同体”理念，“宇宙只有一个地球，人类共有一个家园。”同年，“构建人类命运共同体”理念先后被写入联合国社会发展委员会“非洲发展新伙伴关系的社会层面决议”，联合国安理会关于阿富汗问题的第 2344 号决议，联合国人权理事会关于“经济、社会、文化权利”和“粮食权”两个决议，联合国大会关于“防止外空军备竞赛进一步切实措施”和“不首先在外空放置武器”两份安全决议等。

（2）随着发展中国家和新兴经济体的群体性崛起，世界经济格局发生深刻变化。

——发展中国家和新兴市场国家群体性崛起。联合国贸发会议公布的数据显示，发达国家 GDP 占全球的比重从 1990 年的 78.7%，一路下降到 2018 年的 60.34%。与此同时，新兴市场国家和发展中国家的 GDP 占全球比重则从 1990 年的 20.3%，持续上升至 2018 年的 39.66%。[①] 国务院发展研究中心发布的《未来国际经济格局变化和中国战略选择》报告指出，发展中国家 GDP 到 2035 年将能超过发达经济体，届时发展中国家占全球经济与投资中的比重会接近 60%。以汇率法计算，2018 年新兴市场国家和发展中国家对世界经济增长的贡献高达 80%，尽管其占世界经济总量的比重仅约为 40%。[②] 按目前的增长速度测算，这些国家十年后的经济总量将达

① 根据联合国贸发会数据库统计数据得出。

② 中国社会科学院习近平新时代中国特色社会主义思想研究中心．势所必然：发展中国家助力世界多极化[EB/OL]．人民网，2019-02-15.

世界经济总量的一半。

——世界经济增长格局进入“亚洲世纪”。全球经济增长的重心将进一步从欧美转移到亚洲，并外溢到其他发展中国家和地区。[①] 麦肯锡研究报告称，发达国家占全球消费比重在1995年是81%，但到了2017年已下降至62%，并且预计在2030年会进一步降至49%。[②] 其中，北美发达国家占全球消费的比重预计从2017年的31%持续下降，2030年将降为23%，欧洲消费占比预计将从2017年的21%，持续下降到2030年18%，而中国消费占比将从2017年的10%上升到2030年的16%。到2030年，亚洲发展中国家消费合计占比将提高到26%。[③] 在亚洲地区，中日韩分列全球第二、第三和第十一大经济体，2018年中日韩三国合占全球经济总量的23.6%，同年美国的占比是24.2%，欧盟的占比是22%。[④] 中日韩正携手推进目前全球人口规模最大的区域全面经济伙伴关系（RCEP）协定的签署，三方就加快中日韩自贸区谈判进程也有基本共识，中日韩更加紧密的合作态势正在对全球经济产生重大影响。

（3）经济全球化逆潮冲击全球经济贸易秩序，以WTO为核心的多边贸易体制遭遇停摆危机。

——贸易保护主义、民粹主义等逆全球化思潮兴起，全球贸易壁垒明显增多。贸易保护主义、民粹主义思潮在全球交织蔓延。民粹主义思潮在欧洲、美洲、非洲、亚洲普遍抬头，深刻影响了美国大选、英国脱欧等事件。世界贸易监测数据显示，2019年全球新增贸易干预措施数量达388项，是2009年的近30倍（见图1.1）。据世贸组织数据，2017年10月中旬至2018年10月中旬，共实施137项贸易限制措施，贸易限制措施覆盖的贸易总额为5883亿美元，达到历史峰值，是上一年的7倍，是同期贸易

① 根据国务院发展研究中心课题组统计数据得出。
② 竺彩华．中日韩合作：聚力开放型世界经济[EB/OL]．光明网，2019-12-23.
③ 麦肯锡公司．麦肯锡：转型中的全球化——未来的贸易和价值链[R]．2019.1.
④ 竺彩华．中日韩合作：聚力开放型世界经济[EB/OL]．光明网，2019-12-23.

便利措施涉及贸易额的2倍。[①] 贸易保护主义兴起叠加全球需求不足，导致全球贸易增长疲软。据世界贸易组织最新发布的2020年第一期《全球商品贸易晴雨表》报告，2019年第三季度全球商品贸易额同比下降0.2%，尽管第四季度略有回升，但2020年第一季度全球商品贸易增长仍然疲弱，全球贸易趋势实时测量读数为95.5，低于2019年11月份的读数96.6，也远低于趋势水平基准值（100）。[②]

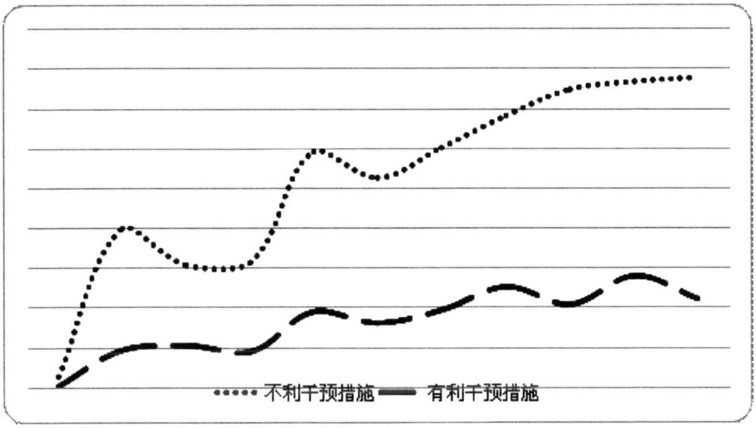

图1.1 2009—2019年贸易干预措施数量（单位：项）

数据来源：全球贸易预警信息网（www.globaltradealert.org）。

——WTO因遭遇美国“冷遇”陷入停摆危机。近年来，WTO在发挥解决贸易争端上的应有作用面临重重困难，直至2019年12月争端解决机制彻底瘫痪停摆[③]，根本原因在于美国以WTO上诉机构“逾越了争端解决机制赋予的权限”、其判决“削弱了美国应对贸易争端的能力”为借口，两年时间内凭借其强大的国力和在国际机构的巨大影响力，29次滥用世贸

① 陈恃雷，欧阳为.风险叠加、势头分化——2018世界经济进中求稳[EB/OL].新华网，2018-12-14.

② 世界贸易组织全球商品贸易晴雨表报告[R].2020-03-24.

③ 2019年12月，美国阻挠遴选新的大法官，导致WTO争端解决机制由于上诉机构大法官仅剩1人而彻底停摆。

组织原本没有的一票否决决策机制，无视其他成员的强烈反对，竭力阻挠上诉机构遴选新成员，使被称为国际贸易“最高法院”的世贸组织上诉机构只剩最后一名法官。尽管 WTO 仍是绝大多数成员愿意共同维护的多边贸易体系的基石，但由于遭受美国的“冷遇”和肆意破坏，WTO 在世界贸易体系中的地位客观上已被弱化。

——双边和区域自由贸易协定（FTA）大幅增加，巨型 FTA① 与 WTO 并驾齐驱的趋势越来越明显。目前，美国、欧盟、中国、日本全球四个最大经济体中两两之间均有贸易与投资协定在谈判或者已经谈完。在 WTO 框架遭美国“冷遇”的背景下，巨型 FTA 对世界贸易体系的稳定和国际经贸规则的推进是有利的，主要经济体之间通过谈判 FTA 来确立新的国际经贸规则体系，先在它们之间形成共识，可能有利于未来通过 WTO 推广这些规则体系，但在中短期内导致全球贸易体系和规则碎片化。

（4）全球经济“发展赤字”“治理赤字”不断增加。

——发展不平衡不可持续等“发展赤字”凸显。“发展赤字”首先表现为无法实现生产和财富的充分增长。一些实力强大的发达国家大肆榨取其他国家的资源，导致广大发展中国家始终停滞于产业链和价值链底端，难以实现产业升级。被经济全球化边缘化的非洲、南亚、中东、加勒比海等地区的最不发达和发展中国家长期远离现代文明思潮，缺乏技术储备和训练有素的劳动大军，加上族群分裂政治动荡，严重阻碍社会生产力发展。尽管他们拥有丰富的资源、优越的自然条件，但经济长期徘徊在崩溃的边缘，大量人口生活在贫困线以下，长期依赖国际社会的救助。根据联合国开发署 2019 年度《全球多维贫困指数》报告显示，全球仍有 13 亿人处于“多维贫困状态”。其次，从发展质量维度看，全球发展赤字问题更加严重。“发展赤字”表现为收入与财富分配的两极分化，加剧全球有效需求不足，弱化世界经济持续增长的动力。国际劳工组织最新报告显示，

① 指美国、欧盟、中国、日本世界四个最大经济体中至少有两个参与的协议。

从全球看，过去15年高收入者的薪酬在国民收入中的比重有所上涨，而其他劳动者的薪酬则在不断缩水。

专栏1.1

“多维贫困”凸显人类发展赤字

1. 全球多维减贫面临更大的挑战。联合国开发计划署所界定的“全球多维贫困指数”（Global Multid Imensional Poverty Index，MPI）是从教育、健康、生活水平3个维度上的10个指标来对多维贫困状况进行综合评估。因此，贫困的定义不仅仅只是收入或消费的不足，而是意味着贫困人口生活水平、获得义务教育及基本公共卫生服务等多方面的能力不足。2018年的监测结果显示，全球105个国家的13.4亿人口正在遭受着多维贫困的煎熬，这些国家的多维贫困人口占国家总人口达23.3%。① 根据联合国开发署2019年度《全球多维贫困指数》报告显示，各国之间与国家内部的贫困程度存在巨大差异。13亿贫困人口中有84.5%都生活在撒哈拉沙漠以南的非洲和南亚地区；虽然同属撒哈拉以南的非洲，但南非的贫困率为6.3%，南苏丹的数字则高达91.9%；在南亚地区，贫困人口在马尔代夫只占人口总数的0.8%，在阿富汗则占到55.9%。② 这些国家和地区都是处于经济全球化边缘的国家和地区。

2. 发展中国家人类发展水平与发达国家的差距进一步扩大。阿玛蒂亚·森的可行能力贫困理论认为，贫困的本质是人的基本能力的缺失和被剥夺，贫困的真正含义不仅仅是收入的低下，而是人的能力的贫困。一个人做自己认为有价值的事的“能力”就是可行能力，包括寿命、健康、教育等让人拥有做自己认为有价值的事的能力。联合国开发计划署2019年12月9日发布的《2019全球人类发展报告》应用这一理论评估全球人类发展水平后认为，尽管消除人的可行能力的极端剥夺成效显著，低人类发展水平国家与极高人类发展水平国家基础可行能力在趋同，但高级可行能力差距在扩大，人类发展的不均衡仍然广泛存在。该报告将其涉及的189个国家分为四个组：人类发展指数在0.800以上的62个国家为一组，被称为极高人类发展水平国家；人类发展指数低于0.800但高于0.700的54个国家为高人类发展水平国家，人类发展指数低于0.700但高

① 新世界财富．全球财富迁移评估报告[R].2019-07-08.

② 联合国开发计划署．全球多维贫困指数[EB/OL]．联合国网站，2019-07-11.

于 0.550 的 37 个国家为中等人类发展水平国家，人类发展指数在 0.550 以下的 36 个国家为低人类发展水平国家。例如，尽管低人类发展水平和极高人类发展水平国家的出生时预期寿命差距已经显著缩小，但 70 岁时的预期寿命差距仍然有 5 年；低人类发展水平国家 42%的成年人接受了初等教育，而极高人类发展水平国家这一比例为 94%；低人类发展水平国家仅有 3.2% 的成年人接受了高等教育，而极高人类发展水平国家这一比例为 29%。

3. 发达国家也牵涉其中。主要表现在财富一步步地集中在少数人手中，贫富差距不断拉大，发展的成果不能公平地分配，导致层出不穷的抗议示威出现。从 2008 年全球金融危机爆发至今，全球私人财富稳步增长。2018 年全球私人财富总额达到了 204 万亿美元，10 年间增长了 26%。① 美、中、日、英、德、印、澳、加、法、意是全球私人财富最多的国家，这 10 个国家的私人财富占全球私人财富总额的比重高达 74%。② 在拥有最多私人财富的上述 10 国中，俄罗斯最富的 1%人口拥有的财富占社会总财富的比重超过了 40%，美国高达 39%，印度高达 31%，中国高达 30%；法国最富的 10%居民拥有的财富占社会总财富的比重达到 55%，俄罗斯和美国超过 70%，韩国和印度超过了 60%，中国高达 67%。③

资料来源：新世界财富．全球财富迁移评估报告[R].2019-07-08.

——“发展赤字”转化为严重的“治理赤字”。经济结构失衡成为许多国家面临的问题，环境危机成为各国面临的普遍挑战。发展赤字不解决，必然转化为“治理赤字”，导致贸易和经济进一步“失序”和“失范”。“发展赤字”也是导致民粹主义、民族主义思潮兴起的重要原因，成为一些国家社会动荡和动乱的导火索。发展不平衡不可持续的“发展赤字”，是恐怖主义、气候变化、难民危机、突发公共卫生事件等全球性挑战的重要根源，导致“治理赤字”挑战日趋严峻。

——全球“治理赤字”日益增多。过去 10 多年来，以霸权主义为代

① 新世界财富．全球财富迁移评估报告[R].2019-07-08.
② 新世界财富．全球财富迁移评估报告[R].2019-07-08.
③ 新世界财富．全球财富迁移评估报告[R].2019-07-08.

表的全球政治问题、以金融危机为代表的全球经济问题、以恐怖主义为代表的全球安全问题，以气候变化为代表的全球生态问题日益凸显，都在严重威胁着人类社会的生存与发展，而这些全球问题的全球治理面临民主性缺失、机制性缺失和“集体行动困境”的严峻挑战，“治理赤字”日渐增多。尽管发展中国家和新兴经济体在全球治理中的作用和影响力有所提升，但发展中国家和新兴经济体的话语权仍然与其贡献不相匹配。尽管包含发展中国家的二十国集团（G20）在全球治理中的作用日益突出，但G20仍缺乏机制化、权威性、约束性的安排。现行的全球治理结构与世界多极化、新兴经济体群体性崛起等趋势不相适应，治理碎片化的矛盾进一步凸显。

专栏1.2

全球治理面临民主性缺失、机制性缺失、“集体行动困境”三大挑战

1. 全球治理面临民主性缺失的紧迫挑战。“二战”接近尾声之际，代表西方发达国家利益的美国，以维持战后秩序长久稳定及其自身全球利益为目的，主导建立了以联合国为中心的国际安全体系和以布雷顿森林协定为核心的全球经济体系构成的全球治理体系。该体系的鲜明特征是“中心—外围”治理结构。以美国为代表的西方发达国家始终以“治理者”自居处于“中心”地位，操控全球秩序，而实力相对较弱的发展中国家缺乏国际话语权和治理主导权，以“被治理者”身份处于“外围”。随着以信息技术为核心的第三次科技革命的不断推进，全球治理日渐呈现“去中心化”和“分散化”趋势。20世纪末东欧剧变、苏联解体、“冷战”格局瓦解，长期笼罩在“冷战”阴云之中的广大发展中国家摆脱了美苏霸权统治，开始寻求自身发展。以亚洲四小龙、金砖国家等为代表的新兴市场国家和地区，快速实现经济腾飞，逐渐成为推动全球经济发展的关键动力。随着自身实力的不断增长，发展中国家开始更为积极地参与全球治理，争取符合自身发展实力的权利与地位，要求重新分配国际社会中各个行为主体的代表权和话语权，增进全球治理的民主性。在2010年的G20峰会上，发达国家同意向发展中国家转移6%的国际货币基金组织（IMF）投票权，但美国仍然掌握一票否决权。除此之外，以美国为代表的西方国家在全球政治、安全和生态治理中依然掌握极不平等的绝对权力，严重阻碍全球问题的有效解决。

2. 全球治理面临机制性缺失的严峻挑战。当前，全球治理的制度重叠问题十分突出。进入21世纪以来，旨在解决全球问题、保障人类发展的治理制度争相涌现，在一定程度上缓解了全球治理的巨大压力。由于各类治理制度和治理议题交叉重叠、治理机制职能雷同重复，严重影响全球治理的有效推进。例如，国际社会为解决气候变化问题，先后形成了不同层面的治理制度，在联合国层面既有气候变化专门委员会，又有联合国环境规划署，还有联合国可持续发展委员会。在国与国之间，既有政府间的多边气候变化应对制度，也有政府间的双边气候应对制度，另外还有各类民间气候治理制度。气候治理是一个科学系统工程。在缺乏协调统一的机制安排的情况下，虽然治理制度种类繁多但难以产生良好效果，甚至有可能相互掣肘，阻碍全球问题的有效解决。

3. 全球治理面临"集体行动困境"的严峻挑战。根据美国著名经济学家曼瑟尔·奥尔森的"集体行动困境"理论，具有共同利益的群体并不一定会在共同利益的驱动之下采取共同行动，个体的自利行为阻碍集体行动的进行。目前，各国在面对具有公共性质的全球治理时，纷纷把国家的个体利益置于全球集体利益之上，妄图以"搭便车"来分享全球治理成果。气候治理具有明显的全球公共性，直接关乎每个国家的发展利益，但各国，尤其是以美国为代表的发达国家，为了自身权益而激烈博弈，相互推诿，最终将全球范围内的集体利益束之高阁，成为全球气候治理中"集体行动困境"的最大推手，不仅在气候治理中逃避责任，还将本属于自己的治理责任推卸给广大发展中国家，严重制约着全球气候治理的顺利推进。

资料来源：陈鑫．全球治理赤字：现实形态及其治理逻辑[EB/OL]．中国社会科学网，2019-02-20.

2. 美国正在发生深刻复杂的变化

（1）美国正由全球主义转向"美国优先"，并以此为原则调整全球战略与对外关系。一方面，美国先后退出《巴黎气候变化协定》、联合国教科文组织、《全球移民协议》《伊朗核协议》、联合国人权理事会、《中导条约》等国际组织和条约，还威胁退出北约、《维也纳外交关系公约》、世界贸易组织、万国邮政联盟、国际货币基金组织甚至联合国等。另一方面，2017 年以来，特朗普政府以“美国优先”为准则，在政治上奉行民粹主义、外交上推行单边主义、贸易上施行霸凌保护主义，强行重开双边贸易谈判寻求对美一方有利的贸易协议。美国政府高举“美国优先”旗号，意图通过单方面加征关税、重建双边贸易协定、反补贴措施、给贸易伙伴贴汇率操纵国标签等手段改变贸易逆差格局和促进“制造业”回流。美国的“232 措施”以及“301 调查”绕开了现有的全球治理机制，长臂管辖的特点突出，以单边取代多边的趋势明显，导致全球贸易形势紧张。

（2）美国挑起与主要贸易大国之间的贸易冲突。例如，2018 年 5 月，美国宣布对欧盟征收 25%的钢铁关税、征收 10%的铝关税；2019 年 4 月，美欧发生航空补贴纠纷。2018 年，美国挑起对中国的贸易战，使同处于全球产业链、价值链上的很多国家与中国一同遭遇美国的关税“惩罚”，对全球投资贸易秩序带来巨大冲击。据商务部测算，美国对中国的第一批征税产品清单中（340 亿美元），约有 59%的产品（200 亿美元）是由美国、欧盟、日本和韩国等在华企业所生产的。① 经贸摩擦更深层次的影响是对全球自由贸易进程的冲击，是对全球多边贸易体制的冲击。

（3）多国遭遇美国的“霸王条款”。2018 年以来，美国对华实施投资限制、技术封锁和人才交流中断等措施，试图进一步在投资、技术和人才领域设阻，遏制中国制造业创新升级。不仅是中国，许多国家都遭遇“霸王条款”。在美国与韩国重新签订的自贸协定中，韩国被迫在农产品、汽车等重要市场做出较大程度让步，并对钢铁等主要出口商品进行出口限额。从 2008 年起至 2016 年止，美国对全球其他国家采取了 600 多项的歧视性措施，仅仅在 2015 年度中就采取了 90 项之多。② 2020 年 2 月 10 日，美国贸易代表办公室（USTR）发布公告，宣布缩减此前认定的发展中经济体名单，包括中国大陆在内的 20 多个经济体不再享有在美国反补贴调查

① 关于中美经贸摩擦的事实与中方立场[N]. 人民日报，2018-09-25.

② 高飞. 大变局与中国外交的选择[J]. 国际问题研究，2019（06）.

中的优惠待遇。[①]

3. 欧盟正在发生深刻复杂的变化

（1）欧盟一体化进程面临严峻挑战。2008 年国际金融危机爆发严重冲击欧盟成员国的经济和财政，2009 年希腊率先爆发主权债务危机，2010 年主权债务危机在欧元区国家中快速蔓延。2010 年底，“阿拉伯之春”运动爆发后引发了欧洲难民危机。接连不断的危机给欧洲底层和中低收入者带来严重冲击，导致“去全球化”和“去欧盟化”的民粹主义和极端主义思潮日趋泛滥。过去十多年，欧洲极右翼政党势力不断扩张、接连参与执政，多个国家极右翼政党参选欧洲议会，欧盟左翼衰弱、右翼崛起的趋势已经开始形成。2016 年英国全民公投决定脱欧，在欧盟与英国经历了 3 年的艰苦谈判后，2020 年 1 月 31 日正式脱欧并进入为期 11 个月的过渡期，欧洲一体化进程遭遇重大挫折。就在欧盟一体化处于内忧外患之际，新冠肺炎全球大流行，欧盟成为全球疫情“震中”，疫情最严重的意大利、西班牙等国家的经济和财政遭遇严重冲击，欧元区主权债务危机被再次触发的风险明显上升，欧元区崩溃的可能性并非空穴来风、杞人忧天。同时，欧盟一些成员国面对疫情采取“各扫门前雪”做法，以及一些国家在应对疫情的初期采取出口禁令、克扣抗疫物资的做法，削弱了“团结欧洲”精神的向心力和凝聚力，导致欧盟一体化进程的不确定性和风险增大。

在这样的形势下，面对一体化进程受阻和倒退的风险，是否有利于欧盟一体化进程越来越成为欧盟对外关系与国际合作最重要的考量。在与中国的经贸合作问题上，欧盟从是否有利于欧盟一体化进程来衡量利弊。如果最坏的情况发生，即欧盟一体化进程倒退甚至是欧盟解体，中欧深化经贸合作就是无源之水。

（2）欧盟经济衰退的风险明显加大。中国社科院欧洲研究所近日发布的《欧洲发展报告（2018—2019）》指出，2018 年是金融危机爆发 10 周

---

① 王涵. 美国缩减 WTO 发展中经济体名单 影响几何？[EB/OL]. 兴证宏观，2020-02-19.

年，欧洲国家的经济实际上经历了失去的 10 年。2008—2018 年，欧盟 GDP 年均增长只有 1.2%，仅为全球平均增速的 39%。[①] 据欧盟委员会《2019 年夏季经济预测》报告显示，2019 年欧盟和欧元区经济预计分别增长 1.4%和 1.2%，同比分别降低 0.6 和 0.7 个百分点，预计德国仅增长 0.5%，预计法国、意大利经济只能分别增长 1.3%和 0.1%。[②] 在新冠疫情的冲击下，欧洲经济下行压力更大。欧洲央行已将欧元区今明两年的经济增速从 1.1%和 1.4%分别下调至 0.8%和 1.3%。法兰西银行也将法国 2020 年第一季度的经济增长预期从 0.3%下调至 0.1%。德国智库基尔世界经济研究所则将 2020 年德国经济增长预期下调 1.2 个百分点至负 0.1%。欧盟委员会在 2020 年 3 月 20 日发表的一份声明中表示，假设这场公共卫生危机延续到 6 月初或更久，那么 2020 年欧盟经济萎缩程度将可能堪比经济和金融危机最严重的 2009 年。

在这样的形势下，面临经济动荡和金融危机的风险，是否有利于欧盟应对经济衰退成为欧盟对外关系重要考量。欧盟对与中国经贸合作的进程，也会从是否有利于欧盟应对经济衰退来衡量现实收益。如果进一步深化与中国的经贸合作，对欧盟应对经济衰退的助力越强，欧盟与中国合作的动力就会越强。

（3）美欧关系发生新的变化。欧美关系牵动影响欧盟对中国的态度与中欧合作。2018 年，特朗普政府挑起与欧盟的贸易冲突。继钢铝关税、汽车关税战之后，美欧之间又发生了空客波音案和“数字服务税”纷争，原定于 2020 年 3 月签署的美欧迷你版贸易协议很可能再次落空。2019 年，特朗普政府中东政策给欧盟带来不稳定因素，美国突然决定从叙利亚撤军，并持续加大对伊朗施压力度，伊核协议面临崩溃，承认以色列在巴勒斯坦被占领土所建定居点的合法性等，导致欧洲面临的难民潮及恐怖主义

---

① 根据世界银行数据库统计数据得出。

② 欧盟委员会 .2019 年夏季经济预测[EB/OL]. 欧盟官网，2019-07-10.

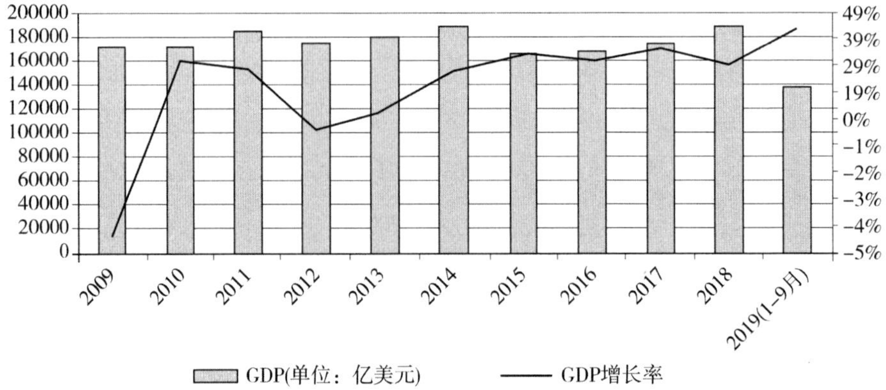

图 1.2　2009—2019 年欧盟 GDP 和 GDP 增长率

注：本图欧盟包括 28 个国家；2019 年数据截至当年 9 月；2019 年 GDP 增速为同比 2018 年 9 月的增速。

数据来源：世界银行数据库。

风险上升。不久前落幕的第 56 届慕尼黑安全会议，以“西方的缺失”（Westlessness）为主题，讨论的焦点议题凸显美欧在多边主义、自由贸易、气候变化、数字经济、可持续发展等诸多议题上的分歧越来越多，在一些全球重大问题上越来越难协调形成统一立场。作为欧美关系最重要的支柱，北约的可信度和可靠度被打上问号，甚至被法国总统马克龙称为“脑死亡”。此次新冠肺炎疫情或加剧美欧冲突，特朗普为了防止疫情在美国本土蔓延宣布对欧洲施行为期 30 天的旅行禁令，欧洲方面有相关官员称特朗普在宣布此措施前并未与欧洲国家提前沟通，对美国的“单边”措施表示不满。

在美国遏制中国的意图日益公开化的背景下，欧盟国家越来越反感美国要求的“选边站”，在对待中国崛起问题上趋于理性和务实。在第 58 届慕安会上，美国国务卿蓬佩奥公开要求欧洲与美国共同应对“中共不断增强的进攻性”，并称中国的企业华为是“中国情报系统安放在西方内部的特洛伊木马”。① 但是，欧洲越来越反感美国的单边制裁行为，越来越多地

① 傅莹．在慕安会感受西方对华复杂态度[N]．环球时报，2020-02-21.

对美国要求欧洲“选边站”的做法公开说不，欧洲必须“形成自己的战略”，“走自己的路”。[①]德国总统施泰因迈尔指责美国“牺牲盟友和邻居的利益”，没有“国际社会”的整体概念。法国总统马克龙说，“我们需要一个欧洲政策，让欧洲复兴，重新成为一个战略政治力量。”[②]

在这样的形势下，面对美国的施压及其在国际战略空间上的挤压，欧盟作为美国的盟友，在对外关系和国际合作中既要看美国的“脸色”，同时又要争取有利于自身的国际战略空间和话语权。在欧盟对中国的合作上，美欧关系始终是一个重要的影响因素。

4. 中国正在加快经济转型升级进程

（1）中国经济转型升级的大趋势。经过40多年的改革开放，中国已经发展成为全球第二大经济体，并且成为全球第一大的工业国、货物贸易国和外汇储备国。无论从综合国力看，还是从国际影响力看，都达到了新中国成立以来经济发展的历史新高度。未来的5~10年，仍是中国经济转型升级的关键时期，中国在产业结构、消费结构、城乡结构等方面还有比较大的转型升级空间，投资需求潜力叠加可达20万亿美元以上。一是中国消费结构还有15~20个百分点的升级空间，预计到2025年服务型消费占比将达到55%。摩根士丹利预计，到2030年，中国个人消费将从2016年的4.4万亿美元增长到9.7万亿美元。二是中国产业结构还有10~15个百分点的升级空间，服务业占比预计到2025年将达到60%左右。阿里研究院预测，到2025年企业应用云化率和人工智能利用率均将达到90%，数据、智能与制造业的深度融合将催生数个十万亿级产业。三是人口城镇化率还有15~20个百分点的升级空间，预计到2030年，常住人口城镇化率将达到70%~75%，户籍人口城镇化率达到60%左右。2018年，中国1个城镇居民的消费水平相当于2.55个农村居民。如果户籍人口城镇化进程加

---

① 傅莹．在慕安会感受西方对华复杂态度[R]．环球时报，2020-02-21.

② 西方“褪色”多边“着墨”——从第56届慕安会看世界格局演变．新华社德国慕尼黑2月16日电（国际观察）。

快，进城农民工能享受到城镇人口的公共服务和公共设施水平，其消费水平接近或达到城镇居民的平均水平，一年将至少有5万亿元人民币的新增消费需求。

中国经济转型升级蕴藏着巨大的需求潜力，不仅是中国经济增长的基础和动力所在，也是全球的机遇。

（2）中国对外开放与国际合作的新变化。作为新型开放大国，中国正通过更开放的政策与制度安排实现从“世界工厂”到“世界市场”的转型升级，在促进和引领全球自由贸易进程中扮演更为重要的角色。中国的对外开放呈现三大趋势：一是从制造业领域为主的开放到服务贸易领域为重点的开放。自2013年以来，中国在自贸试验区外商投资负面清单限制措施由2013版的190项大幅缩减到2019版的37项，其中农业与制造业限制措施数量仅剩9项。近年来，适应全球服务贸易快速发展的大趋势及自身经济转型升级需求，中国出台一系列服务贸易开放举措，服务贸易已成为当前中国开放的重点。二是从货物和服务为重点的开放到制度性、结构性开放。“制度性开放”的重点是公开市场、公平竞争，对标国际规则，建立并完善以公开、规范为主要标志的开放型经济体系，包括全面确立竞争中性原则，加快推进监管标准的国际对接，完善“准入前国民待遇+负面清单”管理制度等。

中国正加快自贸区建设，加速打造立足周边、辐射“一带一路”、面向全球的高标准自贸区网络。区域全面经济伙伴关系协定（Regional Comprehensive Economic Partnership，RCEP）的15个成员国在2019年已经整体结束商谈，中日韩自贸协定谈判也得到了积极的推进。中国与巴基斯坦、东盟、智利、新加坡的自贸协定实现了升级，中国与非洲国家首个自贸协定——中国与毛里求斯自贸协定签署。2020年，中国将加快自贸区建设，努力推动RCEP协议如期签署，积极推进中日韩自贸协定谈判，加速打造立足周边、辐射“一带一路”、面向全球的高标准自贸区网络。

“一带一路”日益成为中国推进经济全球化与国际合作的重要载体。

截至2019年11月底，中国已与五大洲137个国家和30个国际组织签署了共建“一带一路”文件199份。据海关统计，受新冠肺炎疫情的影响，2020年前2个月，中国货物贸易进出口比2019年同期下降9.6%，但中国对“一带一路”沿线国家进出口逆势增长1.8%，高出整体增速11.4个百分点，占中国外贸总值的31.7%，比重提升3.5个百分点。

中国经济转型升级与更高水平的对外开放与国际合作相融合，将为全球提供巨大需求市场。例如，2019年中国消费品零售额有可能达到5.6万亿美元以上①，将取代美国成为全球第一大零售市场；预计未来15年，中国进口商品和服务将分别超过30万亿美元和10万亿美元。

（3）中美关系的变化。1978年，中国GDP仅相当于美国的6.3%。到2018年，中国经济总量相当于美国的66.3%。② 美联储预测，美国长期GDP增长率约为2%；国务院发展研究中心课题组预测，中国经济总量将于2030年超过美国成为全球第一大经济体。从综合国力看，美国仍将继续保持全球超级大国的地位，但中美经济实力对比将发生根本性变化。③ 美国正竭力遏制“中国崛起”，中美“新冷战”的风险正在加大。自2018年3月美国宣布对中国加征关税以来，中美贸易摩擦不断升级，双方经过13轮艰苦的谈判后，直至2020年1月15日才终于达成第一阶段经贸协议。④ 但从长期看，随着中国作为一个新型开放大国日益走近世界舞台中央，美国遏制中国崛起的意图和行动愈加明显，中美经贸关系调整将是长期过程。在此次中国遭遇“新型冠状病毒”疫情冲击的背景下，中美“脱钩”

---

① 2020年中国将取代美国成为全球第一大零售市场[EB/OL]. 中国日报网，2019-01-30.

② 董少鹏，闫立良. 复兴图强新起点 中国经济再出发［EB/OL］. 证券日报网，2019-06-01.

③ 国务院发展研究中心“国际经济格局变化和中国战略选择”课题组. 未来15年国际经济格局面临十大变化[J]. 中国发展观察，2019（01）.

④ 中美第一阶段经贸协议的内容主要包括：美国暂停原定2019年12月15日要加征的关税，并将2019年9月1日生效的对华已加征关税税率从15%降至7.5%；双方承诺深化贸易领域双向合作，扩大双方在农产品、制成品、能源、服务业等领域的贸易规模，进一步放宽市场准入等。

甚至有可能演化为系统性脱钩的风险上升，美国一直威胁，要从产业到科技到人员往来等方面与中国脱钩。这给经济全球化造成诸多风险和不确定性，带来全球产业链、供应链、价值链“断链”风险，给世界经济持续发展蒙上了阴影。国际货币基金组织（IMF）2019 年 7 月公布的《世界经济展望》报告指出，威胁世界经济发展的第一大风险是中美贸易冲突带来的不确定性，将给全球经济增长造成巨大的负面影响。

美国对华态度和政策取向对中欧关系有重要影响，欧盟和美国都尚未承认中国的“市场经济地位”。中美力量对比的变化，也会对欧盟的选择造成影响。欧盟智库布鲁盖尔研究所的一份研究报告认为，“尽管欧盟没有陷入与中国的全球权力斗争，但中国与欧洲的历史盟友美国之间不断升级的竞争，使中欧关系变得更加复杂”。

专栏1.3

中美经贸摩擦给全球经济带来巨大风险和不确定性

有关数据显示，由于受中美经贸摩擦影响，国际贸易增速已经从 2018 年 2 季度的 4.1%，下降到 2019 年 1 季度的 2.2%。欧洲吸引的全球外商直接投资在 2018 年上半年遭遇重创，大幅下降了 41%，从 2017 年上半年的 8000 亿美元同比猛降至 4700 亿美元。[①] 2018 年英国、法国、德国股指下跌 9.4%～16.5%，亚洲恒生指数全年下跌 13.6%，为 2011 年来最大年度跌幅。[②] IMF 前总裁克里斯蒂娜·拉加德（Christine Lagarde）在一份递交给 20 国集团财长和央行行长的简报中指出，现阶段下中美两国经贸摩擦和未来可能的摩擦升级将导致总计约 4550 亿美元的损失，相当于让 2020 年的全球经济总量减少 0.5%。[③]

.资料来源：摘自戴相龙在中美经贸关系高端研讨会上的发言．美国霸凌主义的恶果正在显现[N]．光明日报，2019-06-01.

① 曹元龙，李晓．美国霸凌主义的恶果正在显现[N]．光明日报，2019-06-01.

② 曹元龙，李晓．美国霸凌主义的恶果正在显现[N]．光明日报，2019-06-01.

③ 中美经贸摩擦·美国 IMF 总裁：要合作不要分化[EB/OL]．央视新闻网，2019-06-07.

二、大变局下中欧面临的共同挑战

在全球经历百年未有之大变局下，作为世界两大重要经济体和两支重要的战略力量，中国和欧盟都反对单边主义和贸易保护主义，都愿意共同维护以世贸组织为核心、以规则为基础的多边贸易体制，都支持维护联合国权威，完善全球经济治理体系。实现这些共同的目标，中国和欧盟面临许多共同挑战。

1. 应对贸易保护主义、单边主义和霸凌主义的共同挑战

（1）全球化逆潮导致世界经济增长明显放缓。中欧同为受贸易保护主义影响较大的国家和地区之一。从 2009 年到 2019 年 6 月，在全球遭受贸易限制措施的前五大国家中，中国高居第一，欧盟成员国占据了三席，分别为德国、意大利、法国；在前十大国家中，有 6 个是欧盟成员。截至 2019 年 6 月，中国共遭遇贸易限制措施 1370 项，德国为 851 项，意大利、法国、英国均超过 700 项，西班牙、荷兰等国超过 600 项。[①] 全球化逆潮导致世界贸易增长处于历史低位。2008 年国际金融危机爆发后，全球商品出口增速大幅下滑，迄今仍未恢复到危机前水平（见图 1.3）。联合国贸发会议报告显示，2019 年全球贸易呈停滞态势，全球商品贸易预计下降 2.4%，服务贸易预计只能增长 2.7%，与 2018 年 7.7%的增速相比大幅减速。[②] 国际货币基金组织《世界经济展望》最新报告把 2019 年世界经济增长下调 0.2 个百分点，预期增长只有 3%。[③] 这是 2008 年国际金融危机以来的最低水平，意味着无论是中国还是欧盟，都面临着外部需求明显放缓、竞争更趋激烈的共同挑战。

（2）单边主义和贸易保护主义严重冲击欧盟经济。贸易保护主义和民

---

① 根据世界贸易预警网站统计数据得出。

② 杨海泉．联合国贸发会议发布报告指出：国际贸易和全球经济正在降温[EB/OL]．中国经济网，2019-12-13.

③ 国际货币基金组织．世界经济展望[EB/OL]．IMF 官网，2019.7.

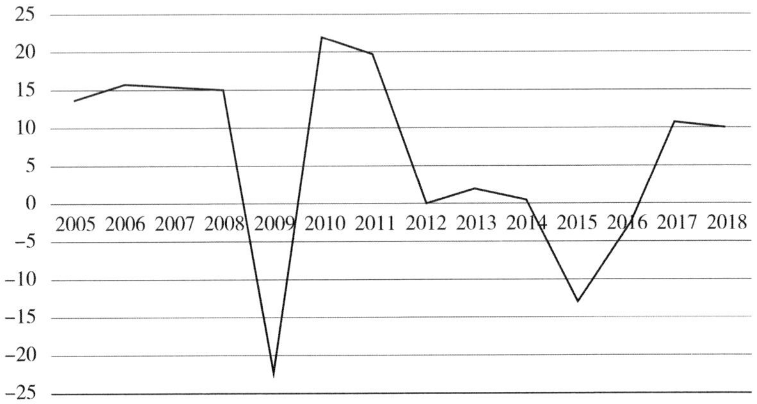

图 1.3　2005—2018 年全球商品出口增速（单位：%）

数据来源：联合国贸易和发展会议数据库。

粹主义给欧盟经济增长造成严重负面影响。美国作为欧盟最大的贸易伙伴越来越不可预测，给欧盟对外贸易投资增长带来更大不确定性。2018 年上半年，美国以进口钢铁和铝产品危害“国家安全”为由，提出对从欧盟等进口的钢铁和铝产品分别征收 25%和 10%的关税。随后，欧盟诉诸世贸组织争端解决机制，向 WTO 递交对美国加征关税的产品清单。2018 年 12 月，欧盟货物贸易出口总额为 1539 亿欧元，同比下降 3.9%，进口总额 1532 亿欧元，同比上升 4.3%，货物贸易顺差 7 亿欧元，与上年相比减少了 124 亿欧元。[①] 欧盟内部贸易额 2552 亿欧元，同比下降 1.5%。[②] 2018 年全年，欧盟货物贸易出口 1.95 万亿欧元，进口 1.97 万亿欧元，贸易逆差 226 亿欧元。2008—2018 年，欧盟 GDP 年均增长只有 1.2%，仅为全球平均增速的 39%。[③] 据欧盟委员会《2019 年夏季经济预测》报告显示，2019 年欧盟和欧元区经济预计分别增长 1.4%和 1.2%，同比分别降低 0.6 和 0.7 个百分点，预计德国仅增长 0.5%，预计法国、意大利经济只能分别增长 1.3%和 0.1%。[④]

---

① 根据欧盟统计局统计数据得出。

② 根据欧盟统计局统计数据得出。

③ 根据世界银行数据库统计数据得出。

④ 欧盟委员会. 2019 年夏季经济预测[EB/OL]. 欧盟官网，2019-07-10.

（3）全球化逆流加剧中国经济下行压力。在全球化逆潮冲击下，中国出口出现明显下滑，投资下降，加剧经济下行压力。由于中美贸易冲突，中国 2019 年前十个月的进出口总值下降 2.5%，对美贸易额下降了 10.6%。[①] 中国经济增速由 2018 年第四季度的 6.4%下降至 2019 年第三季度的 6%，减少的 0.4 个百分点中至少有 0.26 个百分点归因于中美经贸摩擦。[②] 尽管中美第一阶段经贸协议已达成，但美方对华加征的关税多数仍未消除，中方反制措施也未完全解除，中美经贸关系调整及其对中国经济影响的长期性趋势明显。

2. 维护多边贸易体制的共同挑战

（1）推动 WTO 改革困难重重。在 2019 年 12 月 9 日举行的世贸组织总理事会会议上，总理事会关于上诉机构运作的决议草案，由于美国的反对而没有通过，WTO 上诉机构仅剩一名成员，导致 WTO 争端解决机制基本停摆。目前 15 个提起上诉的再审案件，除已经召开听证会的 4 个案件外，其余 11 个案件均无法完成上诉审理。在上诉机构大法官任命问题解决之前，这一机制发挥作用的前景渺茫。WTO 改革停滞时间越长，多边贸易体制的地位和作用越令人担忧。这意味着贸易保护主义行为难以得到有效裁决，报复性措施大量增加的可能性越来越高，导致的后果必然是加大全球贸易投资的成本。

（2）“南北”贸易分歧加大。乌拉圭回合以来，WTO 谈判中南北对立的趋势日益明显。WTO 乌拉圭回合之后，“发展议题”色彩浓厚的多哈回合谈判遭遇重大挫折，而后的贸易部长会议大多无果而终。在 WTO 164 个成员国中，发达国家和发展中国家的诉求明显不同，“南北”分歧难以弥合，给继续推进多边贸易体系改革带来现实挑战。

（3）以单边和双边取代多边的做法明显增多。作为 WTO 早期发展主

---

① 中华人民共和国海关总署．前 10 个月我国外贸进出口增长 2.4%[EB/OL]．新华网，2019-11-08.

② 任泽平．客观评估中美贸易摩擦对双方的影响[EB/OL]．恒大研究院，2019-07-19.

要动力的美国、加拿大等国家，不再发挥主要推手的作用。美国在对外贸易协定谈判中，以单边和双边取代多边的趋势明显。欧盟、日本、中国等全球主要经济体也在加快双边和区域自贸协定谈判。过去五年，欧盟对外达成了16份自由贸易协定（FTA）。目前欧盟又与79个国家完成双边自由贸易协定谈判，其中有4项协定正在等待批准。[①] 在WTO停摆背景下，区域贸易协定的兴起对推动自由贸易进程具有积极意义，但排他性、高门槛的双边贸易协定和区域贸易协定，将加剧全球贸易规则的“面条碗”效应[②]，加剧全球贸易体系和贸易规则的碎片化。

3. 新技术、新产业革命背景下加快产业转型升级的共同挑战

（1）产业服务化、数字化、智能化对贸易投资自由化和便利化提出更高要求。在新一轮科技革命和产业革命的推动下，服务化、信息化、智能化成为产业转型升级的大趋势。这对资源在全球市场范围内配置、贸易投资自由化和便利化提出了更高要求。

（2）新技术革命、新产业革命背景下中欧产业转型升级不进则退。无论是中国，还是欧盟，都面临通过大力推进数字经济和数字贸易发展加快产业转型升级的、前所未有的机遇。据中国信息通信研究院发布的《G20国家数字经济发展研究报告（2018）》，全球数字经济规模排名前六位的依次是美国、中国、日本、德国、英国和法国，德国数字经济规模为2万亿美元，英国为1.68万亿美元，法国为1.04万亿美元。[③] 同时，欧盟也面临不进则退的风险。尽管欧盟在发展数字贸易领域拥有基础设施、人才、技术等先发优势，但其电商市场增长速度却远低于世界平均水平。2019年，全球电商市场估计增长20.7%；亚太地区增长25.0%，其中印度

---

① 根据欧盟委员会统计数据得出。

② “面条碗”一词源于美国经济学家巴格沃蒂1995年出版的《美国贸易政策》（*U.S. Trade Policy*）一书，指的是在不同的双边或诸边自由贸易协定下，因为优惠规则不尽相同，如果一个国家加入不同的自贸协定，很多规则最终就会搅和在一起。

③ 中国信息通信研究院．G20国家数字经济发展研究报告（2018）[EB/OL]．数据观，2018-12-19.

和菲律宾的增长率超过30%，中国、马来西亚、印度尼西亚和韩国的增长率紧随其后；拉丁美洲和中东/非洲增长21.3%，而西欧电商市场增长率只有10.2%。[①] 欧盟各国的数字经济发展水平差异较大，一些国家在数字经济的基础设施、技术研发、产业发展等方面明显落后。

4. 破解全球有效需求长期不足的共同挑战

（1）全球有效需求长期不足。2010年以来，全球货物贸易增速持续下降，在2015年达到最低点。近3年，全球货物出口增速有所回升，但大幅低于2010年最高点21.8%的增长速度，且主要是由于大宗商品价格的回升所致。1995—2008年，全球外商直接投资净流入年均增长17%，远高于同期GDP名义增速5.7%的水平；2008—2017年，全球外商直接投资净流入同比下降21%，占GDP的比重由2007年的5.3%下降至2017年的2.3%；[②] 2018年，全球外商直接投资同比大幅下降13%，降至2010年以来的历史最低点。[③]

（2）长期增长动力减弱。国际金融危机爆发后10年全球GDP年均增长率比爆发前10年的平均增长率低0.81个百分点（见表1.1）。尽管有新技术革命等利好因素，但由于受到人口老龄化、贸易保护主义以及单边主义等多重因素影响，全球经济增长动力减弱的风险仍然较大。有研究预测，全球经济仍将在未来十年中呈现弱增长的态势。若综合考虑技术、人口、城镇化及环境等各方面基础因素的变化，预计2020年到2035年全球经济增长的平均速度为2.6%。[④] 而发达经济体增速有可能将进一步放缓至1.7%左右，这将大大低于过去50多年发达经济体自身的平均增速；对于

① eMarketer. Global Ecommerce 2019［EB/OL］. eMarketer官网，2019-06-27.

② 根据联合国贸易和发展会议《2019年世界投资报告》统计数据得出。

③ 根据联合国贸易和发展会议《2019年世界投资报告》统计数据得出。

④ 国务院发展研究中心课题组．未来15年国际经济格局变化和中国战略选择［J］．管理世界，2018（12）.

发展中国家而言，其增速预计也会下降为 4.9%左右。①

表 1.1　国际金融危机爆发前 10 年与后 10 年的全球 GDP 增速（单位：%）

年度	1998	1999	2000	2001	2002	2003	2004	2005	2006	2007	金融危机前平均增速（1998—2007）
百分比	2.50	3.64	4.79	2.46	3.01	4.04	5.44	4.88	5.56	5.67	4.20
年度	2008	2009	2010	2011	2012	2013	2014	2015	2016	2017	金融危机后平均增速（2008—2017）
百分比	3.04	0.01	5.43	4.22	3.51	3.48	3.59	3.46	3.39	3.81	3.39

数据来源：世界银行数据库。

5. 应对气候变化超预期加速的共同挑战

（1）全球气候变化明显加速。多项研究认为，地球环境处于临界点。自有气象记录以来，全球最热的 20 年中有 19 年都在 2000 年以后，过去五年被称为史上最热的五年。② 2019 年 10 月，全球海平面上涨到自 1993 年有卫星观测以来的最高点，大气中的二氧化碳的浓度已经超过万分之 4.17，即二氧化碳质量超过整个大气质量（万分之 4.15），这也创造了历史的最高纪录。③“气候紧急状态”成为 2019 年底牛津辞典年度词汇。气候变化不仅给人类社会带来更多灾害，还直接影响农业和众多产业，直接影响全社会的生产生活。由于全球 85%的极端贫困人口居住在 20 个受气候变化影响最大的国家，气候变化将持续加剧全球“发展赤字”。④

（2）应对气候变化挑战的紧迫性凸显。欧盟委员会新任主席冯德莱恩将气候变化带来的影响形容为欧盟与世界面临的“生存危机”。对欧盟而言，气候变化导致海平面不断上升，带来岛屿和沿海城市消失、粮食危

① 国务院发展研究中心课题组．未来 15 年国际经济格局变化和中国战略选择[J]．管理世界，2018（12）.

② 森林大火、水城受灾……2019 年，世界气候变化正在加剧[EB/OL]．环球网，2019-01-02.

③ 大气二氧化碳浓度 416.7ppm 是 300 万年来最高值[EB/OL]．中研网，2019-05-20.

④ 欧洲议会通过新一届欧委会委员名单[EB/OL]．中国经济网，2019-11-28.

机、难民潮等连锁反应。欧盟是全球节能减排的引领者，新一届欧盟委员会把“欧洲绿色协议”列为任内最优先的事项。中国也把应对气候变化、实现可持续发展作为优先战略。中国是农业大国，14 亿人口的粮食安全和生存问题与气候休戚相关，产业转型升级和经济发展方式转变也与气候变化紧密相关。但是，在全球经济形势不容乐观的背景下，各国均有复杂的社会经济问题，《巴黎协定》承诺发达国家到 2020 年每年筹集 1000 亿美元用于帮助发展中国家应对气候变化，但这一承诺一直未能完全兑现。美国退出《巴黎协定》和英国脱欧乱局导致这一协定的落实面临更多挑战和不确定性，更加延缓全球应对气候变化的行动。对于都把应对气候变化作为优先发展战略的中国和欧盟而言，应对气候变化超预期加速是其面临的共同挑战。

三、中欧应对世界大变局的共同责任

面对大变局带来的挑战和不确定性，作为当前全球第二大和第三大经济体，中国与欧盟必须共同承担世界重要两极的全球责任，共同反对逆全球化思潮、单边主义和贸易保护主义、坚定维护多边贸易体制，共同推进全球治理的变革和完善、共同破解“发展赤字”“治理赤字”，共促国际科技与产业变革合作，推动全球产业转型升级和世界经济持续增长，携手促进全球气候治理变革。

1. 合作应对经济全球化逆潮、维护多边贸易体制的共同责任

（1）以深化双边经贸合作应对经济全球化逆潮的共同责任。加快深化中欧经贸合作进程是双方共同应对贸易保护主义、单边主义挑战的现实选择。尽管全球经济格局和经济形势发生复杂深刻变化，不确定性明显加大，但中欧经贸合作的市场空间不仅没有缩小，反而在持续扩大。中欧双方应共同努力，在把潜在的合作空间转换为现实的增长动力和合作动力的同时，给国际社会共同反对单边主义和贸易保护主义做出行动示范。

（2）以推进 WTO 改革为重点维护全球多边贸易体系的共同责任。全

球经济的稳定和增长，要求多边贸易体制的法律和组织保障。中欧同为全球多边贸易体制的受益者，维护以 WTO 为核心、基于规则的多边贸易体制，既是中欧的共同目标，也是中欧必须承担的共同责任。以 WTO 为核心的多边贸易体制是世界经贸关系公平公正发展的基石。过去 20 年，WTO 规则不断拓展和丰富，在全球经济治理中有着重要影响，任何其他全球性和区域性贸易组织都无法替代以 WTO 为核心的全球自由贸易秩序。因此，捍卫 WTO 是中国和欧盟作为 WTO 核心成员的共同责任。中欧应以促进全球经济持续增长为目标，以推动 WTO 改革为重点维护全球多边贸易体制，完善以规则为基础的全球贸易体系。在推进 WTO 改革中，兼顾不同经济体的特殊性，对不同发展程度的国家给予一定的灵活安排，提升多边贸易制度的公平性。

（3）加快推进自由贸易进程的共同责任。在大变局下，中欧展现共同坚持相互尊重、秉持公平正义、寻求合作共赢的积极态度，为当前充满不确定性的世界贡献重要的稳定因素，进一步凸显中欧关系的战略性和全球意义。因此，加快推进双边多边自贸进程不仅有利于双方自身发展，也是双方携手推进全球和区域自由贸易进程应当担负的共同责任。

2. 携手破解全球经济“发展赤字”“治理赤字”的共同责任

（1）积极推动全球治理变革的共同责任。当前，全球的治理体系变革正处于历史最关键的转折点，世界各国的共同愿望无疑是要推动全球治理体系朝着更加公正合理的方向发展。面对充满不确定性的国际局势，中欧应当加强战略协调，坚持多边主义，反对单边主义，维护联合国权威以及国际关系准则，反对霸权主义、反对强权政治，秉持合作共赢精神，协力推动以 WTO 为核心的全球经济治理体系变革，是中欧作为第二大和第三大经济体应该担负的共同责任。

（2）共同促进治理主体多元化的共同责任。二十国集团（G20）、上海合作组织、东亚峰会、亚投行等新多边机制的兴起，东盟、亚太经合组织、南亚区域合作联盟、亚信会议等多边机制的新发展，促进了全球经济治理主体多元化。其中，G20是第一个能够让发达国家和发展中国家之间相对平等地协商对话、共同参与全球治理的机制和平台，在世界经济议程设置和规则制定方面的影响在逐步上升。因此，坚定支持G20等新多边机制的发展，坚定支持全球经济治理主体的多元化和民主化，是中欧作为G20核心成员应该担负的共同责任。

（3）提升发展中国家话语权、加强与发展中国家发展合作的共同责任。提升发展中国家的国际话语权是破解“发展赤字”的关键，是缩小“南北差距”、弥合“南北发展鸿沟”的重要路径。全球“发展赤字”集中体现为非洲、南亚和太平洋岛国等地区经济社会发展的严重滞后。例如，欧盟和中国都重视与非洲的发展合作。尽管非洲地区长期以来经济发展非常落后，但人口众多、地域广大、资源丰富，非洲经济正在逐渐崛起，对全世界的重要性也在逐步提升，正在成为全球治理中不可忽视的一股新兴力量。支持提升发展中国家国际话语权、加强与发展中国家的发展合作，支持经济欠发达地区的多元治理，不仅是中欧第三方市场合作的重要领域，更是中欧携手推进全球经济开放、包容、普惠、平衡、共赢式发展的共同责任。

3. 促进国际科技与产业创新合作、推进全球产业转型升级的共同责任

（1）促进国际科技创新合作的共同责任。加强国际科技与产业创新合作，是构建优势互补、互利共赢的产业链、供应链和价值链，加快全球产业转型升级的基本路径。中欧科技合作是中欧全面战略伙伴关系中的核心内容，中国是欧盟科技产业的重要市场，欧盟是中国引进技术的主要来源。中欧加强科技创新合作，不仅为中欧建设“全面创新战略伙伴关系”奠定基础，而且为全球发达国家和发展中国家科技创新合作树立典范。

（2）促进全球产业转型升级的共同责任。要推动全球产业智能化、信息化、绿色化发展，中国与欧盟需要承担起促进国际科技创新合作、带动

全球产业转型升级的共同责任。例如，中欧应加快实施中国科技部与欧洲空间局对地观测领域合作项目，合作研究促进遥感技术应用水平的提高，围绕中欧双方卫星数据在农业、林业、水利、灾害、测绘、大气、海洋等领域的应用开展合作研究，以这些领域合作的重大突破，推进全球产业转型升级，改善全人类福祉。

（3）推动全球产业链、供应链、价值链持续发展的共同责任。面对新一轮科技革命和产业革命，一些国家对他国采取了限制本国科技出口、对他国科技领先企业采取“科技围堵”的做法，意图永保自身在全球的科技创新领先地位以及在全球产业链、供应链和价值链上的顶端位置。这种做法扰乱资源要素在全球的优化配置，带来价值链断裂的风险，恶化全球“发展赤字”。在这一特定背景下，坚持和推进科技创新领域的开放合作，创造对全球科技创新合作的示范带动效应，是中国与欧盟共促全球产业链、供应链和价值链朝着优势互补、互利共赢的方向稳定发展的共同责任。

4. 维护世界经济稳定增长的共同责任

（1）携手以推进自由贸易进程增强世界经济增长动力的共同责任。经济全球化推动了全球生产体系的形成和发展，带来了全球经济繁荣和民众生活的普遍改善。在产业链全球布局的今天，没有哪个国家能够脱离经济全球化而独自发展。多年来，有效需求不足成为全球经济稳定和持续增长的重要障碍，而双边、区域和贸易投资自由化是释放全球有效需求的重要途径。因此，携手推进双边、区域和多边贸易投资自由化进程，促进全球有效需求潜力加快释放，增强全球经济稳定和持续增长的动力，是中国和欧盟作为全球第二和第三大经济体需要担负的共同责任。

（2）以结构性改革为重点形成推进自由贸易进程的内部动力的共同责任。客观看，无论是中国，还是欧盟，都存在内部经济社会发展不平衡的结构性矛盾。经济社会发展失衡、收入分配失衡等结构性矛盾是民粹主义、贸易保护主义、单边主义思潮的温床，更是影响自由贸易进程的制度性、结构性根源。坚持“刀刃向内”，以结构性改革破除自由贸易的结构性制度性障碍，是中国和欧盟携手推进自由贸易进程需要担负的责任。

5. 推进全球气候治理变革的共同责任

（1）推动建设公平公正的全球气候治理体系的共同责任。近几年来，气候变化是全球气候治理议程中最引人瞩目的问题之一。2017 年底，中国与欧盟碳排放总量占了全球的 38%。[①] 中欧面对气候变化具有共同命运，必须承担起全球气候治理的责任。然而，中欧参与全球气候治理面临着多重挑战，双方利益分化所导致的分歧、对气候变化原因的认知不一、国家实力悬殊、国家制度的差异，是导致中欧气候治理命运共同体构建困难的主要原因。因此，双方应在携手推进全球气候治理体系变革的基础上加强合作与互谅，构筑起中欧气候治理命运共同体，承担起吸引示范更多国家和地区积极参与全球气候治理的共同责任。

（2）引领落实全球气候新议题的共同责任。建立公平、包容、可持续发展的地球村，是全球所有国家和地区的共同目标。实现这一目标需要在围绕碳与污染物减排、非燃油运输工具发展、可再生能源等新技术，以及气候变化衍生的碳市场、碳定价、绿色金融等新议题上的国际合作。中欧应共同把握新技术革命、产业革命对全球气候变化带来的新机遇，在产业低碳化和数字化、清洁能源技术等影响全球气候的新议题上推动形成国际共识，在低碳经济、循环经济、工业和服务业数字化转型、清洁能源发展等领域推进全球合作，为人类开创低碳绿色发展新时代做出新的贡献。这是中欧作为国际社会应对气候变化的主要力量应该担负的共同责任。

（3）推动建设开放、包容、公平的全球碳排放市场的共同责任。碳排放市场是利用市场机制控制和减少温室气体排放、推动绿色低碳发展、应对全球气候变化的一项重大创新实践。中欧应携手加快推进发达国家

---

① 张洪为．全球气候治理与中欧命运共同体的构建[J]．国外社会科学，2019（01）．

和发展中国家都能参与的开放、包容、公平的全球碳排放交易市场建设，向削减全球温室气体排放量的共同目标迈进。在自身努力完成减排承诺目标的同时，加快碳排放交易的南北合作项目开发实施，积极推动发达国家对发展中国家的节能减排技术援助和发展援助，引领全球低碳共同体建设。

四、中欧共同应对世界大变局的广泛共识

中国与欧盟在维护多边主义和开放型世界经济、反对单边主义和保护主义等方面拥有广泛的共同利益和共同立场，但也存在很多分歧。在“逆全球化”潮流涌动，单边主义、保护主义、“冷战”思维、零和博弈给世界格局稳定带来前所未有的冲击，经济全球化走到十字路口的大背景下，作为全球治理的主要力量，中欧双方应该超越历史文化、价值观念、发展阶段、发展水平、社会制度、发展道路等方面的差异，通过对话协商扩大共同利益、减少分歧、增进互信和共识，应对大变局下的共同挑战、履行大变局下的共同责任。

1. 共同维护以 WTO 为核心的多边贸易体制

（1）中欧具有坚决维护以 WTO 为核心的多边贸易体制的共同立场。面对单边主义和贸易保护主义挑战，中国和欧盟都主张自由贸易、坚持多边主义、反对单边主义。针对美国对 WTO 上诉机构所谓的“体制性”关切，中国和欧盟等 40 多个成员向世贸组织提交了改革提案，逐条作了回应，提出了建设性的改革建议。中国和欧盟 2019 年 4 月还曾发表联合声明[①]指出，双方将继续坚定支持以规则为基础、以世贸组织为核心的多边贸易体制，反对单边主义和保护主义，同时，合作推动世贸组织改革，继续努力解决 WTO 上诉机构的危机并在其他领域凝聚共识。双方坚定地支

① 第二十一次中国—欧盟领导人会晤联合声明（全文）[EB/OL]. 新华网，2019-04-11.

持以规则为基础、以世界贸易组织为核心的多边贸易体制，共同致力于反对单边主义和保护主义，带头遵守世贸组织规则。双方共同致力于世贸组织改革合作，以确保其能够应对全球贸易挑战；双方联合工作组还在加快讨论怎样加强产业补贴国际规则，也在就其他获得授权的世贸组织议题持续交换意见。双方同意继续努力解决世贸组织上诉机构的危机并在其他领域凝聚共识，共同支持联合国国际贸易法委员会关于投资争端解决机制改革的工作。欧盟承诺支持中国加快加入世贸组织《政府采购协定》，中方表态加快积极推进相关工作。

（2）中欧关于 WTO 改革的主要分歧在于“发展中国家”议题。欧盟认为对发达国家和发展中国家的无差别区分已经不能反映出一些发展中国家经济快速增长的现实情况，导致了“谈判障碍”，因此提出了要重新制定“发展中国家”的标准以及待遇方案。为此，欧盟鼓励一些发展中国家“毕业”，放弃所享受特殊及差别待遇，并且要提交其能够全面履行 WTO 协定所有义务的详细路线图，而且要将其纳入对该成员国贸易政策的审议进程；欧盟认为未来协定中的特殊和差别待遇应当是要有“时限”的，要通过一系列的详细分析，以此来决定是否在协定中能给予额外特殊及差别待遇。对此，中国则认为发展问题是 WTO 工作核心，尽管近年来部分发展中国家确实在快速发展，但总体上南北发展差距依然很大，甚至发展差距扩大的趋势更为明显，因此发展中成员国特殊及差别待遇的权利在今天还是应该要得到有效的维护。中国虽然是世界上最大的发展中国家，但是仍然需要较长的时间在诸多方面去追赶发达国家。中国与 WTO 发达成员之间的经济发展水平差距仍然巨大。2018 年，欧盟人均 GDP 为 3.65 万美元，接近中国的 4 倍；2019 年，美国人均 GDP6.5 万美元，是中国的 6.5 倍。[①] 根据联合国贸发会议报告，中国人类发展指数全球排第 86 位，仍然

① 根据世界贸易组织数据库统计数据得出。

低于经合组织 1990 年的水平。①

2. 共同捍卫多边主义和多边体系

第二十一次中欧领导人会晤发表的《联合声明》宣布，双方承诺为实现和平、繁荣和可持续发展共同努力，支持多边主义，尊重以联合国为核心的国际法和国际关系基本准则，主张继续高举联合国这面多边主义旗帜，维护联合国的地位和权威，维护以联合国为核心的国际体系。双方一致同意在联合国框架内加强交流合作，在推动政治解决国际争端等方面积极有所作为，共同破解“治理赤字”。中欧均认可二十国集团（G20）是全球治理的主要力量之一，对 G20 抱以积极、主动和支持的态度，以积极和建设性的方式参与 G20 各类活动，共同支持二十国集团作为国际经济合作主要论坛的地位和作用，发扬伙伴精神，支持多边主义，加强宏观经济政策协调，推进结构性改革，推动国际金融体系改革，推进贸易和投资自由化便利化，建设开放型世界经济。

3. 共同推进落实 2030 可持续发展议程

中国和欧盟都是世界多极化、经济全球化进程的重要参与者和塑造者，在第二十一次中欧领导人会晤上，双方“重申致力于落实 2030 可持续发展议程和《亚的斯亚贝巴行动议程》，将就国际发展合作加强交流，探讨与其他伙伴国家合作，共同努力推动落实 2030 可持续发展议程”。新一届欧盟机构将绿色、数字、经济作为优先政策，强调以多边主义应对全球挑战，这与中方的发展理念有很多相似之处。中国在《中国对欧盟政策文件 2018》中明确呼吁，中欧应携手推进落实 2030 年可持续发展议程，尊重各自国情和发展道路，平衡推进经济、社会、环境发展，优先关注减贫、教育、卫生等民生事业。

4. 共同推进贸易投资自由化和便利化进程

中欧推进贸易投资自由化进程有共同愿望也有共同行动。第二十一

① 高峰．中方要求 WTO 改革发展中国家地位：望美摒弃单边主义霸凌主义[EB/OL]．中国新闻网，2019-08-01.

次中欧领导人会晤宣布，中欧双方将在开放、非歧视、公平竞争、透明和互利的基础上打造双方经贸关系，相互给予更加广泛、更加便利、非歧视的市场准入，为双方确认的关键壁垒寻找双方认同的解决方案，推动中欧投资协定谈判在2019年取得结束谈判所需要的决定性进展，以便2020年达成高水平的协定。中欧双方就“一带一路”的合作明确了若干重要原则，双方将继续推动中国“一带一路”倡议与欧盟倡议对接。

5. 携手促进国际科技与产业创新合作

（1）中欧在加强应对新技术革命和产业革命国际合作上有广泛共识。《中欧科技合作协定》强调，要发挥好中欧科技合作指导委员会、创新合作对话以及科研创新联合资助机制的作用，商定中欧科研创新合作路线图，落实在农业与生物技术、环境、可持续城镇化、地面交通、安全绿色航空、健康生物技术等领域的旗舰合作研究项目，拓展在信息通信、智能制造、人口健康、新材料等领域的合作研究。

（2）以公平竞争、合作互利为原则扩大合作是共同努力的方向。一方面，欧盟对加强与中国的技术合作确有疑虑。2019年欧盟委员会和欧盟对外行动署发表对华政策文件，把中国视为合作伙伴、竞争者和系统性对手。一些欧盟成员担忧，中国在智能制造、数字经济等领域技术创新的步伐不断加快，日益与欧盟在这些领域形成竞争态势。另一方面，中欧在推进技术合作上仍然相向而行。欧盟仍是中国技术进口最大的来源。据商务部统计，欧盟为中国累计最大的技术供应方，截至2018年底，欧盟对中国的技术出口合同金额累计已超过2100亿美元，并且技术总量累计已超过5.6万项。[①] 中欧双方充分认识到推广和保护知识产权对于创新及可持续发展的重要作用，中欧双方承诺加强关于知识产权对话和保护合作，同时将充分利用新的技术合作项目来开展对知识产权的保护

---

① 根据中国商务部统计数据得出。

工作。

6. 携手推进全球气候治理变革

（1）中欧是“绿色发展”理念的积极倡导者。新一届欧盟委员会把应对气候变化、实现绿色欧洲作为工作优先方向，强调愿同中方加强在应对气候变化问题上的合作，推动欧中关系持续向前发展。中国政府在公布的《中国对欧盟政策文件 2018》中，强调加强中欧气候变化相关领域的政策对话，加强碳排放交易合作以及在城市层面应对气候变化和低碳发展的交流合作。中国和欧盟作为联合国气候变化谈判的关键参与者，都强调坚持《联合国气候变化框架公约》原则和规定，积极建设和完善全球气候治理体系，共同推动绿色、低碳、可持续发展。

（2）中欧推进全球气候治理上的共识与共同行动增多。尽管中国和欧盟在应对气候变化“共同但有区别的责任和各自能力原则”上仍有分歧，但双方在加强清洁能源、节能环保合作，共同推动全球向绿色、低碳和气候适应型经济社会及清洁能源体系转型上的共识在不断扩大。2018 年 7 月，中欧首次发表《中欧领导人气候变化和清洁能源联合声明》，签订了《关于加强碳排放交易合作的谅解备忘录》。2019 年，第二十一次中欧领导人会晤发布的《联合宣言》强调落实《巴黎协定》和《蒙特利尔议定书》的坚定承诺，在 2018 年《中欧领导人气候变化和清洁能源联合声明》的基础上进一步加强合作，推进化石燃料补贴改革，加强绿色金融合作，引导民间资本流向更具环境可持续性的经济。双方都强调共同推进《巴黎协定》实施的必要性，携手推动《巴黎协定》后续谈判和有效实施，共同努力推动 2020 年在中国举办的缔约方大会上通过一个富有雄心、现实的 2020 年后全球生物多样性框架。

中国在 WTO 框架下的“市场经济地位”在欧盟内部存在争议，导致欧盟对华态度反复。尽管中欧在应对全球大变局上具有广泛共识，但也仍存在不少分歧。例如，至今欧盟尚未承认中国的市场经济地位并拒绝放弃替代国。欧盟委员会正在酝酿政策允许欧盟对非欧盟国家的国有企业采取更严格措施。若有关国家被认为在政府采购领域采取限制性措施，欧盟将对该国企业进行限制。欧盟在投资审查、5G 网络安全、反倾销反补贴等方面采取的措施引起中国在欧企业界人士的疑虑，影响了中欧经贸关系的深化。

第二章

推进中欧自贸进程的现实基础与重大机遇

未来10~15年是中国经济转型升级的历史关键期，也是欧盟一体化进程的历史关键期。如果能抓住这个重大机遇和时间窗口，在过去45年不断深化合作的坚实基础上，实现中欧双边经贸合作的历史性突破，将推动中欧关系向更高水平迈进，为中国和欧盟在应对大变局中赢得更大的主动性，为经济全球化与世界经济稳定、可持续发展创造更多确定性、注入更多正能量。

一、推进中欧自贸进程的现实基础

中欧建交45年来的互利合作，取得了多方面的成果，为推动中欧关系向更高水平发展奠定了重要基础。

1. 45年来中欧合作的广度和深度不断拓展

1975年5月6日，中国与欧洲经济共同体（欧盟的前身）正式建交。1998年中欧双方建立“面向21世纪的长期稳定的建设性伙伴关系”，2001年提升为“全面伙伴关系”，2003年进一步提升为“全面战略伙伴关系”。2014年3月31日，中国国家主席习近平出访欧盟总部，中欧双方发表了《关于深化互利共赢的中欧全面战略伙伴关系的联合声明》，双方一致同意，本着平等互信、相互尊重的原则，深化中欧关系，全面落实《中欧合作2020战略规划》，共同打造和平、增长、改革、文明四大伙伴关系；4月1日，习近平主席在比利时布鲁日欧洲学院发表演讲指出，“中欧都处于发展的关键时期，都面临着前所未有的机遇和挑战；……要建设和平稳定之桥，把中欧两大力量连接起来；要建设增长繁荣之桥，把中欧两大市场连接起来；要建设改革进步之桥，把中欧两大改革进程连接起来；要建设文明共荣之桥，把中欧两大文明连接起来；……建设更具全球影响力的中欧全面战略伙伴关系”。

2019 年 4 月 9 日，双方发布《第二十一次中国—欧盟领导人会晤联合声明》，重申中欧全面战略伙伴关系的活力，愿为实现和平、繁荣和可持续发展共同努力，承诺共同支持多边主义，尊重以联合国为核心的国际法和国际关系基本准则；在相互尊重、互信、平等和互利原则的基础上，通过全面落实《中欧合作 2020 战略规划》，致力于深化中欧和平、增长、改革、文明四大伙伴关系；并提出了双边关系、全球挑战与治理、外交与安全等方面二十多项议题，涵盖中欧投资协定、知识产权保护、公平竞争审查制度和国家援助控制制度、人权、网络工作、5G、《联合国海洋法公约》等领域。更具里程碑意义的是双方承诺，力争 2019 年在投资自由化承诺方面取得结束谈判所必需的决定性进展，以便在 2020 年达成体现实质性改善市场准入、消除影响外国投资者的歧视性要求和做法、建立平衡的投资保护框架、纳入投资和可持续发展条款的高水平中欧投资协定。

45 年来，以中欧领导人定期会晤机制为核心，双方建立了近 70 个多层次的磋商和对话机制，涵盖政治、经贸、人文、科技、能源、环境等各个领域，其中的中欧高级别经贸对话、中欧高级别战略对话机制、中欧高级别人文交流对话机制等发挥着促进中欧高层对话交流的重要作用。2020 年是中欧建交 45 周年，随着中国—中东欧国家领导人会晤（17+1）、第 22 次中国—欧盟领导人会晤，以及中国与欧盟全家福“27+1”特别峰会的相继召开，中欧全面战略伙伴关系有望再上一个新台阶。

2. 中欧经贸合作对彼此经济的重要性不断上升

自 2004 年以来，欧盟一直是中国最大的贸易伙伴，中国一直是欧盟第二大贸易伙伴和第二大出口市场。2018 年，中欧双边贸易规模达 6816.6 亿美元。2001—2018 年，欧盟对华出口年均增速达 14.7%，支撑了欧盟约

400万个就业岗位。[①] 在全球贸易负增长的背景下，2019年1—11月，中欧贸易额同比增长7.7%。[②] 2019年上半年，中欧贸易额为3379.9亿美元，欧盟超过美国重新成为中国最大的出口市场。[③] 随着中国进一步扩大开放和升级国内消费，中欧相互投资不断增长。截至2017年底，中欧双向外商直接投资总计达到2050亿美元，其中欧盟对中国的外商直接投资累计达到1190亿美元，中国对欧盟的外商直接投资累计达到860亿美元。[④] 2019年1月到7月，欧盟对华投资同比2019年增长了18.3%，六成欧盟企业将中国视为其主要投资目的地。[⑤] 每天有近100个航班往返中欧两地，每年往来人员接近800万人次，比同期中美人员往来规模高出10%以上。[⑥] 据中国商务部统计，欧盟一直是中国最大的技术供应方。截至2018年年底，欧盟对中国技术出口的合同金额累计超过2100亿美元，技术总量超过5.6万项。[⑦]

3. 中欧经济贸易相互依存度不断提高

（1）中欧货物贸易的相互依存度长期持续攀升。1975年双方建交时，欧共体有10个成员国，欧共体与中国之间的货物进出口额占同期中欧GDP的比重仅为0.15%；2018年，欧盟与中国的货物进出口额占同期中欧GDP的比重攀升到2.21%（见表2.1）。中国与欧盟的货物贸易额占中国GDP的比重由1978年的2.93%上升到2018年的5.04%；欧盟与中国的货物贸易占欧盟GDP的比重由1975年的0.16%上升到2018年的3.81%，双方贸易在彼此经济发展中的分量不断上升（见表2.1）。其中，欧盟对华出口占欧盟货物贸易总出口的比重由1975年的0.42%上升到2018年的5.55%。特别是从2000年以来，中欧双边货物贸易额占欧盟对外货物贸易

① 王毅．中欧是伙伴不是对手[EB/OL]．外交部网站，2019-12-17.
② 王毅．中欧是伙伴不是对手[EB/OL]．外交部网站，2019-12-17.
③ 姚铃．中欧经贸合作前景仍然值得期待[J]．进出口经理人，2019（11）.
④ 姚铃．中欧关系迈向合作共赢新阶段[EB/OL]．中国社会科学网，2019-04-12.
⑤ 王毅．中欧是伙伴不是对手[EB/OL]．外交部网站．2019-12-17.
⑥ 王毅．中欧是伙伴不是对手[EB/OL]．外交部网站．2019-12-17.
⑦ 中国驻欧盟使团．欧盟对华经贸合作情况报告[R]．2019.9.

的比重增长了 2 倍多，从 2000 年的 1.86% 增至 2018 年的 5.55%。中国 2010 年以来连续多年都是欧盟的第二大出口市场，欧盟一直是中国最大的出口市场。①

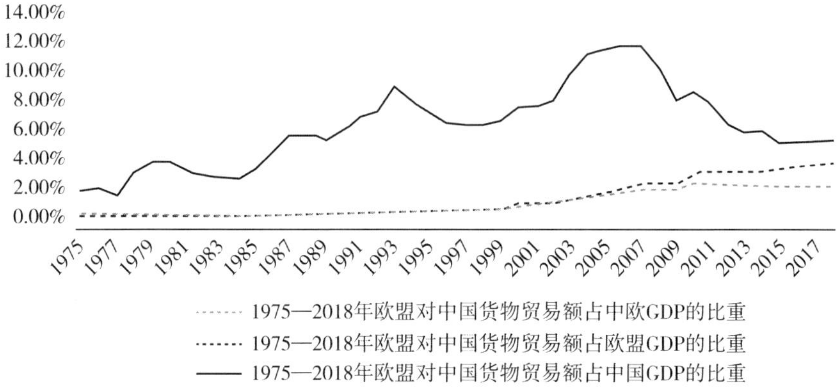

图 2.1 建交以来欧盟对中国货物贸易额分别占中欧 GDP、欧盟 GDP、中国 GDP 的比重

数据来源：中欧货物贸易进出口额原始数据来自国际货币基金组织 DOTS 数据库，中国与欧盟 GDP 原始数据来自万德数据库。以上数据根据原始数据计算所得。

注：2018 年欧盟整体贸易数据包括了英国。

表 2.1 中欧货物进出口额分别占中欧 GDP、欧盟 GDP、中国 GDP 的比重（单位：%）

		1975	1978	2001	2008	2013	2018
欧盟贸易统计口径	与华货物贸易额占中欧 GDP 的比重	0.15	0.16	0.97	2.02	2.06	2.21
	与华货物贸易额占欧盟 GDP 的比重	0.16	0.17	1.12	2.5	3.15	3.81
中国贸易统计口径	与欧货物贸易额占中欧 GDP 的比重		0.15	0.78	1.8	2.02	2.12
	与欧货物贸易额占中国 GDP 的比重		2.93	6.07	9.31	5.84	5.04

数据来源：中欧货物贸易进出口额原始数据来自国际货币基金组织 DOTS 数据库，中国与欧盟 GDP 原始数据来自万德数据库。以上数据根据原始数据计算所得。

注：2018 年欧盟整体贸易数据包括了英国。

① 根据国际货币基金组织 DOTS 数据库统计数据计算所得。

（2）中欧双边服务贸易快速增长。2018 年，中欧服务贸易进出口额达到 958.26 亿美元，在 2009 年 429.8 亿美元的基础上增长了 1.2 倍，年均增长 8.48%，高于同期中欧货物贸易年均增速（6.68%）近 1.8 个百分点，高于同期欧盟服务贸易年均增速（4.7%）近 4 个百分点（见图 2.2）。中欧在 2010 到 2017 年间双边服务贸易额年均增长率为 8.6%，高于同期欧日双边服务贸易年均增长率 4.1 个百分点，高于欧美双边服务贸易年均增长率 3.7 个百分点。以旅游和教育为例。根据《欧盟对华经贸合作情况报告》，中国赴欧洲旅游人数近年来呈较快增长态势，已跃居欧盟第三大客源国。欧盟是中国学生留学、访问学者出国研修的主要目的地之一。[①] 据欧盟智库布鲁盖尔研究所估算，在平均每人每年花费 3 万美元的情况下，2015 年中国留学生每年为欧盟经济增长贡献 90 多亿美元，创造了约 100 万个就业岗位。[②]

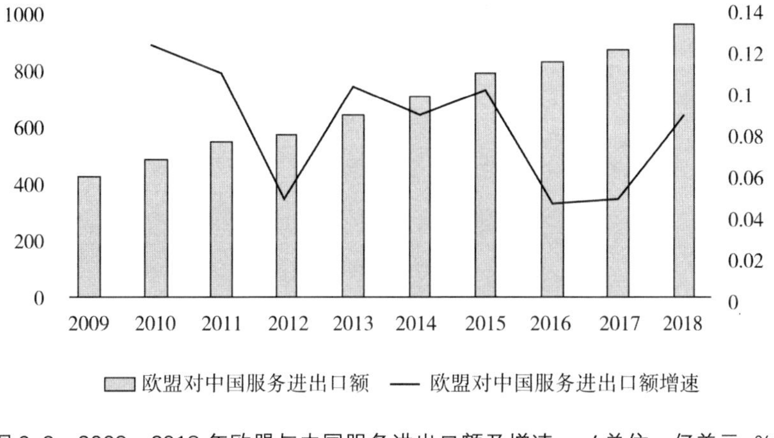

图 2.2　2009—2018 年欧盟与中国服务进出口额及增速　（单位：亿美元，%）

数据来源：欧盟对中国服务进出口额数据来自 WTO 数据库。

（3）中欧相互投资趋于上升。2013—2018 年，欧盟对中国直接投资

① 中国驻欧盟使团：欧盟对华经贸合作概况[R].2019.9.

② 中国国际经济交流中心，欧盟布鲁盖尔研究所，英国皇家国际事务研究所，香港中文大学全球经济及金融研究所.中国—欧盟经济关系 2025：共建未来[R].2017.9.

流量占中国吸收外国直接投资流量的比重由 2013 年的 5.26% 提升到 6.1%；中国对欧盟直接投资流量占中国对外投资中流量的比重由 2013 年的 4.2%上升到 6.5%。截至 2019 年 2 月，中国累计对欧盟直接投资 952 亿美元，欧盟累计对华实际投资 1321.8 亿美元。[①] 截至 2017 年底，中国在欧盟全部 28 个成员国都设立了直接投资企业，累计达 2900 多家；2018 年，中国企业在欧盟并购的金额占中国企业海外并购总金额的比重已超过 50%。[②] 据《欧盟投资环境报告》报道，2018 年受访的中企中，将欧盟列为第一投资目的地的比例高达 78.62%。[③]

（4）中欧经贸合作范围更广、内涵更加丰富。在双边贸易投资规模不断扩大的同时，中欧基础设施合作、产业合作、金融合作、技术合作、创新合作、能源合作等不断深入发展。例如，中国已经成为欧盟的第二大航空货运合作伙伴。2008—2017 年，中欧之间的出行流量在 10 年内翻了一番，达到了 1000 万人次，年增长率 6.7%。[④] 中国与欧盟成员国的经贸合作各具特色，合作范围涵盖金融、农业、能源、航天、海运、装备制造、基础设施建设和人工智能等各个方面（见表 2.2）。面对全球需求放缓，中国与欧盟各成员国发挥各自优势，对接发展中国家的基础设施现代化、产业现代化等需求，携手开发第三方市场。目前，中国已经与法国、意大利、葡萄牙、荷兰、西班牙、比利时等欧盟成员国建立了第三方合作机制，在第三方市场合作实施了多个项目（见表 2.3）。例如，中国企业华为与葡萄牙电讯在拉美、中国银行和中国信保与意大利国家电力公司在巴西、中国石化与西班牙联合技术公司在科威特等第三方市场开展了合作项目。

① 中欧班列累计开行数量超过 1.4 万列[EB/OL]. 新华社，2019-04-22.

② 中国贸促会研究院. 欧盟投资环境报告[R]. 2019-04-23.

③ 中国贸促会研究院. 欧盟投资环境报告[R]. 2019-04-23.

④ 冯迪凡，高雅. 中欧签订两份重磅航空协定，为中国大飞机“飞向欧洲”铺路[EB/OL]. 第一财经网，2019-06-16.

表 2.2　2016—2019 年中国在欧盟国家的基础设施合作项目

国家	项目名称	中方单位	投资额	进展阶段	行业	时间
克罗地亚	克罗地亚风电项目		17900 万元	开工	电力	2018/11/22
波兰	同方威视波兰新工厂	同方威视		开工	机械电子	2018/10/8
英国	英国欣克利角 C 项目	中广核		开工	电力	2018/2/6
英国	布雷尼格项目	广核欧洲能源公司		开工	电力	2017/8/3
英国	伦敦皇家阿尔伯特码头项目	中信集团		开工	交通运输	2017/6/29

数据来源：中国拟在建项目网。

注：本表项目都已开工建设，不包括处于规划、可行性研究、勘察设计、施工准备阶段的项目。

表 2.3　与中国就联合开发第三方市场达成合作共识的欧盟成员国

国家	时间	文件	平台
法国	2015.6	《关于第三方市场合作的联合声明》 《中法第三方市场合作示范项目清单》	中法第三方市场合作指导委员会 中法第三方市场合作论坛 中法第三方市场合作基金
葡萄牙	2016.10	《关于加强第三方市场合作的谅解备忘录》	中葡第三方市场合作工作组
意大利	2018.9	《关于开展第三方市场合作的谅解备忘录》	中意第三方市场合作工作组 中意第三方市场合作论坛
荷兰	2018.10	《关于加强第三方市场合作的谅解备忘录》	—
比利时	2018.10	《关于在第三方市场发展伙伴关系与合作的谅解备忘录》	—
西班牙	2018.11	《关于加强第三方市场合作的谅解备忘录》	中西第三方市场合作工作组
奥地利	2019.4	《关于开展第三方市场合作的谅解备忘录》	中奥第三方市场合作工作组 中奥第三方市场合作论坛

数据来源：国家发展和改革委员会《第三方市场合作指南和案例 2019》相关数据。

4. 中欧经济的互补性仍然远大于竞争性

（1）中欧产业结构的互补性远大于竞争性。虽然中欧在资源禀赋、生产要素、发展阶段、发展水平等方面有明显差异，但双方产业结构互补性强、合作领域宽。欧盟总体已经进入后工业化时期，2018 年人均 GDP 达到 3.65 万美元；中国处于工业化后期，2018 年人均 GDP 为 9770 美元；欧盟人均 GDP 接近中国的 4 倍。欧盟整体服务业比重高达 78.8%，国民经济中现代服务业占比与生产性服务业占比较高；① 中国已进入工业化后期，中国服务业占 GDP 比重只有 52.2%，与欧盟产业结构的互补性仍然很大。② 尽管欧盟与美国之间的经贸关系是当前世界上最大的双边经贸关系，双方年贸易额超过 1.1 万亿美元，但由于处于同样的工业化发展阶段，产业结构互补性式微、竞争性越来越强。近年来欧美之间出现的汽车出口争端、数字税争端、空客和波音间补贴之争、农业补贴争端等问题，导致美欧贸易谈判进展甚微。相比之下，由于中欧产业结构的互补性强，双方产业合作的领域广泛、合作空间巨大。

（2）中欧产业结构的互补性主要在服务业领域。中国服务业主导的产业结构转型升级仍在半途。未来 10~15 年，随着中国 14 亿人巨大服务消费需求潜力的不断释放，无论是从作为中间消费的生产性服务看，还是从作为最终消费的生活性服务看，中国服务业市场空间都将持续扩张。欧盟是全球服务经济最发达的地区，在金融、研发、医疗、健康、教育、环保等服务领域和服务细分领域都居于全球领先地位。在消费结构升级、服务消费快速增长驱动下，中国已经成为欧盟服务出口增速最快的市场。2010—2018 年，欧盟对中国的服务出口由 260 亿美元增长到 526 亿美元，年均增长 10.6%，高于欧盟服务出口整体增速 6.1 个百分点，高于欧盟对日本出口增速 4.2 个百分点，高于欧盟对美国出口增速 5.2 个百分点。根

① 2018 年的数据包括英国，根据经合组织统计数据库统计数据得出。

② 国家统计局．服务业成为中国经济第一大产业［EB/OL］．国家统计局网站，2019-07-22.

据欧盟统计局数据，2018 年欧盟对中国大陆的服务出口达 509.7 亿欧元，同比增长 9.3%，远高于 0.7%的欧盟出口的整体增速。[①] 从双方需求看，德国、法国、荷兰等欧盟国家在金融、研发、咨询等生产性服务业的占比都远高于中国，在教育、医疗等生活性服务业上也具有明显的竞争优势，与中国产业结构和消费结构转型升级的需求相契合。只要中欧相互减少服务贸易投资壁垒，双方产业结构的互补性将转化为巨大的贸易投资需求。

（3）中欧在新经济领域的互补性突出。2018 年，中国数字基础设施和数字经济竞争力均在全球排名第二，仅次于美国。中欧在数字经济领域的互补性至少有三个方面：一是中欧在数字经济基础设施领域具有互补性，在低敏感性和非敏感性基础设施领域有很大合作空间；二是在美国奉行“本国优先”、单边主义、霸凌主义和贸易保护主义的背景下，中国与欧盟从市场多元化策略出发，都有降低对单一市场依赖度的现实需求。多年来，美国一直是欧洲最大的数字支持服务供应商，仅在 2015 年一年就向欧洲出口了 1800 亿美元的数字支持服务，超过一半的欧洲公司把北美作为主要的电子商务市场，导致欧美数字经济争端愈演愈烈，欧盟迫切需要降低对美国数字支持服务的单一依赖。三是英国脱欧客观上会削弱欧盟数字经济竞争力。在上述因素的共同作用下，欧盟降低对美国数字技术服务的依赖度，与作为新兴数字大国的中国加强合作，有利于缓和与美国的数字贸易争端，更有利于塑造欧盟数字经济的全球竞争优势。对中国而言，欧盟是全球数字贸易规则构建者和强有力的影响者，与欧盟在数字贸易治理领域加强合作的必要性和重要性不言而喻。

5. “17+1” 成为中欧经贸合作的新亮点

（1）“17+1” 贸易投资规模迅速扩大。随着希腊在 2019 年 4 月正式加

---

① 驻欧盟使团经商参处 . 2018 年欧盟对华服务贸易顺差扩大 31.2%[EB/OL]. 中国商务部官网，2019-05-25.

入中国—中东欧合作机制，中国倡议的中国—中东欧“16+1”合作机制已正式扩大成为“17+1”。“17+1”不是另起炉灶，不是制造“两个欧洲”。分裂的欧洲只会降低中国的外部需求、冲销中国推进全球和区域自由贸易进程的努力，让这么多年中国与欧盟良好合作的成果付诸东流。“17+1”合作秉持开放包容透明理念，遵循国际规则，符合市场原则，尊重协商一致，着力打造中欧开放共赢合作的新标杆。在该合作机制带动下，中国与中东欧次区域贸易投资规模显著扩大。2010—2017年，中国与中东欧国家贸易总额从439亿美元增至680亿美元，占中欧贸易总额比重达到11%。[①] 2018年，中国与中东欧16国之间的贸易额增速高达21%、达到822亿美元，创历史新高；在全球对外直接投资连续下滑的背景下，中国对中东欧16国的投资逆势增长67%，能源矿产、家电制造等领域大项目投资快速增加。[②]

（2）“17+1”促进亚欧互联互通。中东欧国家地处亚欧大陆东西两端的连接点，是亚欧互联互通的关键节点。8年前“16+1”机制成立以来，已经在基础设施、农业、贸易、航运、健康卫生、科技等近20个领域建立了合作机制。随着“17+1”与“一带一路”倡议，欧亚互联互通战略，波罗的海、亚得里亚海和黑海“三海倡议”的不断深入对接，“17+1”在亚欧互联互通中的重要性将进一步凸显。“17+1”合作不仅改变了中东欧在中欧经贸关系中的边缘地位，使中东欧国家变为亚欧互联互通的重要结点与欧洲对亚洲开放的门户，而且推动中东欧国家加快发展，有助于缓解“多速欧洲”的矛盾。

（3）“17+1”促进中欧创新与绿色合作。“17+1”在人工智能、数字经济、生命科学等创新合作领域，以及促进中欧共同应对气候变化、发展低碳经济和生态环保等绿色经济领域的合作取得了诸多成果，为中欧创新

---

① 根据中国商务部数据库统计数据得出。

② 根据中国商务部数据库统计数据得出。

合作和绿色合作提供了样板。

6. 有利于中欧自贸进程的重要机制逐步形成

（1）中欧地理标志协议将给双方企业带来新市场。中欧于 2019 年 11 月 6 日签署了《关于结束中华人民共和国政府与欧洲联盟地理标志保护与合作协定谈判的联合声明》，意味着历时 8 年的中欧地理标志保护与合作协定谈判正式结束。此前，中国已是欧盟农产品的第二大出口目的地，第五大进口来源国，也是欧洲地理标志产品五大核心市场之一。[①] 中欧地理标志协定纳入双方各 275 项地理标志产品，设定了高水平的双向保护规则，将给双方消费者带来新福利，为双方企业带来新市场。这是中国对外商签的第一个涉及地理标志产品较多、高水平、高标准的地理标志双边协定，标志着中欧知识产权保护合作的重大进展，对加强中欧经贸关系具有里程碑式意义。

（2）中欧航空协议扩大中欧货物和人员往来的便利性。经过近 6 年时间的谈判，2019 年 5 月 20 日，中欧签署了《中华人民共和国政府和欧洲联盟民用航空安全协定》（简称《民航安全协定》）和《中华人民共和国政府和欧洲联盟关于航班若干方面的协定》（简称《航班协定》）。《民航安全协定》确立了中国与欧盟在适航和环保审定、飞行运行、空管服务、人员执照与培训等民航安全领域进行广泛合作的法律框架，为中欧相关企业合作创造了良好环境。欧盟预计，该协议在签署后的前 8 年将给中欧带来 35 亿美元的经济效益，并创造 1.1 万个工作岗位。[②] 中欧《航班协定》实施后，欧盟的航空公司将可以从欧盟任意一个成员国飞往中国，而在此之前欧盟的航空公司只能从与中国达成双边协议的特定欧盟成员国起飞，大大提高了人流物流的便利性，将给相关国家带来经济增长和就业增加效应。

---

① 夏翔．中国驻欧盟使团：中欧签署地理标志协定迈出里程碑式重要一步[EB/OL]．中国新闻网，2019-11-07.

② 冯迪凡，高雅．中欧签订两份重磅航空协定，为中国大飞机“飞向欧洲”铺路[EB/OL]．第一财经网，2019-06-16.

从2013年中欧启动双边投资协定谈判到2020年1月20日，中欧已经进行的26轮谈判覆盖绝大多数领域和要素，目前已进入协定文本清单的最后谈判期。欧盟驻华大使郁白（Nicolas Chapuis）表示，在欧盟2020年的愿望清单上，首先希望达成的便是中欧投资协定。中欧有望尽快达成的双边投资协定将是全面、高水平的协定，在市场准入、投资保护、竞争政策等领域都会有重要突破。更为重要的是，该协定的谈判内容中已涉及服务业市场开放和服务贸易内容，为启动中欧自贸协定谈判奠定了一定的基础。

二、推进中欧自贸进程面临的重大机遇

过去45年，中欧经贸关系日趋紧密，中欧间的战略互信不断增进、共同利益不断扩大、合作共识不断加强，中欧经贸合作需求仍处于上升期，为中欧关系向更高水平迈进创造了重大机遇和有利条件。在全球大变局下，未来15年是中欧走向一体化大市场的历史窗口期。

1. 中欧加强战略互信、深化战略合作的政治意愿不断增强

（1）中欧领导人频繁互访促进双方加强战略互信。自建交以来，中国与欧盟领导人互访频繁、交流密切，为加强中欧战略互信和战略合作奠定重要基础。例如，德国总理默克尔2005年11月当选联盟党和社民党大联合政府总理以来已访华12次，法国总统马克龙2017年当选以来已经两度访华，他在2018年初首次以总统身份访华时曾表示“以后每年至少来一次中国”。中国国家领导人亦频繁访欧。继2014年实现中荷建交以来中国国家元首首次访问荷兰、此前8年来中国国家元首首次访问德国、此前27年来中国国家元首首次访问比利时、中欧建交以来中国国家元首首次访问欧盟总部后，中国国家主席习近平2017年首次出访、2018年最后一次和2019年首次出访都选择了欧洲。

（2）中欧高级别政治磋商机制推动双方深化战略合作共识。作为中国与欧盟双方政府层面最高级别的政治磋商机制，中国与欧盟中欧领导人会

晤自 1998 年以来已经举办了 21 次，对促进中欧合作共识和行动起到了重要作用。2019 年 4 月 9 日，中国国务院总理李克强与欧盟委员会主席容克共同主持第二十一次中国—欧盟领导人会晤，达成了包括力争 2020 年完成中欧投资协定谈判等一系列重要共识。

（3）中欧深化全面战略伙伴关系的政治动力不断增强。中国国家主席习近平在 2019 年 3 月访法期间，与法国总统马克龙、德国总理默克尔和时任欧盟委员会主席容克举行专门会晤，向世界发出了中欧加强战略互信、深化战略合作的鲜明信号。2019 年，欧洲理事会、欧盟委员会成功换届，中国领导人第一时间向欧盟新任领导人祝贺。习近平主席在祝贺米歇尔当选新一届欧洲理事会主席时指出，“中方从战略高度和长远角度看待同欧盟的关系，中欧是互利合作伙伴，不是零和竞争对手。中国发展对欧盟是机遇，不是挑战。”欧洲理事会新任主席夏尔·米歇尔表示，“完全赞同习近平主席就中欧关系发展提出的看法和建议。欧中在维护国际规则、维护多边主义、维护世界和平和稳定方面拥有重要共识。加强欧中合作符合双方以及世界的共同利益。”米歇尔就职前夕在其母校荷兰阿姆斯特丹大学发表主旨演讲后的互动环节中指出，“对欧洲来说，中国是个非常重要的国家。”“欧洲想要建立强有力的伙伴关系。在中美摩擦的背景之下，欧洲可以扮演很关键的角色。”

2. 中国经济转型升级不断释放中欧合作的巨大市场空间

（1）未来 10~15 年中国消费结构和产业结构转型升级蕴含中欧合作的巨大市场空间。主要表现在：第一，中国已进入消费新时代，服务型消费成为消费重点，消费结构还有 15~20 个百分点的升级空间；① 第二，中国进入工业化后期，服务业成为主导产业，产业结构还有 10~15 个百分点的升级空间；② 第三，中国消费结构升级蕴藏巨大内需潜力。2018 年中国

① 匡贤明．扩大进口有效释放消费潜力[N]．人民日报海外版，2019-10-22.

② 迟福林．在转型中谋求国企改革的新空间、新机遇[N]．中国经济导报，2016-04-15.

社会消费品零售总额为38.1万亿元人民币，同比增长9%；2019年社会消费品零售总额比上年增长8.0%，规模首次突破40万亿元，内需对经济增长的贡献率达到89.0%，其中，最终消费支出对经济增长的贡献率为57.8%，比资本形成总额的贡献率高出26.6个百分点。[①] 据摩根士丹利预计，2030年中国个人消费将达到9.7万亿美元。以旅游服务消费为例，中国已连续多年维持全球最大出境旅游客源国，中国居民一年境外购物消费大约2000亿美元。2017年，中国居民出境旅游1.3亿人次，国际旅游消费支出达1152.9亿美元。[②]

（2）中国开放结构转型升级趋势为中欧创造更大贸易空间。“十四五”是中国开放转型的关键时期。中国开放转型呈现三大趋势：一是从制造业领域为主的开放走向服务领域为重点的开放；二是从商品和要素流动型开放走向规则等制度型开放；三是从经济全球化的参与者到经济全球化的推动者。在这样的趋势下，中国服务贸易需求快速释放。2010—2018年，中国服务进口额由1900亿美元增长到5300亿美元，年均增长13%，是全球服务贸易平均增速的2.6倍，是美国服务贸易增速的3.3倍；服务进口额占全球服务进口额的比重由5.0%增长至9.4%（见图2.3）。按此增速预测，未来几年，中国服务进口额将超过美国，成为全球第一大服务进口国；到2030年，中国的服务进口占全球服务进口总额的比重将会提高到13.4%，约为2016年的3倍，领先于美国（7.7%）和德国（5.8%）。[③]

（3）中欧双边服务贸易增长潜力远未释放。2008—2018年，尽管中欧双边服务贸易规模由501亿美元增加到958亿美元，但中欧双边服务贸易占欧盟服务贸易的比重仅增加了约0.6个百分点；中欧双边服务贸易占中国服务贸易的比重更是不升反降，由16.6%下降到12.1%（见图2.4），

---

① 国家统计局.2019年统计公报[R].2020-02-28.

② 中国旅游研究院、携程发布《2017出境旅游大数据报告》[EB/OL].中国日报网，2018-03-01.

③ 迟福林.以服务贸易为重点 形成经济全球化新动力[EB/OL].中国发展网，2017-05-16.

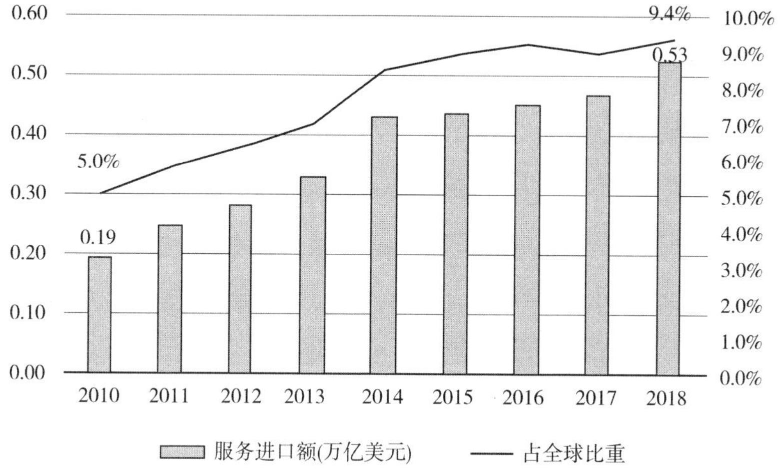

图 2.3　2010—2018 年中国服务进口额及占全球比重

数据来源：世界贸易组织数据库。

与中欧服务业的极强互补性形成巨大反差。2018 年，欧盟对中国的服务出口额只占其服务出口总额的 2.3%，与其第一大服务出口伙伴美国的占比相差 8.8 个百分点。随着中国主动扩大服务进口和加快服务业市场开放进程，预计到 2025 年，中欧服务贸易额占欧盟服务贸易总额的比重预期可达到 4%左右；占中欧贸易总额的比重有望提高到 15%左右，至少释放 600 亿美元左右的增长潜力。①

3. “一带一路”倡议与欧盟欧亚互联互通等战略逐步对接

（1）“一带一路”倡议与“欧亚互联互通战略”“欧洲投资计划”等逐步对接。欧盟参与“一带一路”倡议的行动趋于增多。2019 年第二届“一带一路”国际合作高峰论坛上，来自欧盟及其周边国家的领导人多达 9 位，占据了参会领导人名单的 1/4，包括意大利、希腊、葡萄牙、奥地利、匈牙利、捷克、塞浦路斯、塞尔维亚和瑞士，欧盟以及英国、法国、德国、西班牙等成员国也派出领导人委托的高级代表参会。截至 2019 年 4 月

① 根据世界贸易组织数据库统计数据得出。

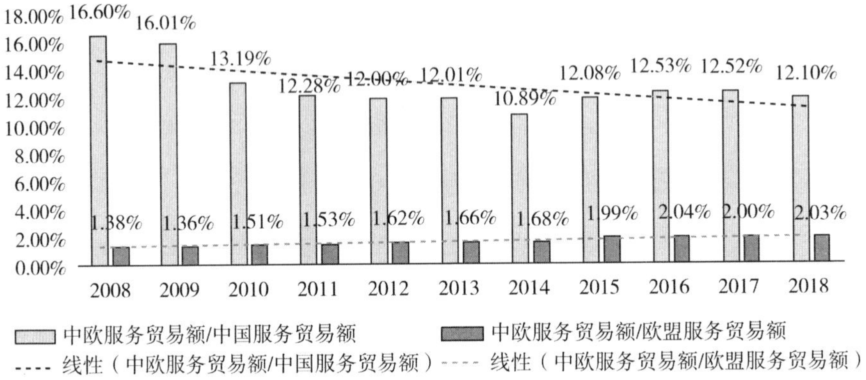

图 2.4　2008—2018 中欧双边服务贸易额占中国服务贸易额和欧盟服务贸易额的比重

数据来源：世界贸易组织数据库。

底，中国已经与中东欧 11 个欧盟成员国及希腊、马耳他、葡萄牙、卢森堡和意大利等欧盟成员国签署了关于“一带一路”合作的谅解备忘录，与奥地利共同发表了关于“一带一路”合作的联合声明，与法国、意大利、西班牙、葡萄牙、比利时、荷兰等签署了第三方市场合作文件。在中欧第二十一次中欧领导人会晤上，双方再次确认加强互联互通合作的政治意愿，承诺将继续推动“一带一路”倡议与欧盟欧亚互联互通战略、泛欧交通运输网络对接。

（2）中欧陆海空经贸合作物流大通道建设不断加快。在中欧经贸合作最快物流大通道中欧班列沿着“一带一路”开行 6 年之后，建立在联合国《国际公路运输公约》基础上的国际跨境货物运输领域全球性海关便利通关系统（TIR）建成投入使用，中国与欧洲国家之间继海运、空运、铁路运输三种运输方式之后的“中欧第四物流通道”初步形成。中国与希腊、荷兰、比利时、西班牙、意大利等国港口码头的联通能力明显增强。中欧陆海快线正式运营，匈塞铁路等辅助基础设施正在加快建设。中欧班列数量和质量都有明显提升。截至 2019 年 3 月，中欧班列的累计开行数量已经超过了 1.4 万列，可通达境外 15 个国家的 50 个城市，促进中国与欧盟国家之间的贸易往来。以德国为例，2013 至 2016 年，德国自中国进口从 1.4 万吨增至 9.5 万吨，增长 5.7 倍；对中国的出口从 4.3 万吨增长到 21.1 万吨，增长 3.9 倍。[①]

（3）中欧金融机构加快拓展“一带一路”融资合作。中欧金融机构广泛合作，为“一带一路”中欧合作提供金融支撑，主要体现在：继欧盟 14 个成员国成为亚洲基础设施投资银行（AIIB）的创始成员国，中国成为欧洲复兴开发银行（EBRD）的新股东，丝路基金与欧洲投资银行共同建立了中欧共同投资基金，由中国工商银行牵头成立了中国—中东欧基金，中国与中东欧国家金融机构联合成立了中国—中东欧银联体，德国商业银行与中国工商银行签署合作谅解备忘录。

4. “27+1”峰会有可能开启中欧关系新进程

面对新冠肺炎全球大流行的冲击，中国与意大利、德国、法国、比利时等欧盟国家开展了紧密的合作，合作携手抗击新冠肺炎疫情的蔓延。如果新冠肺炎疫情得到有效控制，2020 年 9 月中国国家主席习近平将应邀赴德国莱比锡市参加欧盟—中国“27+1”特别峰会，此举正是开启后疫情时代中欧合作的新契机。中欧可充分利用此次“27+1”特别峰会，在深化中欧经贸合作的重大议程上取得更大共识，中国可进一步释放与欧盟互利合作的信号，进一步打消欧盟内部对华合作的疑虑，推动中欧全面战略伙伴关系迈上新台阶。

---

① 姚乐．经贸合作：中欧相向而行，前景广阔[J]．中国报道，2019（5）.

China

第三章

2020—2035年加快中欧自贸进程的基本目标

Europe

中国与欧盟携手应对大变局，把建立中欧自贸区逐步走向一体化大市场作为未来 10～15 年深化经贸合作的基本目标，在全球经济格局大变革大调整中实现自身可持续发展，为经济全球化和世界经济持续增长注入确定性、动力和活力。

一、2020：完成中欧双边投资协定谈判，启动中欧自贸区可行性研究

2020 年，中欧应在完成双边投资协定谈判的同时，宣布启动中欧自贸区可行性联合研究，释放中欧携手应对贸易保护主义和单边主义、共同推进全球自由贸易进程的信号。

1. 达成高水平的中欧投资协定

在 2019 年双方共同发布的《第二十一次中国—欧盟领导人会晤联合声明》中，双方承诺，2019 年取得结束谈判所必需的决定性进展，以便在 2020 年达成高水平的中欧投资协定。中欧双边投资协定谈判覆盖议题广泛、双向开放水平高。第一，在市场准入方面，欧盟提出“对等开放”的原则，让欧盟和中国的企业在对方市场中能够拥有对等的准入权限。第二，欧盟希望确立“竞争中性”原则，规范国有企业经营。第三，在可持续发展条款方面，欧盟对劳工和环境方面设定了较高的标准。总体而言，中欧投资协定谈判中的内容与中国主动推进高水平开放的需求和趋势相一致。中国的外资准入限制领域基本符合欧盟方提出的标准，但在部分行业

性规定、国民待遇原则、市场准入、业绩要求和高管及董事会成员要求等方面存在一定分歧。

当前，虽然受新冠肺炎疫情的影响，但中欧经贸部门可通过视频会议加紧磋商，尽快在存在分歧的条款上达成一致，完成最后协商，达成高水平的中欧投资协定。

2. 在服务业市场双向开放和服务贸易上取得重大进展

在中欧投资协定谈判的过程中，中国主要关注的是欧盟的投资法规、标准以及管理机制等议题，而欧盟主要关注点在于中国的市场准入、公平竞争以及国民待遇等问题。在中欧双边投资协定的正式文本最终得到确定以前，双方应该将更多服务贸易有关的内容纳入谈判范围内，例如金融等服务贸易内容，以此适应中欧双边服务贸易合作的大趋势。

3. 启动中欧自贸区可行性研究

中欧自贸区可行性联合研究不需要等到中欧投资协定谈判结束再启动。中欧投资协定中的市场准入等条款和内容，实际上已经与服务贸易直接相关。中欧自贸区可行性研究也不应等到跨大西洋合作伙伴关系（TTIP）谈判结束再开始。在美国采取单边主义贸易措施、美欧贸易竞争性增多的形势下，如果等 TTIP 谈判结束后再启动中欧自贸区，欧盟不仅将错失进入中国市场最有利的时间窗口，而且将错失中国 14 亿人口消费结构转型升级带来的市场先入者红利。适应经济全球化新趋势，特别是在全面与进步跨太平洋伙伴关系（CPTPP）生效以及区域全面经济伙伴关系（RCEP）谈判即将结束大幅改变全球和区域贸易格局的背景下，双方应早下决心，在鼓励和支持双方智库研究中欧自贸区发展蓝图、目标、建设路径、重点领域、时间框架以及早期收获计划的同时，尽早启动中欧自贸区可行性联合研究。

中欧可以 2020 年 9 月计划举办的“27+1”特别峰会为契机，宣布启动中欧自贸区可行性联合研究。

二、2020—2025：以服务贸易为重点启动中欧自贸区谈判

中欧自由贸易的最大空间、最大潜力在服务贸易，中欧自由贸易的最大短板也在服务贸易。2020—2025 年，以服务贸易为重点加快中欧自贸进程，适时启动中欧自贸协定谈判，以此释放中欧贸易投资的巨大潜力。

1. 服务贸易是推进中欧自贸的重点与焦点

（1）中欧自由贸易的最大空间在服务贸易。中国与欧盟双边服务贸易多年来的快速增长，反映了中欧服务部门的互补性。中欧服务贸易增速明显快于中欧货物贸易增速。2011—2018 年间，中欧服务贸易年均增速为 8.48%，比货物贸易年均增速（6.68%）高出 1.6 个百分点（见图 3.1）。中国是欧盟服务出口增速最快的市场。2010—2017 年，欧盟向中国服务出口由 260 亿美元增长到 526 亿美元，年均增长 10.6%，高于欧盟服务出口整体增速 6.1 个百分点，也高于欧盟对日本服务出口增速 4.2 个百分点，还高于欧盟对美国服务出口增速 5.2 个百分点。根据欧盟统计局数据，2018 年欧盟对中国大陆的服务出口达 509.7 亿欧元，同比增长 9.3%，远

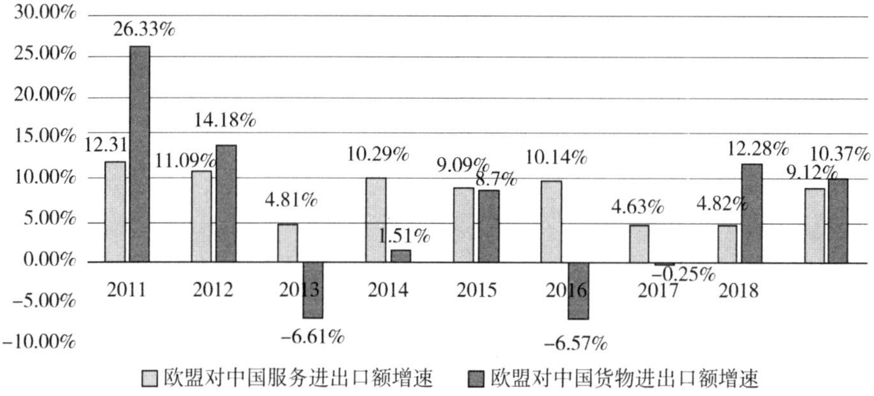

图 3. 1　欧盟对中国服务进出口额增速与欧盟对中国货物进出口额增速

数据来源：世界贸易组织数据库。

高于其0.7%的平均增速。① 目前，中国是服务进口大国，欧盟是服务出口大户。从欧盟服务贸易进出口细项来看，除知识产权使用费以外，欧盟均处于顺差状态（见表3.1）。这体现出了欧盟服务产业的强劲竞争力。欧盟在许多领域都能满足中国的服务进口需求。在中国14亿人消费结构升级和服务消费快速释放的背景下，中国服务贸易净进口的格局在未来5~10年仍然不会改变，中国对欧盟进口需求快速增长的趋势不会变。

（2）中欧自由贸易的最大短板也在服务贸易。尽管中欧服务贸易的规模不断扩大，但其占欧盟服务贸易总额的比重与其占中国服务贸易额的比重，都呈下降趋势（见图3.2）。2018年，中欧双边服务贸易进口额占中欧双边总进口额的比重是7.18%，远远低于全球服务进口额占全球总进口额24.03%的平均水平。2018年，在欧盟服务进口总额中，来自中国的服务进口占比只有1.66%，远低于第一位美国的12.01%与第二位瑞士的3.68%。在欧盟服务出口总额中，对中国的服务出口占比仅为2.35%，远低于第一位美国的11.12%与第二位瑞士的5.48%。② 与中欧货物贸易相比，中欧服务贸易发展严重滞后。

（3）加快中欧自贸进程的重点在服务贸易。中欧投资协定谈判的重点和难点在服务贸易方面，金融业等高端服务业的市场是谈判最关键的议题。服务贸易开放是欧盟谈判双边多边贸易协定的新焦点。欧盟在与其贸易伙伴的谈判中，无一例外地敦促谈判伙伴国取消服务贸易的准入限制。无论是欧盟与韩国的自由协定，还是欧盟与新加坡的自贸协定，也包括即将完成谈判的欧盟与加拿大全面经济贸易协定和暂时搁浅的欧盟与美国TTIP谈判，服务贸易开放都是欧盟的主要诉求。欧盟在中欧双边投资协定谈判中一直敦促中国取消服务贸易的准入限制，一直强烈要求中国扩大包括电信、金融、物流等在内的服务贸易市场开放。

① 根据欧盟统计局统计数据得出。

② 根据国际货币基金组织数据库、世界贸易组织数据库统计数据得出。

表 3.1 欧盟与中国的国际收支平衡表服务贸易细项（单位：百万美元）

项目	2014 年		2015 年		2016 年		2017 年		2018 年	
	欧盟	中国	欧盟	中国	欧盟	中国	欧盟	中国	欧盟	中国
服务贸易	118315.48	−213742.37	56554.56	−218320.31	48654.61	−233145.91	118591.17	−258931.51	129540.77	−292249.05
1. 加工服务	6266.90	21305.00	9092.72	20274.95	7082.11	18381.78	4025.78	17894.35	6063.64	17160.76
2. 维护和维修服务	3248.06	——	1410.93	2286.23	2430.12	3239.69	2869.78	3712.04	3589.68	4646.93
3. 运输	10082.52	−57915.02	15077.33	−46745.42	12433.90	−46753.09	19734.56	−55978.17	19781.71	−66902.70
4. 旅行	41979.06	−183300.05	38779.39	−204861.83	39274.01	−205680.36	47145.84	−219315.95	47749.96	−236959.70
5. 建筑	8831.06	10485.32	6475.37	6455.17	5608.52	4156.72	6537.94	3609.08	5785.41	4933.66
6. 保险和养老金服务	2999.10	−17879.94	3003.62	−3817.90	4115.87	−8848.90	4077.36	−7402.36	4135.62	−6624.65
7. 金融服务	22603.18	−409.24	16425.16	−310.32	14034.39	1140.70	15692.55	1814.62	13349.86	1244.03
8. 知识产权使用费	−52191.56	−21937.42	−85369.25	−20937.77	−62584.68	−22818.38	−58823.62	−23943.45	−59734.41	−30221.67
9. 电信、计算机和信息服务	61744.12	9424.65	62409.67	13140.25	65978.17	12694.88	79286.04	7493.26	93203.60	6490.16
10. 其他商业服务	616.25	28155.77	−22927.47	18860.75	−49733.25	14712.54	−13229.42	16927.19	−16370.92	19125.45
11. 个人、文化和娱乐服务	140.95	−698.65	−1572.43	−1162.94	−1308.04	−1398.21	574.39	−1986.45	−1034.23	−2426.50
12. 别处未提及的政府服务	8181.46	−972.78	8489.01	−1501.49	7784.12	−1973.28	8008.15	−1755.66	8698.91	−2714.82

注：本表为贷方与借方的差额，正数表示贷方盈余、负数表示借方盈余；本表采用 BOP 标准。
数据来源：IMF 数据库。

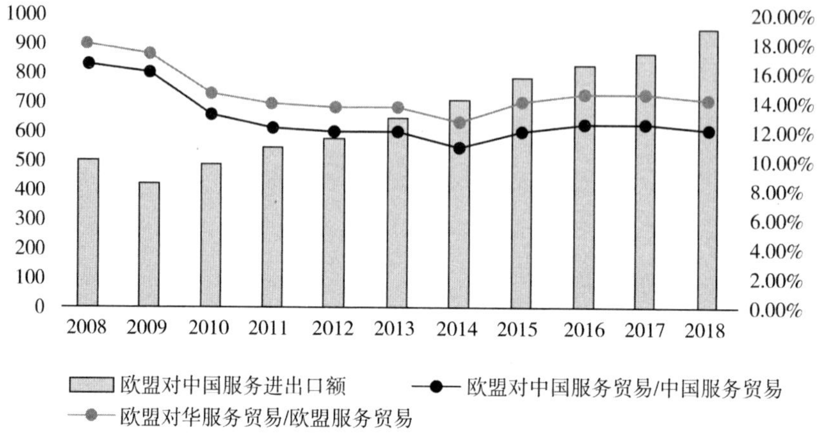

图 3.2　2008—2018 年中欧服务贸易情况　（单位：亿美元，%）

数据来源：欧盟对中国服务进出口额数据来自国际货币基金组织 DOTS 数据库，中国服务贸易进出口额数据来自 WTO 数据库。

2. 以服务贸易为重点启动中欧自由贸易协定谈判

（1）力争 2025 年前启动中欧全面深入的自由贸易协定谈判。中欧全面深入的自由贸易协定内涵在于“全面”与“深入”两方面。“全面”是指自由贸易协定覆盖的范围广，包括贸易、投资、政府采购、知识产权、劳工、电子商务、数字经济、贸易救济、争端解决机制、海关管理和贸易便利化等多个方面。“深入”是相对于仅以降低交易成本为目标的一般自贸协定，深入的自由贸易协定由货物贸易自由化便利化为主向以服务贸易自由化便利化为重点转换，降低壁垒的重点由“边境措施”向“边境后规则”转换，即注重对协定国规则与标准的提升，会对缔约国国内规则的配套和改革提出较高的要求。

（2）最大限度降低关税壁垒和非关税壁垒。在亚洲，欧盟已经与韩国、新加坡、越南、日本签署了自贸协定，欧盟与韩国自贸协定被认为是欧盟迄今为止签署的最全面、最复杂的自贸协定，而欧盟与日本签署的自贸协定贸易自由化水平为 97%。在中国目前签订的 17 个自贸协定中，最高水平的自贸协定包括中韩自贸协定，也包括与欧洲国家瑞士和冰岛分别签署的双边自贸协定。中欧自贸区的贸易自由化水平应瞄准高水平、高标准，要适应21世纪自贸协定新议题发展趋势，以服务贸易自由化为重点，突出消除或显著降低双方在金融行业管制，国有企业措施，卫生与植物卫生措施（SPS）等方面各种有形和隐形壁垒；要更多地关注竞争政策、知识产权保护、劳工政策、国有企业、中小企业政策等；为打造中欧一体化大市场打下坚实基础。

（3）采取“先易后难”，成熟一个推动一个的策略。尽管欧盟成员国将签署贸易协定的权力授予欧盟委员会，但欧盟与其他国家和地区的贸易协定需要所有成员国都批准才能生效。欧盟应根据各成员国与中国贸易往来密切度、双方供应链合作密切度、对中国市场需求的迫切性等，采取“先易后难”，在过渡期优惠安排上采取包容灵活和成熟一个推动一个的策略。考虑到欧盟成员国之间发展程度不尽相同且对华经贸政策差异的实际情况，可以考虑采取中国与欧盟不同成员国之间约定有区别的例外清单（敏感产品）及不同过渡期的方式；对目前谈判中难以达成一致的相关内容，可增加“逐步自由化”的条款，明确地给出开放承诺的谈判时间表，通过先建立、后续逐步升级的方法，使谈判最终能够如期顺利地完成。

专栏3.1

“全面深入”自由贸易协定的概念界定

一、“全面深入”的自由贸易协定的内涵

欧洲政策研究中心（CEPS）认为，自由贸易协定的设计取决于初期的选择：要么是一个“深入而全面”的自由贸易协定，要么就是一个“流于表面”的自由贸易协定。一个“深入而全面”的自由贸易协定涉及贸易和投资领域的范围非常广泛，涵盖了增加不必要市场准入成本的带监管性质的所有相关领域。它的“深入”体现在有坚定的法律承诺和坚决执行的可行性，市场参与者对此可信任，还有联合监测，可选择上诉甚至可以有一个“活的协议”，允许随着时间的推移进一步“深化”承诺。所谓“流于表面的”自由贸易协定主要集中在关税和原产地规则上，也可能涉及服务（但极少或无法超越自贸协定缔约国的承诺），且有时涉及有监管属性的章节，但仅限于“尽力而为”且仅仅是超越世界贸易组织监管条款的合作意愿，例如技术性贸易壁垒（TBT）和卫生与植物检疫（SPS）协议。

“既有深度又全面的自由贸易协定”由如下九个部分组成：（1）取消双边工业品贸易关税；（2）取消农业食品关税并扩大（双边）关税配额；（3）减少贸易技术壁垒；（4）降低农业食品卫生和植物检疫（SPS）壁垒；（5）实现自由或改善服务市场准入；（6）（无差别待遇）公共采购准入；（7）与贸易有关的知识产权（TRIPS）附加条款和知识产权（IPR）的执行及地理标志（GIs）；（8）国有企业遵从市场规则和其他竞争议题；（9）投资（对投资者和市场准入的保护）。

二、中欧之间发展“全面深入”自由贸易协定的益处

欧洲政策研究中心（CEPS）认为，在划定相关议题作为贸易谈判的基础之前，中国和欧盟首先必须就基本的设计达成一致意见。对中国来说，这将是一个相当大的挑战。虽然中国已开始尝试制定较深入的自由贸易协定，但只采用分阶段的形式。迄今为止，这与欧盟所考虑的典型设计相去甚远。从另一方面来看，这绝对有利于中国。准确来说，一个“深入而全面的”自由贸易协定是一个理想的机制，使得中国部分货物制造和许多服务行业得以投入竞争，这也将促进多个领域能有更好的监管实施。这将与中国国内改革完美契合，且毫无疑问会促进这些改革。

三、“全面深入”自由贸易协定的案例

例如CPTPP是亚太现有的最高标准协定版本，一是体现在采取了“负面清单”的方式，二是体现在采取“冻结机制”（Standstill Mechanism）和“棘轮机制”（Ratchet Mechanism）锁定现有的状态，三是采取准入前国民待遇，大大降低了外国机构进入缔约国国内市场的门槛。

资料来源：欧洲政策研究中心（CEPS）. 明日丝路：评估中欧自由贸易协定[R]. 2016（04）.

3. 尽早实施中欧自贸区早期收获清单

（1）实施服务贸易便利化措施。建立与服务贸易特点相适应的通关管

理模式，全面加强双方在促进贸易便利化、提高过境效率、知识产权执法、贸易统计等方面的合作；显著提高双方人员签证的便利性，显著提高签证程序的电子化、透明度等；加强在食品安全、质量标准领域的合作；推动第三方检测和认证服务的检测认证结果互认，加强信息资源共享。

（2）推进以节能环保低碳技术为重点的技术合作。欧盟在绿色能源、低碳技术、环境治理技术等领域走在全球前列，尤其在清洁能源开发使用技术的出口方面有很大优势。中国拥有全球最大的清洁能源市场和相对较低的制造成本。为此，中欧自贸协定谈判应当以环保技术为重点之一，率先放宽对欧盟环保企业的市场准入，吸引欧盟企业进入中国环保市场。

（3）加强中欧基础设施投资合作。欧盟在桥梁、水道、铁路、公路、航空和电力等基础设施的更新、扩容和改造方面存在巨大投资需求。中国在高铁、桥梁、机场、电力等方面，有世界一流的技术与设备、建设能力和价格竞争力。双方可以将基础设施项下的自由贸易作为中欧自贸区早期收获的重要内容。

（4）扩大中欧政府采购合作。《第二十一次中国—欧盟领导人会晤联合声明》提出，“欧盟支持中国加快加入世贸组织《政府采购协定》进展”。总的来看，中欧双方扩大政府采购合作的空间很大，可以考虑以“负面清单”方式明确双方政府采购参与实体，增强中欧在政府采购方面的合作。

（5）以服务贸易为重点建立中欧自贸园区、中欧产业园区和中欧数字产业园区。在园区内更大范围地突破服务业开放限制，对标国际服务贸易规则，鼓励国内自贸区在中欧服务贸易方面先行先试。在医疗、健康、文化、教育、娱乐、旅游、数字产业等方面实现服务贸易全面开放，为中欧服务贸易自由化便利化探出一条新路子。

三、2025—2035：以建立中欧自贸区走向中欧一体化大市场

2025—2035 年，完成中欧自贸协定谈判，建立中欧自贸区，消除阻碍

中欧深化经贸合作的结构性、制度性壁垒，加快中欧在标准、规则、监管等领域对接融合，实现货物、服务、资本、劳动、要素的自由流通，逐步走向一体化的大市场。

1. 以“零关税、零壁垒、零补贴”为重点建立高水平的中欧自贸区

“零关税、零壁垒、零补贴”是全球许多大型区域自由贸易协定谈判的重要内容，已经成为国际经贸规则变革的重要趋势。“三零”并不意味着立刻和完全取消关税、壁垒及补贴，而是会提供一个时间段及过渡期。顺应经济全球化新趋势，把握中国高水平对外开放的趋势与需求，中欧自贸区应以“三零”为目标，要不断完善和提升中欧双方的自由贸易安排，降低敏感产品和服务的关税，降低非关税壁垒、尽量缩短敏感行业的准入过渡期，进一步地降低直至取消中欧相互投资的准入门槛，充分实现商品要素之间有序、自由的流动，进而实现资源高效配置以及市场深度融合。以“三零”为基础，加速实现中国与欧盟之间人流、物流、资金流、信息流之间的无障碍流通，基础设施无障碍的互联互通，政策规划无障碍的协调沟通，逐步建立起中欧自贸区内货物、服务、资本、资源、劳动、技术和管理等要素流通充分自由化、便利化的一体化大市场。

2. 以资本、技术、人才自由流动为重点建设中欧一体化的投资大市场

(1) 中欧双向投资的需求远未释放。2014—2018 年，欧盟对中国直接投资的流量、存量占欧盟对全球直接投资的流量、存量的比重都有所下降（见表 3. 2）。2018 年，欧盟对中国直接投资存量为 1306. 5 亿欧元，仅占欧盟对全球直接投资存量的 1. 1%；中国对欧盟直接投资存量为 907. 4 亿欧元，占中国对全球直接投资的 4. 68%。[①] 无论与中欧双边贸易相比，还是

① 商务部，国家统计局，国家外汇管理局. 2018 年度中国对外直接投资统计公报[R]. 2019. 9.

中欧市场占全球市场份额相比，中欧双边投资都处于较低水平。

表3.2　2014—2018年中欧双边直接投资（FDI）流量与存量

流量						
年度	欧盟吸引全球直接投资流入（亿欧元）	欧盟吸引中国直接投资（亿欧元）	欧盟吸引中国直接投资占欧盟吸引全球直接投资的比重（百分比）	欧盟对全球直接投资（亿欧元）	欧盟对中国直接投资（亿欧元）	欧盟对中国直接投资占欧盟对全球直接投资的比重（百分比）
2014	828.00	43.0	5.20	1125.00	74.00	6.60
2015	4665.00	63.0	1.40	5372.00	——	——
2016	3794.00	102.0	2.70	2484.00	125.00	5.00
2017	1458.00	117.0	8.00	2186.00	75.00	3.40
2018	2475.34	79.05	3.19	3480.57	92.90	2.67
存量						
年度	欧盟吸引全球直接投资（亿欧元）	欧盟吸引中国直接投资（亿欧元）	欧盟吸引中国直接投资占欧盟吸引全球直接投资的比重（百分比）	欧盟对全球直接投资（亿欧元）	欧盟对中国直接投资（亿欧元）	欧盟对中国直接投资占欧盟对全球直接投资的比重（百分比）
2014	16799.00	——	——	28870.00	1291.00	4.50
2015	57449.00	——	——	68916.00	1679.00	2.40
2016	62683.00	451.00	0.70	75988.00	1777.00	2.30
2017	62953.00	597.00	0.90	74120.00	1761.00	2.40
2018	90170.89	809.00	0.90	102593.14	1164.83	1.14

数据来源：2014—2017年数据来源于DGtrade数据库，2018年数据来源于贸发会《世界投资报告》与中国商务部《对外投资合作国别（地区）指南》。

（2）实现资本、技术、人才等要素的自由流动。一是以服务业为重点实现高水平的双向投资开放。构建中欧一体化的投资大市场，首先需要市场准入的无歧视和国民待遇。这意味着中国与欧盟在对待对方企业投资时，不仅是采取最小的负面清单，秉持竞争中性原则，也要谨慎使用国家安全审查机制。二是以知识产权保护的制度对接与政策协调为重点促进技术的自由流动。以实现鼓励创新、造福社会为共同目标，加快降低技术贸易壁垒和双向投资壁垒，促进技术的自由流动，是构建中欧一体化投资大市场的客观要求。中国与欧盟的发展阶段不同，欧盟在知识产权保护方面起步早、标准高于中国，双方既要通过制度对接和监管协调来保护创新和鼓励创新合作，又要避免出现不合理的知识产权保护政策成为阻碍技术流动的隐性障碍。三是中欧双向投资的扩大，特别是服务业双向投资扩大，离不开人才要素的自由流动。大量服务贸易和服务消费存在“即时交付”特征，扩大服务贸易和服务业投资在很大程度上依托于人才要素自由流动。这就要求在劳动签证、职业资格、专业人才标准等方面逐步实现“无缝对接”，为人才要素自由流动创造更便利的条件。

3. 以旅游、健康医疗、教育、文化娱乐等为重点建设中欧一体化的服务消费大市场

（1）释放中欧旅游、健康医疗、教育、文化娱乐等领域的服务贸易需求潜力。未来 15 年，中国城乡居民服务型消费占比在目前 45%左右的水平上还有 10～20 个百分点的提升空间，以旅游、健康医疗、文化娱乐为重点的服务消费潜力仍处于快速释放期，数万亿级的服务消费需求释放将给中欧企业合作带来巨大市场空间。中欧在旅游、健康医疗、教育、文化娱乐领域的差异性和互补性明显，但由于贸易与双向投资的政策与制度壁垒，这些领域的服务贸易潜力仍然远未释放。以健康医疗为例。欧盟与中国都面临人口老龄化的趋势，中国与欧盟居民的医疗健康需求都在不断攀升。中国已经成为全球最大的新兴医药市场，2016 年，中国医药市场的规模位居全球第三，仅次于美国和欧盟五国，市场规模达到了 1243 亿美元。[①] 据美国昆泰医药公司（Quintiles）的统计，2018 年中国的药品市场规模达到了 1370 亿美元，是 2008 年的 3.4 倍，已经成为仅次于美国的全

① 李青云．风口上的新药研发：跨国药企关闭、甩卖 中资企业扎堆上市[N]．21 世纪经济报道，2017-09-20.

球第二大药品市场，到 2023 年中国的医药市场规模预计可扩大到 1700 亿美元。[①] 中国老年用品市场目前的需求高达 1.6 万亿元人民币，但市场供给规模仅为 4000 亿元人民币，存在 1.2 万亿元人民币的供需缺口。[②] 德国、法国、意大利、西班牙等欧盟国家在医疗设备、生物制药、医学检测、智慧医疗等市场领域都拥有领先全球的企业、技术、人才和管理经验。德国智慧医疗产业规模仅次于美国，是欧盟最大的医疗设备及老年人产品的生产国和出口国，所生产的医疗设备和老年人产品中大约有 2/3 用于出口。[③]

（2）走向中欧一体化服务消费大市场。一是大幅降低旅游、健康医疗、教育、文化娱乐的服务贸易边境内壁垒，推动双方在旅游、健康医疗、教育、文化娱乐的行业管理标准对接，形成相互接轨的服务消费管理标准体系；二是实现医疗健康、文化娱乐、旅游、教育等服务贸易项下货物进出口自由化便利化，率先对服务业发展所需原材料、基础设施配套的用品设备的进口实行零关税；三是率先实现这些服务贸易项下人员流动的高度自由化和便利化；四是为构建旅游、健康医疗、教育、文化娱乐等产业一体化的服务消费大市场，率先实现通道、港口、码头、航线、信息网络等相关基础设施高水平的互联互通。

4. 以金融、信息、物流、培训、研发设计和专业服务等为重点建设中欧一体化的生产性服务业大市场

（1）中欧生产性服务业合作大有可为。未来 15 年，“中国制造”转型升级对金融、信息、物流、培训、科技研发、设计等生产性服务业发展提出迫切需求。欧盟在金融、研发、设计、信息、物流等生产性服务领域处

---

① 阮煜琳．事关企业竞争力，日美欧药企竞相在华搞研发［EB/OL］．参考消息网，2018-08-02.

② 智研咨询．2016—2022 年中国老年用品行业市场调研及投资前景预测报告［R］．2016. 10.

③ 中国电子信息产业发展研究院．医疗电子产业发展白皮书（2015 版）［R］. 2015. 5.

于全球领先地位，这些领域也是欧盟服务贸易顺差领域。2008—2018年，中欧电信、计算机和信息服务贸易规模和比重都成倍增长，其中，欧盟对华电信、计算机和信息服务出口增长了328%，从中国的进口增长189.6%（见表3.3）；欧盟与中国的运输物流服务进出口增长18.5%，其中，向中国的出口增长31.4%，自中国的进口增长6.5%（见表3.4）。这既反映了中国需求的快速增长，也反映了欧盟相关服务贸易的竞争优势。构建中欧一体化的生产性服务业市场，不仅符合中国经济转型升级的趋势与需求，中国企业可以通过与欧盟生产性服务业企业更密切的合作提升供给质量和能力，而且为欧盟生产性服务业发展开辟新的市场空间，欧盟生产性服务业顶尖企业将进一步提升引领全球供应链、价值链的能力。

表3.3　中欧双边电信、计算机和信息服务贸易情况

电信、计算机和信息服务贸易项目	2008年	2009年	2010年	2011年	2012年	2013年	2014年	2015年	2016年	2017年	2018年
欧盟从中国进口的电信、计算机和信息服务额（百万美元）	509	780	928	832	833	1274	999	1004	1580	1318	1474
欧盟从全球进口的电信、计算机和信息服务额（百万美元）	109481	102994	130757	139085	143247	159102	146596	169330	143356	155864	173002
欧盟从中国进口的电信、计算机和信息服务额占从全球进口的比重（百分比）	0.46	0.76	0.71	0.60	0.58	0.80	0.68	0.59	1.10	0.85	0.85
欧盟对中国出口的电信、计算机和信息服务额（百万美元）	1761	2769	2838	3088	2964	2347	2334	4908	5302	6049	7539

续表

电信、计算机和信息服务贸易项目	2008年	2009年	2010年	2011年	2012年	2013年	2014年	2015年	2016年	2017年	2018年
欧盟对全球出口的电信、计算机和信息服务额（百万美元）	173466	163586	189675	217483	220680	241925	254297	248925	256601	285046	328477
欧盟对中国出口的电信、计算机和信息服务额占对全球出口的比重（百分比）	1.02	1.69	1.50	1.42	1.34	0.97	0.92	1.97	2.07	2.12	2.30
欧盟与中国的电信、计算机和信息服务贸易总额（百万美元）	2270	3549	3766	3920	3797	3621	3333	5912	6882	7367	9013
欧盟与全球的电信、计算机和信息服务贸易总额（百万美元）	282947	266580	320432	356568	363927	401027	400893	418255	399957	440910	501479
欧盟与中国的电信、计算机和信息服务贸易总额占与全球的比重（百分比）	0.80	1.33	1.18	1.10	1.04	0.90	0.83	1.41	1.72	1.67	1.80

数据来源：WTO 数据库。

表3.4　中欧双边运输（物流）服务贸易情况

运输服务贸易项目	2008年	2009年	2010年	2011年	2012年	2013年	2014年	2015年	2016年	2017年	2018年
欧盟从中国进口的运输服务贸易额(百万美元)	11479	8833	10179	11682	11033	11173	11225	10616	10225	11143	12232
欧盟从全球进口的运输服务贸易额(百万美元)	378326	290674	324188	352421	340268	357114	369208	326605	322995	351156	385787
欧盟从中国进口的运输服务额占从全球进口的比重（百分比）	3. 03	3. 04	3. 14	3. 31	3. 24	3. 13	3. 04	3. 25	3. 17	3. 17	3. 17
欧盟对中国出口的运输服务贸易额（百万美元）	10588	7027	7596	9944	10182	10052	10278	10381	9872	12210	13915
欧盟对全球出口的运输服务贸易额（百万美元）	408165	316771	358930	394376	383677	400614	417454	373818	364629	405070	441268
欧盟对中国出口的运输服务额占对全球的比重(百分比)	2. 59	2. 22	2. 12	2. 52	2. 65	2. 51	2. 46	2. 78	2. 71	3. 01	3. 15
欧盟与中国的运输服务贸易总额（百万美元）	22067	15860	17775	21626	21215	21225	21503	20997	20097	23353	26147
欧盟与全球的运输服务贸易总额（百万美元）	786491	607445	683118	746797	723945	757728	786662	700423	687624	756226	827055
欧盟与中国的运输服务贸易总额占与全球的比重（百分比）	2. 81	2. 61	2. 60	2. 90	2. 93	2. 80	2. 73	3. 00	2. 92	3. 09	3. 16

数据来源：根据WTO数据库原始数据整理所得。

（2）中欧应率先实现生产性服务业对等开放。中欧应以打造一体化生产性服务业市场为目标，共同强化生产性服务业市场双向开放的对等性、公平性和对称性。相对于制造业，生产性服务业市场一体化的主要障碍除了对关键性技术转移的担忧，还涉及国家安全、政府采购市场开放、意识形态等问题，贸易投资壁垒也更为隐蔽。为此，中欧可以率先在生产性服务业领域以负面清单方式探索实现市场对等开放，除了关系国家安全和国计民生的战略性、关键性行业领域，尽可能缩短负面清单，取消关税、配额制、外资股比限制、合作企业数量等要求，实施准入前国民待遇，加快双方知识产权保护制度与政策的对接协调。

（3）中欧携手共建更紧密的货币金融合作格局。中欧金融产业合作与市场一体化进程，与中欧货币合作和资本市场双向开放进程直接相联系，是形成中欧一体化大市场的决定性因素。2008 年国际金融危机爆发后，欧盟与中国的金融服务贸易进出口额占欧盟与全球金融服务贸易进出口的规模和比重不升反降（见表 3.5），与中欧深化金融货币合作的需求不相适应。未来 15 年，双方应加快金融市场的双向开放和对接融合，打造服务于中欧服务贸易的离岸金融结算点，探索形成人民币与欧元货币直接汇率形成机制，完善中欧金融基础设施互联互通融资合作机制，搭建中欧深化金融合作信息交流平台，形成中欧更紧密的货币金融合作格局，携手推进全球货币体系、信用体系和投融资合作体系的不断完善。

表 3.5　中欧双边金融服务贸易情况

金融服务贸易项目	2008年	2009年	2010年	2011年	2012年	2013年	2014年	2015年	2016年	2017年	2018年
欧盟从中国进口的金融服务额（百万美元）	730	222	263	283	330	389	482	426	376	315	352
欧盟从全球进口的金融服务额（百万美元）	107250	87100	92710	107235	105466	121709	138175	133287	132496	138665	150988

续表

金融服务贸易项目	2008年	2009年	2010年	2011年	2012年	2013年	2014年	2015年	2016年	2017年	2018年
欧盟从中国进口的金融服务额占从全球进口的比重（%）	0.68	0.25	0.28	0.26	0.31	0.32	0.35	0.32	0.28	0.23	0.23
欧盟对中国出口的金融服务额（百万美元）	1165	626	708	662	714	1078	1564	1364	1166	1152	1195
欧盟对全球出口的金融服务额（百万美元）	213908	185058	182644	213965	209063	231794	239231	226878	223651	232782	242857
欧盟对中国出口的金融服务额占对全球的比重（%）	0.54	0.34	0.39	0.31	0.34	0.47	0.65	0.60	0.52	0.49	0.49
欧盟与中国的金融服务贸易总额（百万美元）	1895	848	971	945	1044	1467	2046	1790	1542	1467	1547
欧盟与全球的金融服务贸易总额（百万美元）	321158	272158	275354	321200	314529	353503	377406	360165	356147	371447	393845
欧盟与中国的金融服务贸易总额占与全球的比重（%）	0.59	0.31	0.35	0.29	0.33	0.41	0.54	0.50	0.43	0.39	0.39

数据来源：WTO 数据库。

5. 以智能制造、5G 等为重点建设中欧一体化的数字经济大市场

（1）数字经济开辟中欧合作新议程。数字经济具有规模效应和网络效应等基本特征，中国 14 亿人大市场使中国数字经济发展需求更丰富，应用

场景更多元，因而创新发展的速度更快。根据《中国数字经济发展白皮书》，2016 年中国数字经济的规模达到 3.5 万亿美元左右，位列全球第二，占其 GDP 的 30.3%。中国数字经济名义增长率高达 18.9%，超过美国（6.8%）、日本（5.5%）和英国（5.4%）的增速。[①] 欧盟也把数字经济作为巩固和提升欧盟产业竞争力和制度话语权的新路径，其信息通信技术部门的增加值实际增长速度远远快于其他经济部门，但其数字经济总规模占其 GDP 的比重低于美国、中国和日本。中欧数字经济发展各具优势，中国的优势在市场规模及其带来的应用场景创新速度，欧盟的优势在制造业智能化和数字化的技术、人才、管理等方面，中欧数字经济合作的空间巨大。推动建设中欧 19 亿人的一体化数字大市场，不仅可以使欧盟在智能制造、高端制造方面的供给优势与中国制造业转型升级的市场需求相结合，而且可以使欧盟在教育、医疗、研发、科技、文化、娱乐等领域的贸易优势从线下向线上传导和延伸，充分释放中欧数字大市场的潜力。

（2）加快构建中欧一体化数字经济大市场。中欧应最大限度降低和取消中欧数字贸易壁垒，逐步形成中欧数字产业基础设施的互联互通、数字技术协同创新、数字产业资源要素自由流动、数字产品与服务标准对接、数字经济监管协作的一体化发展格局。把 5G 合作作为中欧数字经济合作的先行领域，加快落实 2015 年中欧 5G 联合声明，推进务实合作，包括鼓励中欧企业开展联合科研和技术试验，鼓励中欧企业在中国和欧洲携手打造全球 5G 城市。

（3）中欧应共同引领形成全球数字贸易新规则。欧盟是全球数字经济规则的积极塑造者。欧盟《一般数据保护条例》（GDPR）正式开始实施后，给企业管理和共享个人数据设定了规则，对全球数字经济发展产生广泛影响，增强了欧盟在数字经济发展领域的话语权。欧盟委员会关于调整

---

① 中国信息通信研究院．中国数字经济发展白皮书 2017 发布，中国数字经济规模达 22.6 万亿[EB/OL]．央广网，2017-07-13.

数字税征收规则的提议一旦成为现实，也将对全球数字经济格局产生广泛影响。即使在美国施压的情况下，德国等欧盟成员也对中国企业华为参与本国5G领域建设采取了相对中立的态度。中国和欧盟应尽快在数字贸易自由化和便利化上形成制度安排，为全球发达经济体与发展中经济体的数字贸易提供范本，避免数字经济在全球发展的“马太效应”。

6. 以低碳环保技术为重点建设中欧一体化的环保产业大市场

（1）低碳环保技术合作是中欧经贸合作新的增长点。中欧在清洁能源、低碳产业、环保技术、气候治理等领域建立了良好的合作基础，但仍然还有巨大的合作空间。欧盟是全球低碳经济发展的引领者。已经建成了全球最大的碳排放权交易市场，其排放交易体系占全球交易量的近80%。中国与欧盟建设一体化的环保产业大市场，携手推动近20亿人口的生产、生活、消费和发展模式低碳化，将在全球产生深远积极的影响。

（2）中国快速增长的环保需求为欧盟环保产业、企业和技术创造日益扩张的市场空间。低碳绿色发展是中国发展理念与发展模式转变的重要方向。2018年，中国节能环保产业产值超过6万亿元人民币，近5年来以年均15%左右的速度增长，远高于GDP增长速度。[①] 2017年，中国环境污染治理投资总额为9539亿元，在2001年的基础上增长了7.2倍，年均增长14.0%。[②] 2018年，中国生态环保和环境治理投资同比增长了43%。[③] 随着中国经济发展理念和发展模式的深刻变化，中国节能环保市场对欧盟绿色经济领域先进的理念、技术和管理有巨大的需求。

（3）共建中欧一体化的环保产业大市场。未来15年，中欧应加强低碳技术创新合作，鼓励中欧科研院所、高校在应对气候变化和适应技术方

① 宋常青. 壮大节能环保产业，促进生态文明建设[EB/OL]. 中国报告网，2019-12-05.

② 国家统计局. 新中国成立70周年经济社会发展成就系列报告[N]. 经济日报，2019-07-11.

③ 李干杰. 2018年生态环保和环境治理业投资增长43%[N]. 21世纪经济报道，2019-01-22.

面加强基础研究合作，建设气候技术联合研究基础平台，推动构建全球应对气候变化的公共信息平台；携手推动全球气候治理的改革完善，引领构建全球低碳经济贸易体系，共同推动全球气候治理议题谈判，加强碳排放政策协调，促进环保低碳技术创新普惠发展中国家和欠发达国家。

7. 以“一带一路”倡议与“欧亚互联互通”战略深入对接为重点建设中欧一体化的第三方合作大市场

（1）中欧以第三方市场合作促进全球需求增长。中欧合力开发第三方市场，是中欧应对全球化逆潮和外部需求放缓的共同选项。中国与欧盟在第三方市场基础设施、装备制造、智能制造、低碳环保等领域具有很强的互补性，双方应将欧盟在设计、技术、品牌等方面的优势与中国在工程建设、融资等方面的优势充分结合，共同推进第三方市场合作项目开发，使中欧双方在帮助东道国市场发展的过程中获得更大的市场红利。

（2）中欧第三方市场合作应以“一带一路”倡议与“欧亚互联互通”战略深入对接为重点。双方应以“一带一路”和“欧亚互联互通战略”沿线国家和枢纽地区为重点，建设中欧一体化的第三方合作大市场。通过三方合作带动提升“一带一路”倡议和“欧亚互联互通”战略与沿线国家基础设施互联互通的水平、贸易投资自由化和便利化的水平、政策沟通与协调的层次和水平，务实推动中国和欧盟与第三方国家可持续发展伙伴关系的建设发展。

（3）中欧应携手推动形成亚欧非一体化发展新格局。中国与欧盟地处亚欧大陆两端，连接广阔的亚欧非大市场，是全球人口最为集聚、经济增长最具活力、市场潜力最为巨大的地区。这一地区仍有许多国家饱受贫困、地缘政治冲突和政局不稳之苦。中国与欧盟国家在亚洲、非洲、欧洲地区协同开拓第三方合作大市场，将促进亚欧非大市场的发展，有利于世界经济再平衡，有望对全球多极化和经济全球化产生深远影响。

China

第四章

推进中欧自贸进程面临的结构性矛盾

Europe

2020—2035年，以一体化大市场为导向加快中欧自贸进程，关键在于破除阻碍中欧贸易投资自由化、便利化的结构性矛盾。欧盟面临民粹主义抬头、制度性壁垒较多、劳动力市场僵化等结构性矛盾，中国则面临服务业市场和服务贸易开放相对滞后、不合理的产业政策、市场监管改革滞后等结构性矛盾。

一、中欧之间仍存在形式多样的贸易投资壁垒

以形成中欧一体化大市场为导向加快中欧自贸进程，首先需要尽快打破中欧之间存在的各种隐形、非隐形的贸易投资壁垒，加快消除欧盟对中国加快双边自贸进程愿望的疑虑和障碍。

1. 欧盟贸易投资隐形壁垒较多、对华贸易保护主义举动频出

（1）欧盟对华反倾销反补贴措施增加。近年来，欧盟反倾销、反补贴等贸易保护措施数量呈不断上升的趋势。欧盟把中国视为其反倾销和反补贴的主要调查对象，近年来大幅修改贸易防御规则，使中国企业应对欧盟反倾销和反补贴调查更加复杂和艰难，根本原因是欧盟仍将中国视为非市场经济国家，把中国产品区别于市场经济国家的产品，仍然按照针对非市场经济国家设立的“类比国制度”和“一国一税制度”对待中国产品，衡量中国产品是否构成倾销，导致许多中国产品被裁定构成倾销、许多倾销度轻微的中国产品被裁定存在高幅度倾销。1995年至2018年6月，欧盟共启动416起反倾销调查和80起反补贴调查，其中

涉及中国的反倾销调查 56 起，占各国之首；涉及中国的反补贴调查 12 起，仅次于印度居第二位。2018 年 1 月，欧盟委员会宣布，自 2018 年 1 月 31 日起，对从中国进口铸铁产品征收的关税由此前的 15.5%提升为 38.1%，有效期为 5 年。同年 3 月，欧盟委员会表示将把针对中国出口无缝钢管和不锈钢管征收的反倾销税延长 5 年。2011 年以来，欧盟就对从中国进口的无缝钢管和不锈钢管征收 48.3%到 71.9%的反倾销税。2018 年 5 月，欧盟委员会发布公告，对自中国进口的卡客车轮胎征收临时反倾销税，并将继续进行调查以决定是否采取正式反倾销措施。在调查过程中欧盟委员会继续使用“替代国”计算方法。过度的反倾销等限制措施不但损害了中国企业的利益，也不利于欧盟产业长远发展，损害欧盟消费者福利。

（2）技术性贸易壁垒是欧盟非关税贸易壁垒的主要形式。欧盟是全球设置技术性贸易壁垒最多的地区。欧盟近年来发布了一系列的环保绿色指令和法规，尽管上述操作的最终目的是统一欧盟内部的绿色生产标准，但对外形成了严格的技术性贸易壁垒，对发展中国家和新兴经济体造成了直接冲击。在数字贸易方面，欧盟的数字贸易壁垒措施主要包括本地化要求、数据源代码和加密要求、审查、市场准入和最低豁免额，以及信息自由流动。中国国际贸易促进委员会 2019 年发布的《欧盟投资环境报告》中显示，中国企业在欧盟所遭遇的投资壁垒中关于技术标准壁垒的占比是最高的，遭遇过投资壁垒的中国企业中遇到过行业技术标准壁垒的有 68.18%。[①]

（3）欧盟采取“双重标准”的外资安全审查机制。欧盟外资审查框架条例是在联盟层面协调并强化针对第三国对欧投资安全审查的最新立法措施。新的外资审查框架采用以成员国外资审查为基础性审查机制、以欧盟委员会审查为辅助性审查机制的“双轨制”审查模式，被欧盟作

① 中国贸促会研究院．欧盟投资环境报告[R]．2019-04-23.

为追求市场对等开放的法律工具。目前，中国企业在欧盟面临的投资审查涉及成员国层面和联盟条约两个层面。其中，联盟条约层面主要负责垄断和经济安全审查，成员国层面则主要负责对本国公共秩序和公共安全影响审查。“公共秩序与安全”的抽象审查标准通过清单模式和“国别因素”实现具体化。由于企业搞不清楚什么是欧盟所认为的影响安全和公共秩序的标准，拟投资的行业是否属于审查行业清单范围，导致以欧盟成员国为目的地的外商直接投资面临的不确定性明显上升。中国贸促会研究院发布的《欧盟投资环境报告》指出，自 2017 年以来，欧盟及一些成员国收紧外资审查，延长审查时间，审查过程不透明，增加了企业合规成本。2018 年 8 月，德国政府以安全为由否决了中国企业（烟台台海集团）对德国金属旋压机制造企业（Leifeld Metal Spinning AG）的收购。这是德国政府首次阻止中国企业收购德国企业。同年 12 月，德国经济部宣布，将在与安全、国防相关的“敏感行业”把需经政府审查的外国企业收购德企股份比例的起点降为 10%，其他行业的收购股比审查门槛依然保持 25%。审查标准使中国企业遭受了事实上的不公平待遇。中国贸促会发布的调查报告显示，有 85.34%的受访企业认为，欧盟外资审查立法会导致中国企业受到不公平对待。欧盟委员会今后对中国国有企业并购或与其他企业合资合作的审查将更严苛。为强化投资政策审查制度的实施，欧盟还要设立类似于美国 CFIUS 的机构，以履行对涉及外国企业的海外投资、收购等行为进行审查的职能。可以预见，中国企业对欧投资的环境可能会更为严峻，中国国有企业作为对欧投资的主体遇到的阻力会更大。

（4）不符合环境、劳工等标准被欧盟视为“市场扭曲”。从全球来看，欧盟是第一个把国际劳工与环保标准作为贸易防御工具立法的主要经济体。根据 2017 年 12 月 20 日生效的欧盟第 2017/2321 号规例，若出口国被认定存在严重扭曲的情况，欧洲委员会在计算正常价值（出口商的国内销售价格）时，可使用国际基准或第三方类比国家的价格。欧洲议会通过的草案明确规定，如果没有遵守ILO公约、欧盟是缔约方的多边环境协议、以及与税收领域相关OECD公约且由此导致竞争扭曲，就是“严重扭曲”。欧盟委员会根据《反倾销基本条例》第2（6a）（c）条公布了《中国经济严重扭曲报告》，从三个不同的角度全面考察了与《反倾销基本条例》相关的中国境内存在的严重扭曲——中国境内主要生产要素（土地、能源、资本、重要投入品、劳工）存在市场扭曲、四个具体部门（钢铁、铝业、化学品、陶瓷）存在市场扭曲。

（5）欧盟政府采购的国际机制权限过大。欧盟的政府采购国际机制是欧盟委员会的一项措施，该机制允许欧盟委员会对其他市场的政府采购行为展开调查。如果存在重大阻碍，影响到希望在该国竞标政府采购项目的欧盟公司，欧盟将与该国进行磋商，努力尝试解决这一问题。如果仍未做出政策决定调整，政府采购国际机制将允许欧盟委员会限制来自相关国家的企业、商品和服务进入欧洲市场。

专栏4.1

欧盟的贸易防御规则

2018年6月7日，欧盟委员会官方网站发布消息，欧盟新的贸易防御规则于6月8日正式生效，所有在此日或之后启动的新反倾销和反补贴调查都将根据新规则来进行。这是继替代国规则修改后，欧盟委员会在贸易规则领域的又一重大举措。欧盟此次发布的新反倾销/反补贴规则旨在使欧盟贸易防御规则更有效、透明，并更容易被成员国内企业所使用，在某些方面将使欧盟能对倾销产品征收更高关税，从而更好应对经济全球化带来的挑战。新规则的主要举措包括但不限于：

1. 调查机关可自行发起调查

根据新规则，在进口国对欧盟成员国国内产业威胁报复的情况下，欧盟委员会可在没有企业申请的情况下，自动发起反倾销/反补贴调查。

2. 取消“低税率原则”

根据新规则，在某些情况下，欧盟委员会可以取消“低税率规则”，从而可以加征更高的反倾销和反补贴税。这条新规则将适用于所有反补贴案件以及使用以人为低廉价格提供的原材料和能源生产的进口产品的反倾销案件。

3. 缩短调查/采取措施的时间

为了更快、更好地保护国内产业，欧盟委员会在修改后的新贸易防御规则中提出：

（1）将实施临时反倾销/反补贴措施的调查期限由原先的立案后9个月缩短至立案后7~8个月；

（2）将完成整个反倾销/反补贴调查的期限由立案后15个月缩短至立案后14个月；

（3）欧盟委员会将在实施临时反倾销/反补贴措施的三周前通知所有相关方（预先披露），但在某些情况下，预先披露期限可从三周减至两周，或延长至四周。

4. 中小企业服务平台

欧盟委员会将通过其特定的"中小企业服务台"支持中小企业（SME）以便其参与反倾销和反补贴调查。

5. 考虑社会和环境成本

作为反倾销/反补贴调查的一部分，欧盟委员会在计算对企业造成的经济损失所可能加征的反倾销/反补贴税时，还将考虑遵守欧盟社会和环境立法的成本。此外，欧盟不会接受来自执行核心国际劳工组织标准和环境协议的记录不佳的国家价格承诺。欧盟委员会将在以下情况中考虑社会和环境成本：（1）在计算无损害价格时，生产成本将包括欧盟生产商在遵守多边环境协议和重要的国际劳工组织公约时承担的成本。（2）在接受出口商的价格承诺时，如果该国未批准一项或多项重要的环境和劳工协议，欧盟委员会将拒绝该价格承诺。（3）当出口国的情况与社会和环境标准有关时，欧盟委员会可以启动期中复审。例如，如果一个国家退出协议，例如《巴黎气候协议》，欧盟委员会可以启动期中复审，并可以终止价格承诺。

6. 工会可参与申诉

根据新规则，欧盟首次允许工会成为调查中的利害关系方，这意味着工会拥有完全访问非机密文件以及发表评论的权利。此外，工会还可与行业联盟共同申请启动反倾销/反补贴调查。但欧洲产业可以独立决定撤回任何此类申请。

资料来源：中国商务部贸易救济调查局网站。

2. 中国某些领域仍存在市场准入限制等非关税壁垒

（1）中国对外商投资限制指数仍然较高。OECD 发布的外商投资限制指数显示，在有统计的 68 个国家及地区之中，2017 年度中国的外商投资限制指数为 0.316，从高至低排序中国处于第四位，仅优于菲律宾、沙特和印尼，而美国的外商投资限制指数为 0.089，处于各国中游。[①]

（2）中国在服务业市场准入方面限制较多。近年来，中国陆续推出一系列服务业对外开放的重大举措，但总的看，服务业市场开放仍然相对滞后。相对而言，中国制造业领域的对外开放水平较高。2018 年中国第二产业外商直接投资（FDI）限制指数为 0.089，低于经合组织（OECD）平均水平[②]。制造业领域 95%的产业已经全面开放，保留限制的主要集中于汽车等少数行业。但是服务业开放程度仍相对较低，接近 1/2 的服务产业仍然存在市场垄断与行政垄断现象。

专栏4.2

中国服务业市场准入限制及手段

从限制形式来看，中国服务贸易限制主要集中在外资准入、行业进入壁垒、监管不透明、对人员流动的限制等。从限制手段来看，中国以股权比例限制和牌照限制为主。从具体行业来看，中国当前在汽车、电信服务、医疗、教育、金融等领域均存在明确的外资股权比例限制，如禁止外商投资互联网文化经营及新闻信息服务、新闻广播等行业，证券公司、证券投资基金管理公司的外资股比不超过 51%，到 2021 年才取消证券基金股比限制等。此外，中国当前在银行保险服务、证券基金业务、电信网络相关服务以及快递服务等领域仍存在较多包括行业管制、业务牌照在内的市场准入隐性壁垒，如外资金融机构面临业务范围和牌照发放制约，快递企业需申请运营牌照等。

资料来源：任泽平．中美对外开放程度对比（2019）.

① 任泽平．中美对外开放程度对比[EB/OL]．新浪财经网，2019-01-15.

② 根据经济合作与发展组织统计数据库统计数据得出。

(3) 中国贸易投资便利化水平与发达国家相比仍然存在较大差距。以负面清单管理制度为例，发达国家的负面清单更为简洁，对内外资并无差别。我国目前负面清单中服务业数量仍较多，同时面临“市场准入负面清单”“外商投资准入负面清单”“鼓励产业目录”等“多单共存”限制。从 OECD 发布的外商投资限制指数来看，中国各服务型行业限制指数达 0.395，而美国为 0.232。从具体限制因素来看，中国服务贸易限制主要集中在外资准入、行业进入壁垒、竞争障碍监管不透明及对人员流动限制。

(4) 中国存在竞争非中性的监管壁垒。竞争中性的监管环境是欧盟企业的关注重点。欧盟对中国贸易投资合作的关注包括产业补贴、国企竞争中性、核心技术转移等问题。欧盟商会 2019《商业信心调查》报告显示，近一半的受访企业认为，未来五年在中国的监管障碍将继续增加，排在前三位的分别是：48%的在华欧洲企业认为模棱两可的规章制度将继续增加，33%的在华欧洲企业认为是不可预测的立法环境，29%的认为是行政管理问题。这些挑战直接会转化为欧盟企业不必要的财务成本。有 39%的欧盟商会成员公司报告称，中国的监管因素对其 2018 年的净利润率产生了负面影响。45%的受访企业称遭遇不平等待遇，最常被提及的歧视领域是市场准入（43%）、行政问题（28%）及与政府的沟通（26%）。[①]

专栏4.3

2019 年欧盟商会《商业信心调查》年度报告摘要

2019 年中国欧盟商会发布的《商业信心调查》年度报告显示，欧盟商界并不倾向于欧洲和中国脱钩，但中国政府必须集中精力改善市场准入和监管环境，以缓解其无法控制的经济因素。

① 中国欧盟商会．商业信心调查 2019［R］．2019-06-24.

尽管中国政府正式宣布将实施竞争中立政策，但欧洲企业认为发展前景喜忧参半。三分之一的企业认为，未来2至5年内将会实现这一目标；另外三分之一的企业预计，这一目标永远不可能实现。有70%的欧洲企业报告说，国有企业在行业中存在，并在大多数业务领域拥有优势，包括公共采购、影响政策的能力和获得金融服务、辅助设备和许可证的机会。

监管环境中广泛存在的间接障碍持续存在，影响到三分之一的受访者。这也凸显了中国市场开放的不完全性。例如，欧洲公司仍然面临繁杂的行政程序，法规在中国各地的实施往往不均衡，那些在技术上开放的行业仍然面临不透明的许可证发放做法，难以获得运营所需的许可。

中国政府对改善国际企业营商环境的承诺未能转化为具体行动。例如，欧洲公司报告说，尽管官方保证停止这种做法，但不公平的技术转让仍在继续：20%的受访者表示，他们感到有必要转让技术以保持市场准入，高于2017年的10%。这一趋势在化工和石油（30%）、医疗器械（28%）、制药（27%）和汽车（21%）等高价值、尖端行业尤为明显。令人担忧的是，63%的受访者指出，技术转让是在过去两年内发生的。他们认为，技术转让是对他们的一个巨大挑战。四分之一的受访者表示，在2019年1月的调查期间，这一转移仍在进行中。

尽管面临这些重大挑战，62%的受访者认为，中国市场仍是当前和未来投资的前三大目的地之一。欧洲公司是通过中国在国际供应链中扮演不可或缺角色的。56%的受访企业表示，他们将在2019年进一步扩大在中国的现有业务。

资料来源：中国欧盟商会，罗兰贝格 . 2019年商业信心调查年度报告[R]. 2019-05-27.

二、推进中欧自贸进程面临的欧盟内部结构性矛盾

加快推进与中国的自贸进程，欧盟内部仍然存在诸多亟待破解的结构性矛盾：

1. 欧盟劳动力市场和社会保障制度僵化的矛盾仍待破解

（1）劳动力市场保护程度强。自20世纪六七十年代起，强调社会公

平致使欧盟成员国的劳动力市场体制日趋僵化，严格的劳动者保护大幅度提升了欧洲劳动力市场价格刚性，进而产品市场价格刚性被拉升，致使欧洲经济在面临危机冲击时难以进行充分的顺周期调节、市场失去竞争力。在该趋势下，最终直接导致了欧洲失业率上升，劳动生产率的提升面临着严重的负面效应。另外，劳动保护偏向适用于在职者，这样对年轻人十分不利，也导致了青年失业问题日趋严重。并且，还催生了双重雇佣体制，该体制是以高临时工比重为其显著特征，然而临时工的培训及升职机会缺乏，也抑制了欧洲劳动生产率的提升。希腊与西班牙失业率在2016年甚至分别达到了23.6%和19.6%，其中，两国的青年失业率分别达到47.4%和44.5%。[①]

（2）劳动力流动性低。劳动力自由流动一直是经济一体化的核心目标之一，在危机前后，欧盟内劳动力流动性仅为美国州际流动水平的1/3，因此劳动力流动性低成为欧盟内部有效调节经济失衡的又一大障碍。这对于危机前名义工资涨幅高于劳动生产率涨幅的外围国家尤为致命，因为货币一体化使其必须通过国内价格与工资调整来恢复内外平衡。劳动力市场的结构僵化和监管约束是阻碍欧洲企业投资一大因素，仅次于经济增长前景和部分国家政策不确定性对欧洲企业投资的负面影响。

（3）社会福利制度缺乏弹性。过于刚性的社会保障和社会福利制度既削弱劳动者就业的积极性，又造成企业高劳动力成本。欧洲国家、特别是核心国家税费占比显著高于美国，挤出了有利于推动生产率提高的企业投资，弱化了企业用工激励，更弱化一些成员国的劳动激励，致使一些成员国产生了高福利“养懒汉”的问题。

2. 欧盟成员之间的发展不平衡引发“两个欧洲”的忧虑

（1）欧盟成员国之间的发展不平衡愈来愈严重。欧盟成员国之间经济发展水平参差不齐，东欧地区经济发展水平低，一些国家需要西欧国家进

---

① 根据欧盟统计局统计数据得出。

行补贴，才能够符合加入欧盟的标准。欧盟经济总量虽已恢复到 2008 年前的水平，但南北差异、东西差异仍然明显。2017 年，希腊、克罗地亚、意大利、塞浦路斯、葡萄牙、芬兰的经济水平都未恢复到 2008 年的水平，西班牙只是刚刚恢复到危机前的水平。欧盟贫困风险从 2008 年的 16.6%增加到 2016 年的 17.3%。除了拉脱维亚、克罗地亚、奥地利、芬兰和英国的贫困率风险出现下降之外，欧盟其他国家的贫困率风险均有不同程度增加。贫困率风险升幅最大的是卢森堡（3.1%）、瑞典（2.7%）、西班牙（2.5%）、荷兰（2.2%）和爱沙尼亚（2.2%），连德国的贫困率风险都增长了 1.3%。[①] 英国、德国、法国等西欧国家对收入水平低的欧盟成员国进行补贴。当经济活跃或经济快速增长时，这些国家可以忍受不公平的成员补贴。但是，当经济出现异常甚至衰退时，这些国家内部就会出现不满，欧盟成员国之间的互信就会受到影响。英国长期对经济相对不发达的欧盟成员国进行补贴而造成本国财政紧缺，成为英国“脱欧”的重要原因之一。

（2）长期发展不平衡引起“两个欧洲”的忧虑。中东欧地区是欧洲经济的高增长地区，可以说为欧盟经济的复苏做出了显著贡献。然而，中东欧地区国家的经济发展水平总体仍低于欧盟成员国的平均水平，欧盟内部的东西差距还未消除。近年来，欧盟内部有呼声要求对中东欧地区减少结构性基金资助，转而将更多的资金投向欧盟南部的重债国家，这样的做法付诸现实将无助于弥合欧盟东西部的经济差距。尽管失业率持续下降，但贫困和社会排斥增加。目前，欧盟有 1.16 亿人生活在贫困线以下或者面临贫困和社会排斥的风险，占欧盟总人口的 23%左右，其中大部分是妇女和儿童。还有大约 10%处于工作年龄的欧洲人生活在无人就业的家庭中。[②] 如果欧盟再次爆发债务危机，需要经济增长速度较快但收入水平较低的成

① 欧盟经济走过“失去的十年”[EB/OL]．经济日报网，2019-12-19.

② 根据欧盟统计局统计数据得出。

员国去救助那些收入水平较高但经济增长缓慢的成员国，很大可能会加大欧盟内部的离心力。

（3）欧盟内部有人认为中国是造成欧洲不平衡的因素之一。例如，在一篇题为《对欧盟经济主权的威胁》（*the threats to the european union's economic sovereignty*）的文章中，布鲁盖尔研究院认为：中国在追求经济增长、技术发展的同时，也在加强地缘政治影响力。一家中国公司收购一家欧洲公司的动机，有可能就是中国政府乃至政党的长期优先目标，而非私人盈利目标。同样，中国与他国建立贸易和投资关系，也可能是由中国寻求影响力的愿望和保障大宗商品供应的需求推动的，而不是由任何特定项目的内在经济价值推动的。中国对个别欧盟国家的影响力是欧盟有效外交决策的潜在障碍。中国已经在利用投资和其他经济手段来影响欧盟的立场。正如俄罗斯长期利用双边关系破坏欧盟外交政策的统一，中国似乎也在利用与欧盟部分国家的双边关系做同样的事情，让欧盟发展不平衡。上述的观点显然是不客观的，是带有偏见的错误观点，但在欧盟内部仍然有相当大的市场。

3. 欧盟民粹主义、贸易保护主义兴起导致左右翼极化和政治分裂

（1）反自由贸易和反经济全球化思潮在欧盟迭起。2008年国际金融危机爆发，随后欧洲又爆发主权债务危机，连续的危机给欧洲的底层和中低收入者带来严峻冲击，导致欧盟内部贫富差距持续拉大，引发民粹主义、极端民族主义思潮泛滥，导致欧盟“去全球化”“去欧盟化”的倾向日益明显。2020年2月1日，英国正式“脱欧”，给欧盟一体化造成巨大的冲击和极为深远的影响。客观看，民粹主义的兴起、左右翼极化、政治分裂等，都是英国“脱欧”的重要背景。

（2）欧盟一些人员疑华和恐华情绪上升。随着中国实力的增强和中欧关系发生结构性变化，欧盟内部一些国家的官员和学者表现出对中国疑惧交加的态度，主要涉及三个问题：一是如何面对一个强大的中国？二是把中国看作机遇还是挑战？三是是否要在经济竞争中强调中国的政

治影响？欧盟有些高官把中国称作“合作者与竞争者”，甚至把中国称作“战略竞争者”或“系统性对手”。中欧之间的竞争性增强，已经成为欧盟内部的普遍共识。欧盟委员会于2016年6月通过《欧盟对华新战略要素》，明确的欧盟对华政策目标主要有：“首先是促进欧盟在中国市场的经济和商业利益，其次是促进中国社会开放，再次是鼓励中国深度融入市场经济和贸易体系，最后是与中国共同推进多边主义。”可见，欧盟既有追求实际利益的目标，也有试图影响中国发展道路和发展模式的目标。

（3）欧盟内部仍存在某些对华负面消极的态度。欧盟媒体对民众认知中国的引导趋于负面和消极，客观上助长了民粹主义和民族主义思潮。例如，欧盟媒体在讨论中国对欧的投资议题时，常常指责中国的投资者扭曲了市场竞争，认为中国不能给予欧洲在华投资企业对等的待遇。“一带一路”倡议提出之初，欧盟有学者撰文称，“一带一路”倡议就是中国版本的“马歇尔计划”。欧盟对“一带一路”倡议一开始并不积极回应。一直到了2017年，欧盟官方才开始回应并明确审慎参与的立场。但是有一段时间，德国对中国的“一带一路”倡议发出公开和直接的质疑声音。德国总理默克尔2018年2月21日在会见马其顿（现国名改为“北马其顿”）总理扎埃夫时，警告中国“不要把在西巴尔干地区的投资与政治诉求挂钩”。在2018年2月召开的第54届慕尼黑安全会议（慕安会）期间，德国时任外交部部长西格马·加布里尔（Sigmar Gabriel）宣称“一带一路”项目对欧洲构成了威胁，声称中国利用“一带一路”的投资来宣扬一套与西方不同的价值观体系，甚至正在试图“试探和破坏”西方自由主义的世界秩序。

4. 欧盟部分成员国把中国视为“制度性对手”

欧盟委员会在其2019年3月的一份报告中把中国称为“推动替代治理模式的系统性竞争对手”（欧盟委员会和高级代表，2019年）。欧盟对中国的担忧，一方面与欧债危机、英国脱欧、难民危机等削弱欧盟一体化的凝聚力、向心力不无关系。另一方面，这种担忧源于欧盟自身综合实力的下降，欧盟在气候问题、全球贸易自由化等方面的挫折使其开始怀疑自己传统的“规范性力量”的有效性。

三、推进中欧自贸进程面临的中国内部结构性矛盾

中国加快推进与欧盟的自贸进程进而走向中欧一体化的大市场，也面临诸多亟待破解的内部结构性矛盾：

1. 服务贸易发展滞后导致贸易结构失衡

（1）服务贸易比重偏低。中国已成为全球贸易大国，但仍然不是贸易强国，重要根源之一是服务贸易发展仍相对滞后。全球服务贸易占贸易总额的比重已由1970年的9%上升至目前的23%以上，但到2018年，中国的服务贸易占自身贸易总额的比重仅为14.7%，低于全球平均水平8.3个百分点，远远低于欧盟（27国）、英国、美国等发达经济体，即使与金砖国家相比也低了3.1个百分点。[①]

（2）服务出口存在结构性失衡问题。中国的服务出口主要依赖旅游、运输和其他商业服务等资源和劳动密集型服务，而新兴的知识、技术和资本密集型服务出口比例很小。

（3）服务贸易逆差呈现不断加大趋势。从2009年开始，中国服务贸易出现逆差并在不断持续加大（见图4.1）。服务贸易逆差不仅具有消费规模和价差的因素，也有我国服务型消费产品供给质量不高、服务型消费环境不优、市场监管滞后等深层次原因。例如，随着我国消费结构不断升级，医疗健康等服务型消费需求全面快速增加。从现实情况看，由于国内医疗健康产业供给难以满足消费者差异化、高质量、高标准的需求，中国的一些消费者选择出国就医。2018年，中国旅行服务贸易（含就医、旅

---

① 迟福林．新型开放大国——共建开放型世界经济的中国选择[M]．北京：中国工人出版社，2019.10.

游、教育等）逆差接近 1.6 万亿美元，占服务贸易逆差的 92%。[1] 适应我国居民服务型消费需求快速增长的大趋势，需要加快服务贸易发展，在服务业领域加快建立与国际高标准对接的行业规范和行业标准，提振消费者对国内消费市场的信心。

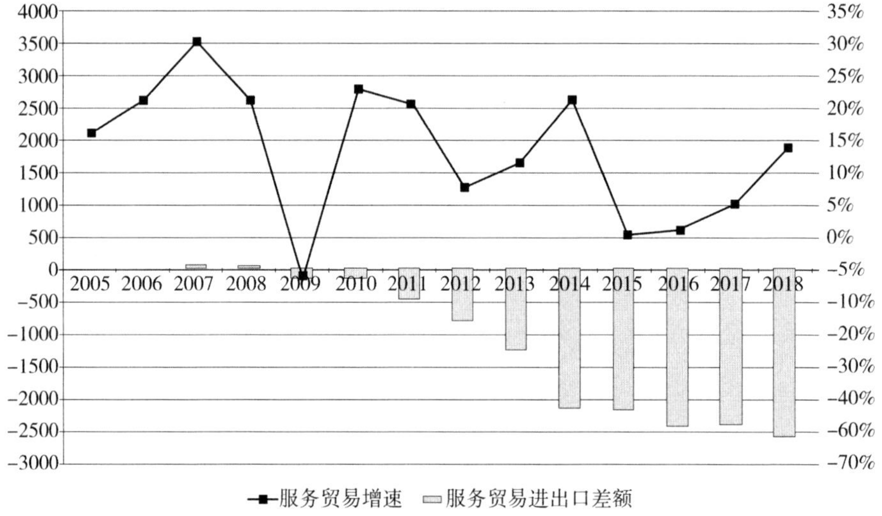

图 4.1　中国服务贸易增速及服务贸易逆差

数据来源：商务部数据中心。

2. 服务业市场开放仍有很大空间

（1）市场进入的结构性障碍主要在服务业市场。近年来，中国陆续推出一系列服务业对外开放的重大举措，政府一再强调社会资本可以进入法律未禁止的服务业领域，但总的来看，由于行政垄断和市场垄断并存，社会资本进入教育、医疗、通信、金融等服务行业仍面临某些障碍，这使得服务业市场难以通过公平竞争来提高供给能力、供给质量和供给效率。2017 年，我国服务业民营固定资产投资占比仅为 39.4%，远低于农业 67.6%、工业

---

① 迟福林．新型开放大国——共建开放型世界经济的中国选择[M]．北京：中国工人出版社，2019.10.

79.2%的水平。在教育、卫生、文化、商务服务等现代服务业领域的社会资本占比不足5%①。服务业相关法律法规还不够健全，入世承诺的部分立法尚未落实。

（2）服务业市场开放程度影响服务贸易发展的广度与深度。在由货物贸易为主向服务贸易为重点的开放转型中，服务贸易发展越来越依赖服务业市场开放。当前，对服务业市场开放的主要顾虑在于担心冲击国内服务业企业。但是，中国加入世贸组织后制造业快速发展的历程表明，服务业市场开放短期内可能会有冲击，但从长期看有助于国内服务业企业参与全球竞争，提升服务业质量水平和竞争力。事实上，我国服务业市场对外开放正在加快。中国—新西兰自由贸易协定中服务业领域的开放程度已与《服务贸易协定》（TiSA）的要求基本相同；在中韩自由贸易协定中，电信与金融领域的市场开放均有实质性突破。未来，扩大服务业市场开放，不仅要在名义上进一步放宽服务业市场准入条件，更重要的是应推进边境后措施的自由化便利化程度，促进国内规则与国际规则的对接。

（3）各类市场主体平等竞争的制度环境未真正形成。管资本为主的国有资产管理体制未真正建立起来。建立管资本为主的国有资产管理体制是落实竞争中性原则的关键，但政企不分、政资不分尚未根本改变，部分国有企业靠行政垄断和行政补贴生存的状况仍然存在。

3. 市场监管尚难适应加快中欧自贸进程的需求

（1）知识产权保护法律体系不完善。尽管近年来我国知识产权维权意识有所提升，知识产权保护法规不断健全，但在执法强度、商业机密保护、版权保护等方面与发达国家相比依然存在较大差距。2001年以来，我国对外支付的知识产权使用费以年均17%的速度迅速增长，2017年达到286亿美元。中国是知识产权主要进口国，美国是知识产权主要出口国，

① 国家统计局．中国统计年鉴2018［M］．北京：中国统计出版社，2018.12.

但中国对外支付的知识产权使用费只有美国的60%。[①] 这从一个侧面说明，我国对知识产权的保护仍然需要继续加强。当前，中国知识产权保护指数在可比的50个国家中排名25，而美国排名第一。[②]

（2）政府采购制度不完善。政府直接配置资源的范围仍然过宽、政府对市场的直接干预仍然较多。资源要素市场化改革仍未到位。地方政府围绕经济发展的竞争相当激烈，现有事前审批事项仍然较多，反垄断职能薄弱，公平竞争审查制度建设滞后，难以摆脱“一放就乱、一收就死”的传统循环。

① 任泽平．当前中美知识产权保护力度差距较大[EB/OL]．金融界，2019-01-15.

② 任泽平．当前中美知识产权保护力度差距较大[EB/OL]．金融界，2019-01-15.

第五章

以推进中欧自贸进程为目标的欧盟内部结构性改革建议

欧盟有效破除其内部存在的不利于加快中欧自贸进程的结构性矛盾，主要突破口在于下决心大幅度降低边境内壁垒，推进劳动力市场改革，深化社会福利制度改革，灵活推进欧盟一体化过程，减少欧盟内部发展不平衡，弥合成员国之间在加快中欧自贸进程上的分歧，为欧盟与中国尽快启动中欧自贸区建设创造条件。

一、显著降低边境内壁垒

从关税水平看，欧盟的开放程度已经很高，但不合理的标准、监管、产业政策等边境内壁垒不利于加快推进中欧自由贸易进程。

1. 取消不合理的隐形技术壁垒

从释放中欧服务贸易市场潜力出发，欧盟需要尽快给予中国企业与其他市场经济国家同等的地位和待遇，取消针对中国企业设置的技术壁垒和国家安全审查壁垒等；进一步向中国开放欧盟服务市场，包括商业服务、金融、电信、分销、旅游、教育、运输、医疗保健、建筑、环境、娱乐等服务业。此外，欧盟需要审慎使用反垄断调查。欧盟还应进一步扩大投资市场的开放度，取消投资者市场准入的限制，为投资者提供一个更简单、更安全的法律框架，为投资者及其投资提供强有力的保护。欧盟应认识到，自身的技术水平短期内不可能失去对中国的技术优势。欧盟部分人士错误地认为，中国在加快技术追赶进程中对欧盟国家的直接投资，可能会导致现代技术和相关经济活动从欧洲一边倒地转移到中国。从现实看，中国仍是一个新兴经济体，在许多技术和商业专长领域落后于欧洲，短期内欧洲是不可能失去相对于中国的技术优势和经济竞争力的，中长期来说中欧企业在开放条件下的公平竞争将倒逼企业提高生产效率，进而有利于提高产业的竞争力。

2. 取消不合理的绿色壁垒

欧盟的绿色贸易标准以保护环境与人类健康为目的，设立的初衷是正确的。但是，欧盟的绿色标准逐渐演变成了一种新型非关税贸易壁垒，而且覆盖的贸易商品范畴不断拓宽。欧盟通过立法，制定严格和繁杂的环保公约、法律、法规、标准、标志等，形成了严格的准入限制。从发展与中国的双边贸易关系的大局出发，欧盟应充分考虑中国发展实际。中国仍属于发展中国家，但在环境保护方面已经付出巨大努力。欧盟可以考虑设立一个合理的过渡期，同意中国暂缓执行绿色标准，适当降低针对中国的绿色标准，在中国的环保水平接近欧盟水平时再开始执行常规标准。另外，欧盟应加大向中国等发展中国家出口环保技术和标准的力度，使其环保水平加快接近欧盟的标准。

3. 放开对华高新技术出口管制

欧盟事实上已经通过国际贸易的手段向中国转移了大量的碳排放。有研究表明：中国对欧盟出口商品承载的含碳量占中国年排放的 2. 99%到 8. 85%，但同时中国从欧盟进口商品的含碳量却只占欧盟年排放量的 0. 17%到 0. 73%。[①] 建立中欧自贸区，欧盟就会从中国进口更多由于能耗高自己不愿生产的产品，从而向中国转移的碳排放有可能更多。对此，欧盟有条件和有责任加大对中国的低碳技术出口。在双方加强知识产权保护合作的前提下，欧盟要尽快消除对中国的高新技术出口管制；逐步减少至取消针对中国的技术壁垒，特别是生态标识等领域的技术壁垒，以帮助中国进一步降低碳排放强度，从而促进中国的绿色增长与绿色转型。

① 闫云凤．中欧贸易碳排放转移研究[J]．中央财经大学学报，2012（04）.

4. 推动中欧标准与监管的对接

一方面，欧盟应鼓励企业进一步加大对中国的直接投资，以此推进中国与欧盟标准接轨。要让中国直接符合欧盟的环保标准，唯一的捷径就是加强对中国的直接投资，在中国境内投资设厂或提高股权比重，让相关独资或合资企业采用指定的原材料，直接执行欧盟标准，使欧盟参股的企业对中国其他企业起到直接的示范效应。近年来，外商投资企业参与东道国的标准建设已经成为国际经济合作的新趋势。另一方面，就中国目前的情况而言，跨国公司和国际标准化机构的标准化专业人员均已经通过技术提供、标准联盟、学术活动和标准化教育等方式，广泛深入地参与到本地标准化建设的活动中。在40个ICS分类标准当中，除了“航空器和航天器工程”和“军事工程”两类没有外资企业参与外，外资企业均参与到了其他领域的标准建设中。欧盟应适当提升对中国标准的认可度，让中国企业适当参与欧盟的标准建设，允许并支持在欧中国企业所在东道国的标准建设，将中国标准因素主动渗透进当地标准体系；支持中国企业在东道国设立专门推广中国标准的机构，允许采取技术支持、学术宣讲、资金支持等多种方式激励欧盟国家政府和企业适当接受和使用中国标准。中欧应加强定期对话、标准对接交流研讨和标准联合研究制定，逐步提升中欧对各自标准的互认度。

二、推进劳动力市场改革

1. 强化企业用工自主权

放松对企业的限制，在雇主录用和解雇人员，工时安排和工资制度，退休条件，培训再培训和职业介绍等方面，实行更加灵活的办法，完善积极就业政策的综合配套措施。劳动合同制度与社会保障制度、最低工资制度、失业保险制度、全民教育制度等对劳动力市场共同产生影响。这些制度因素之间相互影响、相互作用，单一因素与劳动力市场之间没有绝对的相关性。在调整某一因素时必须同时考虑对其他因素做出适当的调整。

2. 以技术劳动力为重点增强劳动力市场的流动性

(1) 以技术劳动为重点建立健全劳动流入的政策体系。要缓解目前技术劳动力“出多进少”的问题，欧盟需要进一步建立以技术劳动流入的政策保障体系，规范技术劳动力从申请、签证到入籍等步骤，针对不同类型的技术劳动力制定不同的政策。比如，针对国际留学生扩大奖学金规模、完善奖学金制度，吸引其他国家和地区青年到欧盟留学；使留学签证与工作签证有效衔接，帮助技术劳动力实现从留学到工作的顺利过渡。良好的经济环境、科研环境等都是技术劳动力流入的重要前提，欧盟应促进各成员国不断完善各自的技术移民法，通过建立良好的法制环境来促进技术劳动力的流入。

(2) 营造有利于劳动力流动的软硬环境。进一步加强成员国在社会保障、劳动保护、社会福利、教育培训等方面的一体化，为欧盟内部劳动力自由流动营造制度环境；进一步推动和落实职业标准、从业资格等方面的互认，进一步放宽教育背景等条件；建立科学的劳动力评估系统，将评估系统与劳动力市场配置相结合，在科学评估基础上遵循劳动力市场规律，促进成员国之间劳动力的自由流动和优化配置。

3. 提升劳动力市场一体化水平

(1) 加强对外来劳动力的融入管理。针对国外流入的技术劳动力，帮助其获得公民权或市民权等基本生活权利；为更有针对性地为国外流入的技术劳动力提供更有效的咨询和帮助，需要针对国外流入的技术劳动力的“社会融入”能力进行评估，以帮助其更好融入当地社会，使其避免受到就业的歧视性待遇。此外，要建立健全对于国外技术劳动力的社会保障机制，如建立健全与国内居民“同工同酬”的工资制度等，以维护国外技术劳动力在本国的长期社会权益。

(2) 加强对劳动力的职业培训。做好人力资源开发工作，对劳动力进行针对性的技术及职业技能培训。可以综合利用政府、企业、高校、科研机构的培训资源，对劳动者进行灵活培训，强制性要求企业对其员工进行无条件的职业培训。

（3）提升移民工人的社会保障水平。欧洲移民的劳动生产率实际上是比较高的，在移民工人中女性的数量超过了50%，她们主要从事的是家庭帮工和照料之类的工作，但她们所获的社会保障和社会福利待遇仍然很低。欧盟应当保证流入的家庭工人享受的社会保障保护不低于其他行业的工人，通过签订双边社会保障协定的方式，在制度上化解移民工人取得居留和工作许可的障碍。

三、推进以养老金制度改革为重点的社会福利制度改革

1. 推进社会福利制度改革

（1）欧盟社会保障体系应适应经济社会的新变化。养老、失业和社会救助等社保项目的构建和改革应当是一个长期的、动态的过程，应适应经济社会发展趋势和需要进行变革。欧盟可以根据经济、人口和劳动力市场的变化，对自身的养老保障和失业保险制度进行适应性的“再校准”，逐步延长退休年龄、缩短退休金转换系数调整频率，并通过劳动力市场改革来提高失业保险替代率，扩大失业保险的覆盖面。

（2）兼顾财政可持续和社会公平。欧盟的社会福利制度改革应兼顾财政可持续和社会公平，尤其应该平衡社会不同群体间的保障利益。例如，意大利在其“黄金时代”所构建的福利制度如今正面临着结构失衡的突出问题，具体表现在一方面公共养老支出水平远高于其他欧洲国家，另一方面对非老年群体社会保障的资源投入则严重不足。尽管其在20世纪90年代进行了参数改革和结构改革，缩减了公共养老的支出，然而却产生了新的代际分化，导致非老年群体保障不足的问题愈加突出。这是意大利反建制民粹主义政党获得越来越多非老年选民支持、由此产生不可小觑消极影响的重要原因。

2. 重点推进养老金制度改革

（1）以柔性治理方式促进成员国养老保障政策的趋同。促进成员国在

养老保障领域内政策趋同，一直是欧盟养老保障改革的目标。事实上，欧盟的入盟标准对中东欧国家的养老金制度改革起到了一定的推动作用。但是，由于《欧盟法》规定社会保障领域属于成员国的国家主权领域，推进成员国在养老保障领域的政策趋同需要采取柔性治理方式，通过介入施加影响的方式不能过于严格。

（2）加强养老金制度的国际合作。目前，世界银行正在欧盟各国内部寻找合作者，以推进养老金制度的国际合作。欧盟可以加强与中国在商业保险领域的合作，在欧盟养老金制度改革中提高商业保险的比重，缓解自身资金压力，改善其养老金的可持续性。

四、维护并持续推进欧盟一体化进程

为减少欧盟成员国在加快中欧自贸进程问题上的内部分歧，建议欧盟以更为灵活的方式推进一体化进程，为加快中欧自贸进程创造条件。

1. 促进欧盟成员国平衡发展

（1）调整欧盟整体产业布局。与美国不同，欧盟不是国家联盟，但为了促进自内部的平衡发展、提升整体竞争力，就需要把所有成员国的经济发展真正集合到一起通盘考虑，明确统一协调的产业发展导向，重新调整产业布局，应说服发展较快的成员国将其部分产业转移到发展滞后的成员国，对发展滞后的成员国进行产业扶植，支持他们培植当地支柱产业并培育出未来能够成为优势产业的发展环境。

（2）借助“一带一路”倡议资源推进欧盟内部均衡发展。欧盟应当认识到，利用中国“一带一路”倡议吸引的各种资源可以促进欧盟均衡发展。很多国家的例子都已表明，参与“一带一路”倡议可以促进自身经济发展。欧洲参与共建“一带一路”较多的成员国是中东欧国家。这些中东欧国家通过参与共建“一带一路”已经明显缩小了与欧盟发达成员国之间的经济差距。

2. 稳定和发展货币一体化推进财政一体化进程

（1）坚定维护欧元区安全稳定与推进货币一体化进程。在欧元区经历欧债危机之后，欧元区经济在曲折艰难中逐步复苏。然而，当前新冠肺炎疫情又在意大利、西班牙等债务水平已经较高的欧盟国家暴发，对这些国家的经济和财政形成重大冲击，可能形成新危机的导火索。欧盟尤其是欧元区成员国必须团结合作、共克时艰，才能提高欧盟的凝聚力和向心力。欧盟需要尽快出台和落实帮助这些国家的一系列的纾困政策和资金支持，德国、法国等核心成员国应率先推动和支持欧盟委员会制订和实施欧盟对受冲击国家的纾困计划。

（2）以建立统一财政政策为目标。欧盟是沿着关税一体化—市场一体化—货币一体化—财政一体化—政治一体化的路线图演进发展的。但是，欧盟目前也只有货币联盟，仍然没有财政联盟，这是结构性缺陷。从长期看，“只有实行统一的经济和财政政策，才能抵消单个国家的政治变动给整个欧元区乃至欧盟带来的负面影响”。目前阻碍欧盟财政一体化进程的主要原因在于为建立统一的财政政策，各成员国必须向欧盟移交部分国家主权，这不是一件容易的事，却是欧盟维护一体化成果的唯一选项。这就需要欧盟成员国都坚定建立统一财政政策的目标。德国、荷兰、比利时、卢森堡、瑞典等较富裕成员国，在建设统一财政联盟过程中应担当起责任、做出适当牺牲，排除反对财政一体化的“汉莎同盟”[①] 的消极影响。

（3）严控欧盟成员国的财政赤字率和债务率。根据《马斯特里赫特条约》，欧盟各成员国的财政赤字率不能超过3%，债务率不能超过60%。否则，承担协调与监督职能的欧委会将对其启动超额赤字的惩罚程序（EDP），给予相当于国内生产总值0.2%～0.5%的罚款。为加快推进财政一体化，欧盟需要要求各成员国严控各自财政赤字率及债务率，因为没有

---

① “汉莎同盟”是北欧沿海各商业城市和同业公会为维持自身贸易垄断而结成的经济同盟。

各成员国家良好的财政状况，就不可能实现欧盟的财政一体化。

（4）条件成熟时建立欧盟财政公署。迄今为止，欧盟主要在司法和内务领域推进超国家“政署化”建设①——即建立特定领域的欧盟行政公署②，欧盟行政公署可以在特定领域协助联盟提高行政能力，完成促进成员国间信息交换，监督成员国履行条约义务等任务。比如，欧盟已经建立了边境署、欧盟警署和欧盟庇护局等欧盟行政公署。欧盟可以推进财政领域的超国家“政署化”，通过建立欧盟财政公署加强成员国间财政政策协调、加快欧盟财政一体化。保证财政公署的独立性，逐步扩大财政公署的权限，确保财政公署更多地体现欧洲联盟的共同政策，妥善协调成员国和欧盟机构之间的关系。

3. 对发展相对滞后的成员国采取更加开放包容的政策

（1）以共识意识应对关于发展滞后成员国的分歧与危机。已在欧洲议会开始得势的极右翼民粹主义者未来会在反移民、欧盟预算等问题上加大施压，很有可能阻碍欧盟一体化的发展。从欧盟现状看，采取多数主义的表决方式并不能够彻底解决问题，可能还会导致进一步的分裂。欧盟只有在国内和国际两个层面上重塑对一体化的共识，才有希望渡过难关，并确定今后的发展方向。社会的主流精英需与民众之间更多地进行对话，通过实际行动促进经济和社会发展，重新主导“建设欧洲”的话语权，以消除极端民粹主义所带来的风险。

（2）降低对相关国家经济救援的财政救援成本。欧盟过分僵化的财政政策抑制了成员国的自身腾挪空间，如减税、增加投资等，最终导致部分成员国的内部危机愈演愈烈，欧盟也因此付出了超出预想的财政救援成

① 钟艺琛，罗英杰．欧洲一体化中的新公共管理改革——以欧盟司法与内务领域的超国家政署化为例[J]．欧洲研究，2019（03）．

② 欧洲联盟公署是欧盟的分权机关，与欧洲联盟机构并不相同。公署的建立是为了完成某项特定目标。各公署都属于法人。一些公署的成立是为了满足某些领域的科学或技术发展的需求，其他则是促进各个利益团体在欧洲及国际层级的对话。大多数机关隶属欧盟三大支柱。

本。在当下欧元汇率不断走弱的情况下，欧盟应当立即履行救助，不可错过财政援助的最佳窗口期，避免财政救援成本进一步累积增大。

五、建立健全欧盟推进中欧自贸进程的内部协调机制

尽管欧盟委员会具有对外协商谈判自由贸易协定的权利，但自贸协定的生效仍取决于欧盟 27 个成员国的表决结果。欧盟 27 个成员国发展水平不一，在加快中欧自贸进程中各自的诉求不尽相同，欧盟应尽快建立内部推进协调机制，提高协商效率。这是欧盟和中国一道加快推进中欧自贸进程的重要条件。

1. 形成推进中欧自贸进程的内部共识和基本目标

面对欧盟内部存在的对中国崛起的质疑和恐慌声音，欧盟官方需要正确引导舆论。例如，不能因为担心“17+1”的成功而把中国视为分裂欧洲的“假想敌”。“17+1”促进中东欧国家的经济发展，使欧盟的边缘发展地带成为面向中国开放的前沿，客观上有利于缓解新老欧洲的矛盾，对欧盟一体化是助力而不是阻力。欧盟应尽快明确内部推进协调机制的建设目标与基本原则。一是应把推进中欧自贸进程视为欧盟作为世界重要一极与中国共同应对全球大变局，反对单边主义、霸凌主义、贸易保护主义，维护多边贸易体制的重大举措；二是应以促进和扩大中欧双边贸易投资规模为目标；三是应以推动“欧亚互联互通”战略与“一带一路”倡议不断深入对接为重点；四是建立健全与华增强互信、扩大共同利益、把中国视为战略伙伴而非“系统性对手”的欧盟内部协调机制。

2. 把推进中欧自贸进程涉及的重大问题列入欧委会优先议程

欧盟委员会、欧盟理事会和欧洲议会在欧盟共同贸易政策中承担不同职能（见表 5.1）。欧盟委员会具有立法倡议权和政策执行权等“实权”，负责处理具体多双边贸易事务，向欧盟理事会和欧洲议会提出政策和立法建议。在欧盟委员会内部，贸易总司专门负责欧盟贸易事务。欧盟理事会代表欧盟各成员国，审批通过法律法规和发布贸易政策指令。欧盟成员国

已经上交给欧盟委员会的主权依然有限，重大问题仍然由欧盟委员会提交欧洲理事会（成员政府首脑理事会）或欧盟理事会（部长理事会）批准。欧洲议会代表公民对有关贸易政策进行质询。《里斯本条约》生效后，欧洲议会在欧盟共同贸易政策的部分领域有与部长理事会共同决策的权力，欧洲议会有权审批欧盟委员会对外签署的贸易投资协定，并就重大贸易投资问题提出意见和建议。为此，从欧盟内部看，加快中欧自贸进程，首先要由欧盟委员会的贸易总司尽快提出27个成员国加快中欧自贸进程的总体规划建议，欧盟委员会将此作为优先议程向欧盟理事会提出，尽快启动内部程序。

表5.1　欧盟主要机构及职责

机构	职责	产生方式
欧盟委员会	政策建议及实施；预算制定；欧盟协议执行；对外关系	成员国委派
欧洲理事会	战略；决策	成员国政府首脑
欧盟理事会	主要立法和决策；预算审议；对外关系及政策审议	成员国部长
欧洲议会	立法审查和修改；优先决策；监督；预算通过；选举欧委会主席和批准欧委会委员人选	直接选举
欧洲法院	司法及司法解释	成员国委派
欧洲审计院	财政审计	成员国委派

资料来源：根据欧盟机构公开资料整理所得。

3. 建立27个成员国参与的中欧自贸区谈判内部协商小组

为加快推进中欧自贸进程，欧盟应尽快设立由27个成员国经贸部门参与的协商谈判小组，构建高效的成员国沟通协商机制，整合各成员国就加快中欧自贸进程关系、就国内重大议题、就各成员国关切的重大问题等提出的谈判意见和建议，协调形成统一的谈判立场及相关重要行动。

4. 委托智库独立开展中欧自贸区可行性研究

欧盟应在尽快与中国启动中欧自贸区可行性联合研究的同时，委托中欧双方的独立智库开展联合研究和研讨，对中欧自贸区的目标、重要领域、新议题等提出研究报告和政策建议，客观评估和预测加快中欧自贸进程的效益和影响，如服务贸易自由化便利化给欧盟不同成员国、不同利益群体（商业部门、消费者、产业组织、民间团体等）带来的好处和影响，以及在经济增长、就业、社会发展、生态保护、国家创新能力等不同领域的好处和影响。

China

第六章

以推进中欧自贸进程为目标的中国内部结构性改革建议

Europe

中国要与欧盟共同加快推进中欧自贸进程，关键在于以服务贸易为重点加快开放转型，强化竞争政策的基础性地位，不断完善市场化、国际化、法治化的营商环境，并以监管转型为重点深化行政管理体制改革。

一、以服务贸易为重点加快开放转型

中国要与欧盟一道加快中欧自贸进程，焦点、难点在服务贸易。进一步降低和取消服务贸易壁垒，既是中国形成对外开放新格局的关键，也是加快推进中欧自贸进程的关键所在。

1. 全面实施极简、公开、透明的服务贸易负面清单

（1）坚定实施最简的跨境服务贸易负面清单。2020年底前，争取将市场准入负面清单由2019年的131项缩减至100项以内，全面实施内外资一致的市场准入负面清单。推动现有三张负面清单及产业指导目录等的合并对接。提升负面清单透明度。

（2）加快取消服务贸易限制性措施。在金融、电信、互联网、旅游、航运服务、专业服务等领域加快放宽直至取消与跨境交付、境外消费、自然人移动等相关的服务贸易限制性措施。

（3）加快完善服务贸易负面清单管理模式下的事后监管与风险防范制度。到2025年，对标全球最高标准的贸易和投资规则，将服务贸易负面清单长度降到全球最低，在有效监管的同时实现服务贸易全区域、全领域、全模式开放。

2. 大幅降低服务贸易边境内壁垒

（1）建立健全与国际接轨的服务业管理标准体系。全面引进欧、美、日医疗药品等管理标准，同时对标发达国家旅游、教育、金融和商务服务业的行业管理标准，加快形成与国际接轨的服务业管理标准体系。

（2）推进服务贸易项下货物进出口自由化便利化水平。在严格管制用途及使用范围的限定条件下，尽快对医疗健康、文化娱乐、旅游、教育、科技研发等服务业发展所需要的原材料、基础设施配套用品设备进口开始实行零关税，并后续大幅减少甚至免除进口环节增值税；对旅游、健康、文化娱乐、研发设计等服务贸易项下的自用商品和相关设备，可以采取豁免查验的政策。

（3）全面实行服务贸易项下人员自由流动政策。在以严控风险为前提的条件下，适时逐步放宽免签政策；降低“绿卡”申请门槛，实行工作签证分类管理；建立高效灵活的用人机制，全面打破体制内外人才流动壁垒，以专业性、开放型为重点重构人才管理体制。

3. 在自贸试验区（港）率先实现服务贸易开放的新突破

（1）不断完善“准入前国民待遇+负面清单”管理的制度体系。一是尽快与国际接轨，对负面清单内的限制性措施标明国内法律依据，完善限制性措施的具体内容和详细要求；二是负面清单体例应更加明了，如将限制性措施和禁止性措施分别规定；三是尽快完善部分无具体限制条件的特别管理措施，最大限度消除市场开放的隐性壁垒，减少寻租空间。

（2）分类推进自贸试验区服务贸易开放。允许自贸试验区根据承载的国家战略、自身区域特点实行差异化的服务业开放策略；要赋予自贸试验区（港）更大的改革开放自主权，使其根据不同的定位，在不同的领域加快探索。例如，可以在现有负面清单的基础上，允许自贸试验区（港）相应调整负面清单内容，实行差异化负面清单。此外，允许在自贸试验区（港）内暂停实施与服务贸易发展相冲突的相关行政法规、国务院文件和经国务院批准的部门规章的部分规定等，为自贸试验区（港）推进服务贸易的更大开放提供制度保障。

（3）在先行先试基础上创立服务贸易新规则。自贸试验区（港）可率先在重点服务贸易领域的开放深度和广度上大胆尝试；并在总结经验的基础上，逐步扩大开放试点内容，参照发达国家和国际上高水平自贸区（港）的服务业开放模式和标准，探索推进服务贸易与服务业市场更大程度的开放。同时，借鉴国际高标准服务贸易规则，先行先试，为全面对接国际服务贸易规则积累经验。

（4）强化服务贸易开放领域的综合性制度创新。例如，设立国际贸易"单一窗口"涉及海关、检验检疫、海事、边检、港务等多个部门，各部门都有独立运作的系统和机制，一方面收费问题需进一步解决，另一方面各部门数据标准和格式不统一，各部门之间的数据交换和信息共享难度较大。建议：一是以服务贸易开放为引领推动综合性自由化便利化措施，实现各部门信息的有效对接；二是强化服务贸易开放的政策协调，形成开放与监管变革并重；三是强化数字服务贸易领域的制度创新，尤其是加快"互联网+"等跨行业领域的贸易便利化制度措施安排与监管标准体系建设。

二、全面加快服务业市场开放

2020年1月1日中国实施《外商投资法》，明确规定外商投资企业依法平等适用国家支持企业发展的各项政策；国家保障外商投资企业依法平等参与标准制定工作，努力为投资者营造更加稳定、公平、透明、可预期的投资环境。按照《外商投资法》的要求，服务业市场应对外资和国内社会资本同步开放，加快激发服务业领域的市场活力。

1. 服务业领域对外资和社会资本同步开放

（1）实施极简的服务业外商投资准入负面清单制度。加快提升商业存在模式下服务贸易的开放度和透明度，全面营造吸引服务业外商投资的良好环境。按照"非禁即准"原则，凡是法律、行政法规未明令禁止进入的服务业领域，应全部向社会资本开放，不再对社会资本设置歧视性障碍，大幅减少前置审批和资质认定项目，鼓励引导社会资本参与发展服务业，并在打破服务业市场垄断方面实现实质性破题。

（2）加快推进服务业对外开放进程。大幅缩减服务业外资准入负面清单限制性条目，实现教育、医疗、养老、旅游等服务业全面开放，取消对外资股比限制及经营范围限制；按照《中华人民共和国外商投资法》的相关规定，不断完善外商投资的服务体系；争取到2025年，在运输、保险、法律、研发设计等重点领域全面对接国际高标准的开放水平。

（3）加快清理、大幅削减服务业领域边境内壁垒。建议在有条件的地区率先引入日美欧等国家或地区医疗药品、旅游娱乐、体育养老等重点生活性服务业的管理标准，尽快实现资格互认；全面推广跨境服务贸易负面清单，允许负面清单外的境外企业在我国提供相关服务，逐步在人员流动、资格互认、市场监管等领域与国际接轨。

2. 打破服务业领域的行政垄断

（1）打破服务业领域的行政管制和行政垄断。根据WTO《服务贸易总协定》的要求，各成员国应当逐步开放服务市场，即以非歧视原则为基础，通过分阶段谈判逐步开放国内的服务市场，范围涉及商业服务、运输、建筑、金融、分销、旅游、教育、医疗保健、环境、娱乐等服务业。从国内看，2019年上海自贸试验区开始探索进一步放宽服务业外资市场准入限制，涉及了出版、投资、旅游、文化娱乐、拍卖、卫生和商贸等服务行业，根据经验，应允许在所有自贸试验区先行先试，推动出版业、艺术品拍卖行业的对外开放，并出台市场健康规范发展的相关措施。

（2）推动服务业领域国有资本的战略性调整。将服务业领域的国有资本从一般竞争性领域中退出，为国内社会资本和外资进入留下更大的空间。与此同时，将服务业领域的一部分国有资本主要配置在公共服务领域，使国有资本能够更好地满足全社会日益增长的公共需求，在公共服务领域做出更大贡献。

（3）推进垄断行业竞争环节对社会资本和外资全面放开。例如，推进资本市场的国有股减持，在非自然垄断环节退出一部分国有资本，给社会资本、外资进入这些领域腾出空间；全面实现自然垄断和竞争环节切实分开，在自然垄断部分强调国有资本主导，在竞争性环节对社会资本和外资平等放开；完善基础领域的准入制度，对自然垄断型基础领域业要逐步放松直至解除管制，广泛引入市场竞争机制，鼓励社会资本参与基础领域的公平竞争。

（4）推动垄断行业中的自然垄断环节吸纳社会资本和外资广泛参与。例如，通过 BOT、TOT 等多种形式鼓励社会资本参与投资；加快推进银行、保险、航空等行业向社会资本和外资放开；对能够完全市场化的自然垄断行业，国有资本能退出的应当全部退出，暂时不能退出或退出条件不具备的国有企业，要加快混合所有制改革。

3. 加快完善服务业领域投资贸易自由化的制度安排

（1）破除服务业市场壁垒。以促进各类生产要素在全国范围自由流动、提高资源配置效率和公平性为原则，彻底打破服务业市场当前存在的分割和地区封锁。凡是相关法律法规没有明令禁止进入的服务业领域，都应该向异地、社会资本以及外资开放。允许服务业企业、服务产品自由进入全国各地市场，建立全国统一开放、竞争有序的服务市场体系；各地区凡是对本地企业开放的服务业领域，应全部向外地以及外资企业同等开放，全面落实对外资的国民待遇。

（2）完善服务业内公平竞争的市场规则。放宽服务业投资准入标准，最大限度减少对服务业企业经营服务、一般投资项目和资质资格的限制；在市场准入、准入后和经营过程中，保障民企、外资和国企享受同等待遇。

（3）全面清理制约服务业市场公平竞争的政策法规。清理妨碍各类市场主体公平竞争的相关规定和做法，清理各种服务行业的歧视性政策规定，清理各地服务业审批过程涉及的经营性服务收费，制定新的收费标准，全面降低对服务业企业的行政事业性收费。

4. 以服务贸易为重点推动双向开放

（1）以服务贸易与产能合作相结合推进“一带一路”中欧合作。推进中欧产能合作与服务贸易融合发展，不仅将为推进“一带一路”基础设施互联互通及产能合作提供重要保障，也有助于中欧携手拓展更大的第三方市场空间。公开数据显示，截至2017年，西门子与中国能建、中国电建和中石油等上百家央企，在“一带一路”沿线的电力、油气化工、矿山与工业等投资领域开展了合作，获得了巨大的商机。西门子2017财年（2016年10月1日至2017年9月30日）在中国的总营收达到72亿欧元，比2014财年增长了12%，增速是2011—2014财年的15倍。[①] 因此，统筹产能合作与服务贸易发展能够吸引更多欧盟国家参与共建“一带一路”。

（2）采取多种方式推进中欧数字服务贸易发展。例如，实施数字旅游、数字医疗、数字健康、数字教育、数字基础设施等项下的自由贸易政策；对相关数据流动、数据处理及相关设备、基础设施等实施更加便利的贸易政策。把数字服务贸易作为中欧贸易协定的重要谈判内容，形成关于跨境数据流动、数据本地化、消费者保护等协定条款，并采取过渡期等多种方式有序推动数字服务贸易的开放。

（3）在条件成熟的地区率先推进服务贸易项下与欧盟的双向自由贸易。支持具备条件的地区在旅游、健康、医疗、文化等生活性服务业项下以及制造业研发、职业教育等生产性服务业项下率先实行自由贸易政策，为在全国范围内的全面推开积累经验。如果产业项下的自由贸易政策能尽快在一些地区落地，其影响和带动效应可能比多批几个自贸区的作用更大。

① “一带一路”建设为跨国企业带来商机[EB/OL]. 中国“一带一路”网，2018-05-16.

三、强化竞争政策的基础性地位

强化竞争政策的基础性地位，是形成市场决定资源配置新格局的内在要求，也是消除欧盟对华市场机制和产业政策疑虑的重要举措。

1. 从以产业政策为导向转向以竞争政策为基础转变

（1）全面清理妨碍公平竞争的产业政策。取消行政力量对市场资源直接配置，大幅减少现有中央各部门和各级地方政府的产业补贴与扶持项目；按照“非禁即准”原则，清理与法律法规相抵触、制约各类市场主体自由平等进入各行业的规定和程序，严禁和惩处各类违法实行优惠政策的行为。

（2）全面实施普惠化的产业政策。提高民营企业和外资企业等使用资金、土地等要素和利用政策资源的可得性，实现补贴政策的普惠化与非专项。

（3）全面实施功能性的产业政策。加强社会性和制度性基础设施建设，推动和促进技术创新和人力资本投资，维护公平竞争，降低社会交易成本，创造有效率的市场环境，实施让市场在资源配置中的决定性作用得到有效发挥的产业政策；促进基础研发、人力资本、信息等投入，加快构建实体经济、技术创新、人力资源协同发展的产业体系，不断优化创新驱动的基本格局。

（4）减少选择性补贴和投资补助等举措。将产业政策严格限定在社会性和制度性基础设施建设领域以及具有重大外溢效应或关键核心技术的领域，更多采用普惠性减税、政府采购、消费者补贴等手段，维护市场公平竞争。

2. 把反垄断作为强化竞争政策基础性地位的重大举措

（1）推进垄断行业竞争环节对社会资本和外资的全面放开。

——进一步破除电力、电信、石油、民航、邮政等行业中各种形式的行政垄断。除基础设施外，上述行业的其他相关生产环节都应当考虑对社会资本和外资开放。

——在竞争性领域推进资本市场的国有股减持。为使民间资本进入相关领域拥有空间，国有资本应当在非自然垄断环节退出一部分。应当要全面实现自然垄断与竞争环节有效分离，在自然垄断部分仍然以国有资本为主导，而在竞争性环节则应当对社会资本及外资充分开放。

——进一步完善基础领域的准入制度。对垄断行业，要积极引入市场竞争机制，保障社会资本及外资在基础领域能够获得公平竞争的环境，可采取逐步放松并最终实现解除管制。

——建立健全城市公用事业相关特许经营制度。引入市场竞争机制，打破垄断经营，有效提高城市建设的运营效率；应当彻底改变以往城市公用事业政府投资的单一模式，充分利用资本市场，积极引导社会资本及外资参与其中。

（2）把反行政垄断纳入反垄断范围。加快修订《反垄断法》。目前的《反垄断法》关于经营者集中“控制权”的界定不明确，使经营者集中缺乏量化判断标准，滥用市场支配地位等细节也需要明确。在这种法律环境下，“上级责令改正”的做法不能防范行政垄断，使反垄断执法机关面临独立性挑战。为此，建议将反行政垄断纳入市场监管范畴，并尽快修订《反垄断法》，增加细化反行政垄断内容的条款，并将竞争政策以及相应的公平竞争审查制度纳入《反垄断法》；系统清理、修改、废除各类导致行政垄断的规章制度以及滥用行政权力排除、限制竞争的行为；细化《反垄断法》中关于反行政垄断的实施细则，根据不同行业的特点制定不同的反行政垄断措施。

（3）确立新经济领域的反垄断标准。《反垄断法》规定，“一个经营者在相关市场的市场份额达到二分之一的；两个经营者在相关市场的市场份额合计达到三分之二的；三个经营者在相关市场的市场份额合计达到四分之三的，可被认定为具有市场支配地位”。2018 年上半年，天猫和京东合计占有 83.8%的 B2C 电商平台市场份额;[①] 2017 年度，滴滴平台的活跃用户数占据了所有网约车平台活跃用户数的 63%，而排名第二、第三的首汽约车和神州专车的份额分别只有 8.5%和 7.2%。[②] 这既在客观上阻碍了企业之间的充分竞争，也对新兴产业的反垄断监管提出了要求。总的来看，面对新经济跨界竞争、网络效应、平台模式等新特征，对各种新的垄断方式“不会监管、不能监管”的矛盾逐步凸显。适应服务业市场开放与新经济发展的大趋势，需要加快建立新经济垄断的判定标准，以实现公平竞争和风险防范。这也是避免用“旧制度管理新经济”、适应数字经济快速发展大趋势的客观要求。

3. 进一步完善公平竞争审查制度

（1）提升公平竞争政策审查的专业性、权威性。把公平竞争审查作为市场监管机构的重要职能，赋予市场监管机构对经济政策公平性的审查权。建立政策制定机构和市场监管机构双重审查机制，强化对公平竞争审查的制度激励。对接国际通行规则完善审查范围、审查标准和操作程序，实现审查于法有据。

（2）强化重点领域的公平竞争审查。加强对内外资企业在准入条件、政策待遇、资源要素获取、产权保护等重点环节的公平竞争审查。消除竞争性国有企业与民营企业和外资企业的不平等政策待遇，强化在产权保护、行业准入、银行贷款、上市融资、产业政策支持等领域的公平竞争审查。加快推进采管分离改革，将政府采购行为纳入市场监管范围，由市场监管机构进行审查，强化对政府采购成本收益的评估与审核。

（3）完善公平竞争政策审查第三方评估机制。鼓励支持政策制定机关在公平竞争审查工作中引入第三方评估，注重社会智库参与第三方评估。

① 艾媒新零售产业研究中心．2018 中国 B2C 电商市场监测报告[EB/OL]．艾媒网，2018-11-15.

② 盘和林．反思滴滴事件 缺失竞争者让企业失去纠错动力[EB/OL]．每日经济新闻，2018-08-27.

公平竞争审查结果向社会公开，建立健全投诉举报机制，及时回应社会关切，强化社会监督约束。

4. 以“竞争中立”深化国企改革

（1）形成以管资本为主的国有资产监管体制。加快从“管企业”走向“管资本”。明确国有资产监管机构的职能主要是优化国有资本布局和实现国有资本保值增值，尽快形成全国统一的国有资本投资和运营公司的权责清单，进一步理顺财政部、国资委、国有资本投资和运营公司之间的关系。

（2）加快推进国有资本的战略性调整。以发展混合所有制为重点鼓励社会资本和外资参与国有资本战略性重组。能源、运输、民航、电信等一般竞争性领域允许社会资本和外资控股，公益性领域吸纳社会资本和外资参与，稳定社会资本和外商投资收益预期。明确界定国有资本可以进入的非公益性领域，制定国有资本产业投资目录，对营利性国有资本进行严格限定。将国有资本更多配置在公益领域，重点鼓励新增国有资本投资重点向教育、医疗、养老、环保等民生和基础设施领域倾斜。

（3）严格平等保护不同所有制产权。平等保护各类产权，维护各类市场参与主体的合法权益，是混合所有制改革向纵深推进并取得成功的关键。应从制度设计和改革实践两个层面入手：一是进一步完善相关法律法规，以此加强混合所有制改革的法律保障。二是通过强化理论与实践研究，构建混合所有制改革的顶层设计和动态完善机制。要以混合所有制改革中面临的问题为导向，系统、科学地制定混合所有制改革的推进思路、路径和实施方案，并针对关键性问题出台指导意见或操作手册。三是在改革实践中确保各类产权的合法权益不受损害。要从混合所有制企业的公司章程、治理结构、经营决策及议事流程等层面完善制度和机制设计，防止逆向选择和道德风险的发生，力争实现激励相容，切实保障少数股东的权益。

（4）改革创新国有资本监管模式。当前，推进混合所有制改革需要充分发挥的是政府的引导作用而非主导作用。深入推进混合所有制改革必须首先转变政府职能，真正从发展型转向服务型，充分发挥政府在竞争中性原则下优化制度安排、维护良好市场秩序的作用，促进不同类型政策之间的协调。当务之急是重构国有资本监管体系。应以“管资本”为核心要义，在追求国有资本保值增值目标的前提下，要减少对国有企业日常运营的干预，对企业高管才能、经营能力等的评价要更多依靠市场、股东以及行业协会。

四、持续完善国际化、法治化、便利化的营商环境

对标国际先进标准打造市场化、法治化、国际化的营商环境，大幅缩减边境内壁垒与制度性交易成本，是破解欧盟内部“疑虑”，加快中欧自贸进程的重要举措。

1. 进一步完善“准入前国民待遇+负面清单”管理制度

（1）不断缩减市场准入负面清单。根据中国产业结构变化情况，建立市场准入负面清单实施效果评估机制，鼓励第三方机构参与评估，及时对负面清单进行动态调整，再进一步地缩减“全国版”和“自贸区版”两份外商投资负面清单的限制措施（见表6.1）。

表6.1　全国两份负面清单限制措施数量对比（项）

行业	《自贸试验区外商投资准入负面清单》的特别管理措施数量			《外商投资准入负面清单》的禁止或许可事项数量		
	2018年	2019年	变化	2018年	2019年	变化
农、林、牧、渔业	4	3	-1	9	10	1
采矿业	3	1	-2	1	1	0
制造业	5	3	-2	26	22	-4
电力、热力、燃气及水生产和供应业	2	2	0	1	1	0
建筑业	0	0	0	4	2	-2
批发零售业	1	1	0	11	7	-4

续表

行业	《自贸试验区外商投资准入负面清单》的特别管理措施数量			《外商投资准入负面清单》的禁止或许可事项数量		
	2018年	2019年	变化	2018年	2019年	变化
交通运输、仓储和邮政业	7	6	-1	12	7	-5
住宿餐饮业	0	0	0	1	1	0
信息传输、软件和信息技术服务业	2	2	0	5	5	0
金融业	3	3	0	11	10	-1
房地产业	0	0	0	1	1	0
租赁和商务服务业	3	3	0	7	7	0
科学研究和技术服务业	3	3	0	8	8	0
水利、环境和公共设施管理业	1	0	-1	9	7	-2
居民服务、修理和其他服务业	0	0	0	2	2	0
教育	2	2	0	3	2	-1
卫生和社会工作	1	1	0	6	4	-2
文化、体育和娱乐业	8	7	-1	11	8	-3
禁止准入类	无此项	无此项	无此项	4	5	1
《政府核准的投资项目目录（2016年本）》明确实行核准制的项目	无此项	无此项	无此项	10	10	0
《互联网市场准入禁止许可目录》中的许可类事项	无此项	无此项	无此项	6	7	1
其他	无此项	无此项	无此项	3	4	1
总计	45	37	-8	151	131	-20

资料来源：历年《自由贸易试验区外商投资准入特别管理措施（负面清单）》，历年《市场准入负面清单》。

（2）加快完善外商投资负面清单配套管理措施。进一步提升负面清单的透明度，详细列明负面清单管理措施即相关描述，管理措施描述尽可能细化到具体业务；降低负面清单的行业限制强度，完善负面清单的附件体系，为关键领域及未来新业态的发展预留空间；提升外商投资负面清单的法律效力、稳定性与可预期性，保证负面清单限制措施“只减不增”。全面清理清单之外的审批事项，彻底消除各种“隐性壁垒”。

（3）全面实行准入前国民待遇。大幅减少准入前认证，将准入前认证限定在满足最低标准要求的范围以内，除涉及人身生命健康、国家安全、系统性风险和生态环境保护等特定事项保留前置审批外，放宽对市场准入前置条件的限制，保障任何市场主体都能不受歧视地获得认证许可。进一步细化准入阶段的管理权力和管理事项清单，以及要素供给、融资方式、进出口权、税收政策、法律保护、司法救济等一系列待遇标准，给内外资企业清晰而稳定的预期。

2. 强化财产权和知识产权保护的国际化与法治化

（1）加快构建与高水平开放相适应的财产权保护法规制度体系。加大对非公有财产的刑法保护力度，依法惩治侵犯投资者、管理者和从业人员人身财产安全的犯罪，利用职务便利侵占挪用非公有制企业财产的犯罪，以及由经济纠纷引发的暴力讨债、绑架、非法拘禁等犯罪，切实维护非公有制经济主体的合法权益。采取查封、扣押、冻结措施和处置涉案财物时，要依法严格区分个人财产和企业法人财产。对股东、企业经营管理者等自然人违法，在处置个人财产时不任意牵连企业法人财产；对企业违法，在处置企业法人财产时不任意牵连股东、企业经营管理者的个人合法财产。

（2）对标国际高标准投资贸易规则，完善知识产权保护体系。尽快出台《知识产权法》，并且该法可以将现有的《著作权法》《商标法》和《专利法》等内容涵盖其中；为严格界定我国的知识产权保护范围，应当参考国际规定，如《与贸易有关的知识产权协定》和《建立世界知识产权组织公约》等；对侵犯知识产权行为要做到有法可依，应当做出相关惩治的具体规定。建立跨部门和跨区域的知识产权案件移送、信息通报及配合调查等机制，以推进知识产权综合执法。通过加强知识产权行政执法以及司法保护，以积极营造保护知识产权的良好市场环境与法治环境。

（3）完善知识产权保护国际合作机制。加强与世界知识产权组织、世界贸易组织、亚太经合组织等国际和地区性组织的交流与合作，提升我国知识产权保护水平；深化与发达国家知识产权、经贸、海关等部门的合作，鼓励国内服务机构加强与国外相关组织的合作交流；推动相关国际组织在我国设立知识产权仲裁和调解分中心；探索建立“一带一路”沿线国家和地区知识产权合作机制。积极参与国际知识产权规则制定。积极推动《TRIPS协定与公共健康多哈宣言》，主动参与《专利合作条件》《保护广播组织条约》等国际规则修订的国际谈判，加快推进加入《工业品外观设计国际注册海牙协定》和《马拉喀什条约》进程。

3. 建立健全以事中事后监管为主的现代市场监管体系

（1）把落实竞争中性原则作为市场监管变革的重要目标。加快形成公开市场、公平竞争的市场环境，实现“放得开、管得好”。尽可能取消事前审批。统筹监管资源配置与地方行政权力、行政机构调整，全面剥离市场监管机构对市场主体进入、经营等方面的证照审批权限，将更多监管资源配置在市场主体行为监管领域。探索实施并不断完善“负面清单+非违规不干预”相结合的制度体系，对负面清单外的领域全面实施企业法人承诺制；对必须保留审批的事项，向申请企业提供责任承诺书和审批要件清单，大幅清理许可证审批事项，降低企业的市场准入门槛。更加注重通过行业协会等第三方机制约束市场主体行为，充分发挥第三方机制对市场主体行为的监督和约束。形成准入后全链条监管。努力探索构建“事前信用联动承诺、事中信用联动评估、事后信用联动奖惩”的全链条信用监管体系，建立企业信用信息采集共享机制，强化全过程监管。进一步完善监管的配套机制，构建全国统一、跨区域、跨行业、全流程的不同市场监管主体之间的信息共享和协同监管机制，全面提升市场监管综合执法队伍的专业性和执行力，有效防范化解市场失灵和社会失范风险。

（2）加快推进重点领域监管转型。争取在消费市场监管转型、垄断行业监管转型、食品药品监管体制改革上取得重要突破。以建立溯源体系为重点、加快消费市场监管转型，建议由质监部门牵头，建立国家层面权威的第三方消费品溯源平台，形成统一标准，实现全程溯源，在此基础上建立问题商品的追溯与召回制度。加快推进金融监管转型。建立以保护投资者权益为导向的资本市场监管体制，加快金融分业监管向混业监管转型等。

（3）以破除服务业领域行政垄断为重点加快监管转型。一是建立常态化、制度化的行政垄断审查机制。二是完善服务业市场监管标准体系。从国际经验看，服务业领域监管过度会阻碍创新，监管不到位会导致企业“劣币驱逐良币”，关键问题是监管要有科学的标准。建议从发展势头快、创新速度快、容易出问题的服务业领域入手建立监管标准：在生活性服务业领域，重点加快健康、教育、文化、电信等监管标准建设；在生产性服务业领域，重点加快互联网金融、电子商务、研发、设计等监管标准建设。三是强化服务业领域市场准入负面清单管理。要尽快推出各级政府市场监管，尤其是服务业市场监管的责任清单，形成倒逼市场监管和公共服务体制改革的新局面。

（4）提升监管的法治化水平。明确政府权力边界，解决好政府对微观经济干预过多、滥用“政策倾斜”等问题。要提高政策法治化水平，强化各级政府的契约精神，杜绝因政府换届造成违约、毁约现象。对涉及企业财产利益的重大政策，应当加强司法审查和专业评估。

China

结语

推进中欧自贸进程的共识与行动

Europe

从全球化趋势看，从中欧关系的大局看，从中欧各自转型增长的趋势和需求看，抓住机遇，加快建立中欧自贸区，是中欧携手反对逆全球化潮流、单边主义和贸易保护主义的重大抉择，是中欧深化全面战略伙伴关系的重大抉择，也是推进中欧经济转型增长和改革完善全球经济治理的重大抉择。

1. 贸易投资自由化仍是世界经济增长的重要动力。从世界经济发展史看，贸易投资便利化和自由化带来的增长和就业远远超过通过贸易保护所能保住的 GDP 和就业。无论是对发达国家，还是对发展中国家，以邻为壑的贸易保护，虽能暂时延缓外部竞争带来的阵痛，却必然阻滞自身产业调整，带来经济竞争力下降和创新能力削弱等深层次矛盾和问题。2008 年国际金融危机爆发以来，面对外部需求持续放缓、内部失业率上升的压力，一些国家的贸易保护主义、保守主义、民粹主义倾向抬头，新一轮全球化的不确定性上升，世界经济持续增长的动力不足。作为世界重要两极、作为负责任大国和国家联盟，中欧应在关键时候发挥关键性作用。

2. 坚定推进以服务贸易为重点的市场开放。服务贸易已经成为全球贸易增长和经济增长的重要动力。当前，无论是发达国家，还是发展中国家，都面临形式各异的服务贸易壁垒的挑战。在服务贸易领域尚未形成全球自贸规则的情况下，中欧都需要推进以服务贸易为重点的双向市场开放，推动形成更具包容性的服务贸易规则。

3. 以经贸合作引领带动社会、文化、治理等全方位合作。建交 45 年来，中欧关系总体上走出了一条经贸优先的务实合作路子。中国成为欧盟第二大贸易伙伴，欧盟成为中国第一大贸易伙伴和第一大高新技术来源地。在经贸合作不断深化的基础上，双方在社会、文化、环境、全球治理等领域的全面合作正在不断增强。中欧以互补、共赢、包容、公平、公正为原则尽快建立中欧自贸区，将在明显改善各自消费者福利的同时，发挥全球自由贸易的示范效应，给世界经济注入更多的确定性。

4. “市场经济地位”不应成为建立中欧自贸区的障碍。从全球看，市场经济没有单一模式；从历史进程看，市场经济制度仍在不断完善中。中国自 1978 年以来不断探索，坚持社会主义市场经济改革方向，建立了社会主义市场经济体制，成为全球第二大经济体。这不仅对中国自身发展意义重大，对世界发展也是一个巨大贡献。欧盟已经与越南签订自贸协定，正在加快与印度的自贸协定谈判。中欧需要排除政治干扰，尽快启动中欧自贸区谈判进程。

5. 以加快推进中欧自贸进程为导向深化结构性改革。在全球总需求放缓、传统行业全球产能过剩的背景下，中欧都需要通过深化经贸合作释放有效需求。中国正在着力推进更高水平的开放，欧盟也需要在消除隐形贸易壁垒、推进劳动力市场改革等方面出台明确的时间表，形成共同推动中欧自贸进程的合力。

6. 携手推进全球贸易投资自由化进程。作为全球最大的发达经济体和最大的发展中经济体，中欧以服务贸易为重点建立自贸区，将为发达国家与新兴经济体的合作提供蓝本，为全球经济再平衡和全球治理改善做出独特贡献。

建立中欧自贸区，推动中欧两大市场的一体化，是中欧在大变局下赢在转折点的重要选择，是共同促进世界经济可持续增长的重要选择，也是中欧共同影响 21 世纪全球经济政治治理变革的重要选择。中欧应在政府、企业、智库、社会、舆论等多个层面加强交流对话，尽快就建立中欧自贸区达成共识，尽早采取启动中欧自贸区可行性联合研究、开启中欧自贸协定谈判、实施中欧自贸区早期收获清单等共同行动。

本书完成之际，正值新冠肺炎疫情全球大流行，疫情给世界经济与经济全球化带来严重冲击。目前，疫情仍未结束，疫情对中欧合作的影响尚难以评估。疫情的进一步发展很可能加大中欧经贸合作的不确定性。下一步课题组将跟进研究疫情对中欧经贸合作的影响，以期继续在中欧合作的理论研究与实践中发挥积极的作用。

China

附件

中欧合作的相关数据与建议

Europe

中国和欧盟经济情况及比较

2.1 经济规模情况

说明：本附件中的“欧盟 28 国”数据包含英国，“欧盟 27 国”数据不包含英国。本附件中各图表有类似情况的不再赘述。

表 2.1　2019 年中国与欧盟各国经济规模情况

国家	中国	欧盟（28 国）	欧盟（27 国）	德国	法国	意大利	荷兰	比利时	卢森堡	爱尔兰	丹麦
土地面积（万平方千米）	963.41	423.87#	399.68#	34.94	54.76	29.41	3.37	3.03	0.24	6.89	4.20
人口（万人）	140005.00	51132.80	44446.10#	8296.90	6482.40	6036.00	1723.10	1145.80	61.40	495.00	580.60
GDP（亿美元）	143634.85	136198.29	112513.11#	38535.48	27124.03	14689.55	9092.86	3899.58	521.16	2877.91	2577.33
GDP 同比增长率（%）	6.10	3.22	4.26#	2.73	2.77	0.86	4.74	3.09	5.28	6.74	3.00
国家	希腊	葡萄牙	西班牙	奥地利	芬兰	瑞典	波兰	拉脱维亚	立陶宛	爱沙尼亚	
土地面积（万平方千米）	12.89	9.16	49.96	8.25	30.39	40.73	30.62	6.22	6.26	4.35	

续表

国家	希腊	葡萄牙	西班牙	奥地利	芬兰	瑞典	波兰	拉脱维亚	立陶宛	爱沙尼亚
人口（万人）	1071.40	1026.50	4665.60	895.00	551.80	1032.20	3797.30	192.90	278.40	131.90
GDP（亿美元）	1582.90	1762.39	13961.19	4469.18	2007.97	3933.07	4242.25	252.17	541.42	231.32
GDP 同比增长率（%）	2.06	3.62	3.54	3.31	3.45	0.93	5.88	5.60	6.64	8.25
国家	匈牙利	捷克	斯洛伐克	斯洛文尼亚	马耳他	塞浦路斯	保加利亚	罗马尼亚	克罗地亚	英国（现已脱欧）
土地面积（万平方千米）	9.05	7.72	4.81	2.01	0.03	0.92	10.86	23.01	5.60	24.19
人口（万人）	975.80	1063.80	545.10	206.90	48.50	87.60	696.00	1952.20	406.00	6686.70
GDP（亿美元）	1170.55	1819.26	1056.58	400.16	110.78	184.81	494.09	1736.37	720.08	24842.21
GDP 同比增长率（%）	7.82	6.02	5.00	5.29	6.91	4.06	8.60	8.26	—	3.29

注：下划线的数据截至2019年9月，无下划线截至2019年12月；#为对相关国家的加总或计算值；GDP同比增长率（%）指与上一年度同等月份的名义增长率，若某国家或地区2019年数据截至9月，则与其同比的为2018年9月数值；克罗地亚GDP为2018年数值。英国季度数据来源于英国统计局；2019年欧元与美元汇率根据中国国家外汇管理局“对美元折算率：欧元”的各月平均值计算而得，具体数值为1.1216。

数据来源：中国数据来源于中国2019年国民经济和社会发展统计公报；欧盟国家土地面积来源于世界银行数据库，人口数据来源于IMF WEO数据库，GDP来源于欧盟统计局数据库，GDP同比增长率根据GDP数值计算。

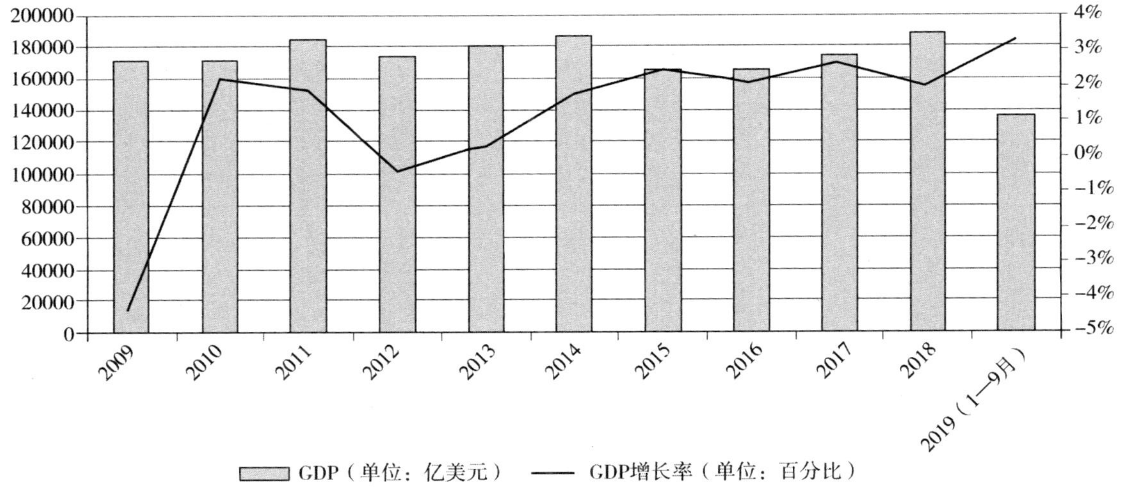

图 2.1　2009—2019 年欧盟 GDP 和 GDP 增长率

注：本图欧盟包括 28 个国家；2019 年数据截至当年 9 月；2019 年 GDP 增长率为同比 2018 年 9 月的增长率。

数据来源：世界银行数据库。

2.2 人均经济水平情况

表 2.2　2018 年中国与欧盟各国人均 GDP、人均 GNI 情况

国别	中国	欧盟（28 国）	欧盟（27 国）	德国	法国	意大利	荷兰	比利时	卢森堡	爱尔兰	丹麦
2018 年人均 GDP（美元）	9770.85	36569.73	37244.60#	47603.03	41463.64	34483.20	53024.06	47518.64	116639.89	78806.43	61350.35
2018 年人均 GNI（美元）	9460.00	35419.82	35849.82#	47090.00	41080.00	33730.00	51260.00	45910.00	70870.00	61390.00	60140.00
国别	希腊	葡萄牙	西班牙	奥地利	芬兰	瑞典	波兰	拉脱维亚	立陶宛	爱沙尼亚	
2018 年人均 GDP（美元）	20324.25	23407.91	30370.89	51461.95	50152.34	54608.36	15420.91	17860.62	19153.41	23266.35	
2018 年人均 GNI（美元）	19770.00	21990.00	29340.00	49310.00	48280.00	55490.00	14100.00	16510.00	17430.00	21140.00	
国别	匈牙利	捷克	斯洛伐克	斯洛文尼亚	马耳他	塞浦路斯	保加利亚	罗马尼亚	克罗地亚	英国（现已脱欧）	
2018 年人均 GDP（美元）	16161.98	23078.57	19442.71	26123.97	30098.28	28159.30	9272.63	12301.19	14909.69	42943.90	
2018 年人均 GNI（美元）	14780.00	20240.00	18260.00	24580.00	26480.00	26300.00	8860.00	11290.00	14000.00	41770.00	

注：#为对相关国家的加总或计算值。

数据来源：世界银行数据库。

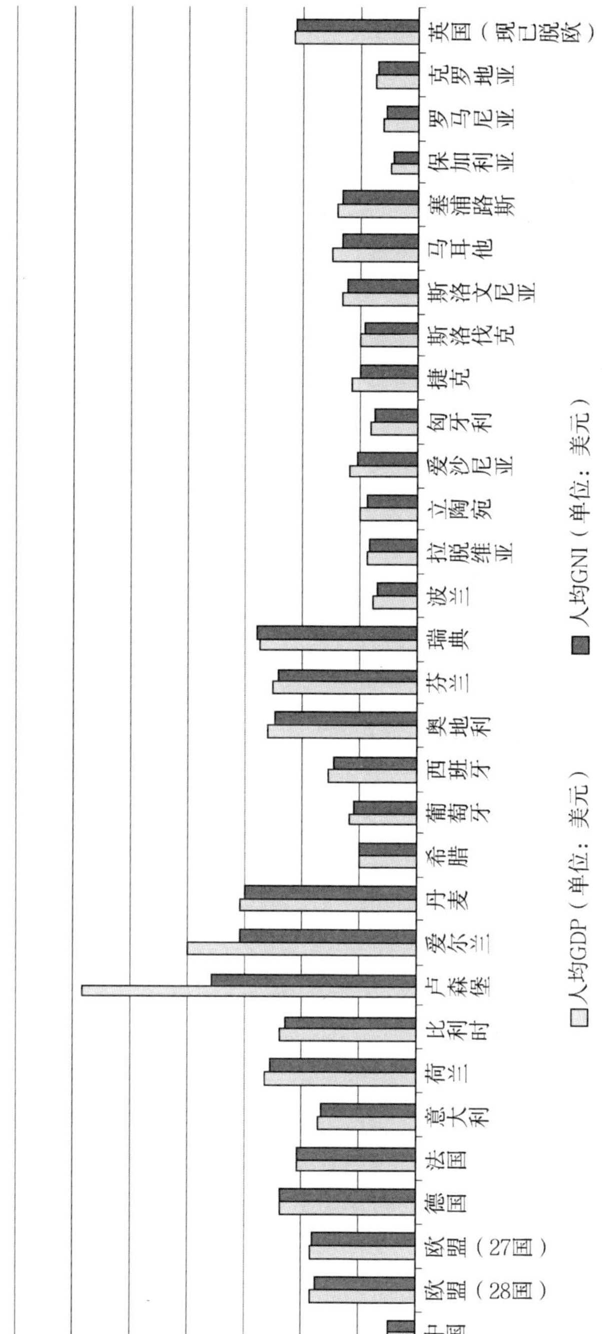

图 2.2　2018 年中国与欧盟各国人均 GDP、人均 GNI 情况

数据来源：世界银行数据库。

2.3 货物贸易情况

表 2.3　2019 年中国与欧盟国家对全球的货物贸易情况

国别	中国	欧盟（28 国）	欧盟（27 国）	德国	法国	意大利	荷兰	比利时	卢森堡	爱尔兰	丹麦
2018 年对全球货物贸易出口额（亿美元）	25013.34	64778.94	59912.99#	15605.39	5817.74	5495.26	7266.98	4665.59	163.42	1650.17	1097.11
2019 年 1—10 月对全球货物贸易出口额（亿美元）	20389.44	52693.59	48794.64	12547.49	4774.16	4467.12	5904.18	3750.01	142.36	1428.34	920.65
2018 年对全球货物贸易进口额（亿美元）	21340.26	64167.08	57430.48#	12843.53	6714.35	5032.40	6455.02	4509.86	240.38	1078.40	1026.05
2019 年 1—10 月对全球货物贸易进口额（亿美元）	16944.82	52178.92	46352.48	10377.41	5473.16	3985.29	5295.31	3589.78	202.22	804.42	818.58
2018 年对全球货物贸易进出口总额（亿美元）	46353.60	128946.02	117343.47#	28448.93	12532.09	10527.66	13721.99	9175.45	403.80	2728.58	2123.16
2019 年 1—10 月对全球货物贸易进出口总额（亿美元）	37334.26	104872.51	95147.11	22924.91	10247.32	8452.41	11199.49	7339.79	344.58	2232.76	1739.23
2019 年对全球进出口总额与 2018 年同比变化（%）	−2.77	−3.21	−3.49	−4.53	−2.50	−4.43	−2.40	−5.13	1.92	−0.47	−2.70

续表

国别	希腊	葡萄牙	西班牙	奥地利	芬兰	瑞典	波兰	拉脱维亚	立陶宛	爱沙尼亚
2018 年对全球货物贸易出口额（亿美元）	394. 78	683. 10	3467. 54	1848. 15	758. 69	1659. 22	2635. 70	161. 34	333. 37	170. 19
2019 年 1—10 月对全球货物贸易出口额（亿美元）	316. 12	561. 88	2792. 05	1508. 97	612. 71	1345. 94	2209. 46	128. 37	277. 34	135. 88
2018 年对全球货物贸易进口额（亿美元）	638. 09	889. 72	3905. 62	1937. 21	786. 24	1705. 86	2689. 59	196. 81	365. 02	191. 53
2019 年 1—10 月对全球货物贸易进口额（亿美元）	524. 10	755. 52	3125. 84	1563. 20	616. 48	1326. 85	2195. 74	155. 47	299. 72	151. 05
2018 年对全球货物贸易进出口总额（亿美元）	1032. 87	1572. 82	7373. 16	3785. 36	1544. 93	3365. 08	5325. 28	358. 15	698. 39	361. 72
2019 年 1—10 月对全球货物贸易进出口总额（亿美元）	840. 22	1317. 40	5917. 89	3072. 17	1229. 19	2672. 79	4405. 20	283. 85	577. 07	286. 93
2019 年对全球进出口总额与 2018 年同比变化（%）	-3. 27	-0. 38	-4. 62	-3. 66	-5. 08	-4. 94	-1. 38	-5. 29	-1. 00	-5. 16

续表

国别	匈牙利	捷克	斯洛伐克	斯洛文尼亚	马耳他	塞浦路斯	保加利亚	罗马尼亚	克罗地亚	英国（现已脱欧）	
2018 年对全球货物贸易出口额（亿美元）	1257.95	2022.38	934.25	442.00	30.12	50.52	331.41	796.60	174.02	4865.95	
2019 年 1—10 月对全球货物贸易出口额（亿美元）	1047.45	1668.53	751.37	377.43	24.50	29.15	278.18	649.45	145.54	3898.96	
2018 年对全球货物贸易进口额（亿美元）	1216.82	1846.59	929.02	422.67	63.23	108.15	378.81	977.47	282.04	6736.60	
2019 年 1—10 月对全球货物贸易进口额（亿美元）	1011.35	1482.09	754.05	367.19	61.73	76.56	292.64	809.39	237.33	5826.44	
2018 年对全球货物贸易进出口总额（亿美元）	2474.77	3868.97	1863.27	864.67	93.35	158.66	710.22	1774.07	456.06	11602.56	
2019 年 1—10 月对全球货物贸易进出总额（亿美元）	2058.80	3150.62	1505.42	744.62	86.23	105.71	570.82	1458.84	382.87	9725.39	
2019 年对全球进出口总额与 2018 年同比变化（%）	-1.17	-2.79	-3.27	2.73	8.85	-20.94	-4.18	-2.58	-0.15	-0.42	

注：2019 年数据截至当年 10 月；2019 年对全球进出口总额与 2018 年同比变化为 2019 年 1—10 月数值同比于 2018 年 1—10 月数值的变化率；#为对相关国家的加总或计算值。

数据来源：国际货币基金组织 DOTS 数据库。

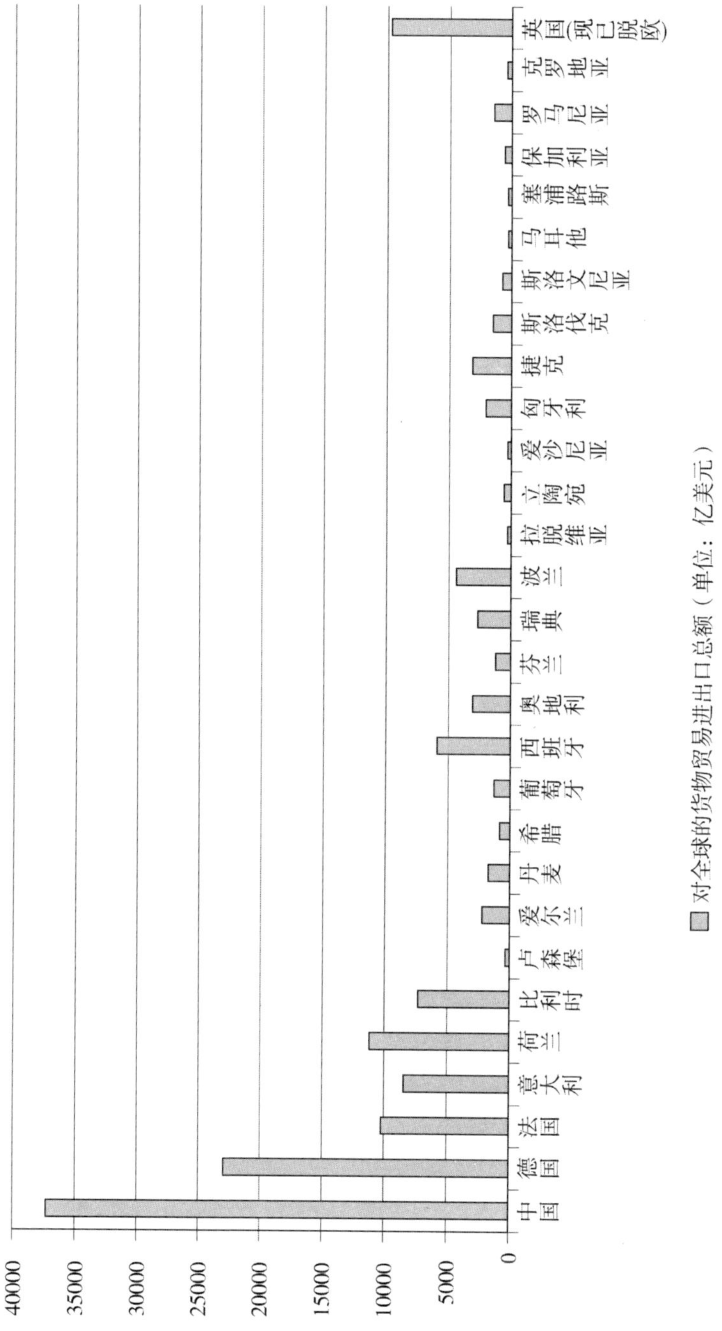

图 2.3　2019 年 1—10 月中国与欧盟国家对全球的货物贸易进出口总额

注：2019 年数据截至当年 10 月。

数据来源：国际货币基金组织 DOTS 数据库。

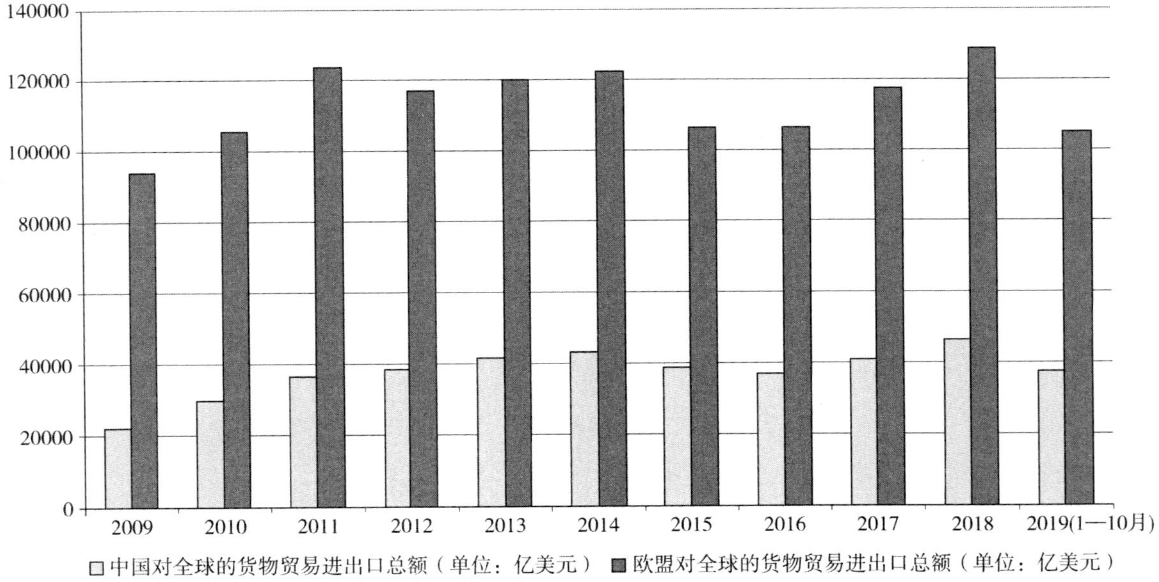

图 2.4　2009—2019 年中国与欧盟对全球货物贸易进出口总额情况

注：2019 年数据截至当年 10 月。

数据来源：国际货币基金组织 DOTS 数据库。

2.4 服务贸易情况

表 2.4　2018 年中国与欧盟国家对全球的服务贸易情况

国别	中国	欧盟（28 国）	欧盟（27 国）	德国	法国	意大利	荷兰	比利时	卢森堡	爱尔兰	丹麦
2017 年对全球服务贸易出口额（亿美元）	2280.90	23478.55	23281.10	3074.83	2751.42	1114.19	2176.72	1197.42	1027.42	1799.67	668.18
2018 年对全球服务贸易出口额（亿美元）	2668.41	25448.34	25230.13	3311.56	2914.94	1215.89	2424.89	1234.05	1131.39	2057.32	695.78
2017 年对全球服务贸易进口额（亿美元）	4675.89	19995.18	19744.30	3310.06	2453.42	1154.11	2063.38	1152.51	784.59	2006.47	620.43
2018 年对全球服务贸易进口额（亿美元）	5250.40	21778.68	21507.43	3514.55	2567.73	1249.80	2288.51	1289.04	862.97	2180.83	686.02
2017 年对全球服务贸易进出口总额（亿美元）	6956.79	43473.73	43025.40	6384.89	5204.84	2268.30	4240.10	2349.93	1812.01	3806.14	1288.61
2018 年对全球服务贸易进出口总额（亿美元）	7918.81	47227.02	46737.56	6826.11	5482.67	2465.69	4713.40	2523.09	1994.36	4238.15	1381.80
2018 年对全球进出口总额与 2017 年的变化率（%）	13.83	8.63	8.63	6.91	5.34	8.70	11.16	7.37	10.06	11.35	7.23

续表

国别	希腊	葡萄牙	西班牙	奥地利	芬兰	瑞典	波兰	拉脱维亚	立陶宛	爱沙尼亚
2017 年对全球服务贸易出口额（亿美元）	379.32	341.10	1384.51	667.02	298.61	737.15	584.01	56.03	94.71	68.22
2018 年对全球服务贸易出口额（亿美元）	431.88	376.62	1491.67	741.44	327.04	731.35	692.46	62.19	115.68	76.85
2017 年对全球服务贸易进口额（亿美元）	175.99	165.07	759.42	552.63	310.53	678.13	381.90	29.75	59.54	46.90
2018 年对全球服务贸易进口额（亿美元）	209.86	182.71	853.91	616.48	354.74	688.70	433.02	34.01	68.60	55.13
2017 年对全球服务贸易进出口总额（亿美元）	555.31	506.17	2143.93	1219.65	609.14	1415.28	965.91	85.78	154.25	115.12
2018 年对全球服务贸易进出口总额（亿美元）	641.74	559.33	2345.58	1357.92	681.78	1420.05	1125.48	96.20	184.28	131.98
2018 年对全球进出口总额与 2017 年的变化率（%）	15.56	10.50	9.41	11.34	11.93	0.34	16.52	12.15	19.47	14.65

续表

国别	匈牙利	捷克	斯洛伐克	斯洛文尼亚	马耳他	塞浦路斯	保加利亚	罗马尼亚	克罗地亚	英国（现已脱欧）
2017 年对全球服务贸易出口额（亿美元）	267. 57	269. 08	103. 83	81. 98	137. 27	113. 94	88. 05	233. 38	150. 54	3565. 48
2018 年对全球服务贸易出口额（亿美元）	292. 04	299. 27	115. 33	93. 95	150. 61	119. 04	99. 22	266. 11	165. 51	3761. 57
2017 年对全球服务贸易进口额（亿美元）	184. 75	216. 89	93. 91	51. 34	97. 07	68. 12	56. 89	140. 82	46. 11	2129. 68
2018 年对全球服务贸易进口额（亿美元）	201. 90	246. 51	106. 24	57. 06	106. 60	70. 74	60. 26	168. 13	53. 24	2353. 39
2017 年对全球服务贸易进出口总额（亿美元）	452. 32	485. 97	197. 74	133. 32	234. 34	182. 06	144. 94	374. 20	196. 65	5695. 16
2018 年对全球服务贸易进出口总额（亿美元）	493. 94	545. 78	221. 57	151. 01	257. 21	189. 78	159. 48	434. 24	218. 75	6114. 96
2018 年对全球进出口总额与 2017 年的变化率（%）	9. 20	12. 31	12. 05	13. 27	9. 76	4. 24	10. 03	16. 04	11. 24	7. 37

数据来源：国际货币基金组织 DOTS 数据库。

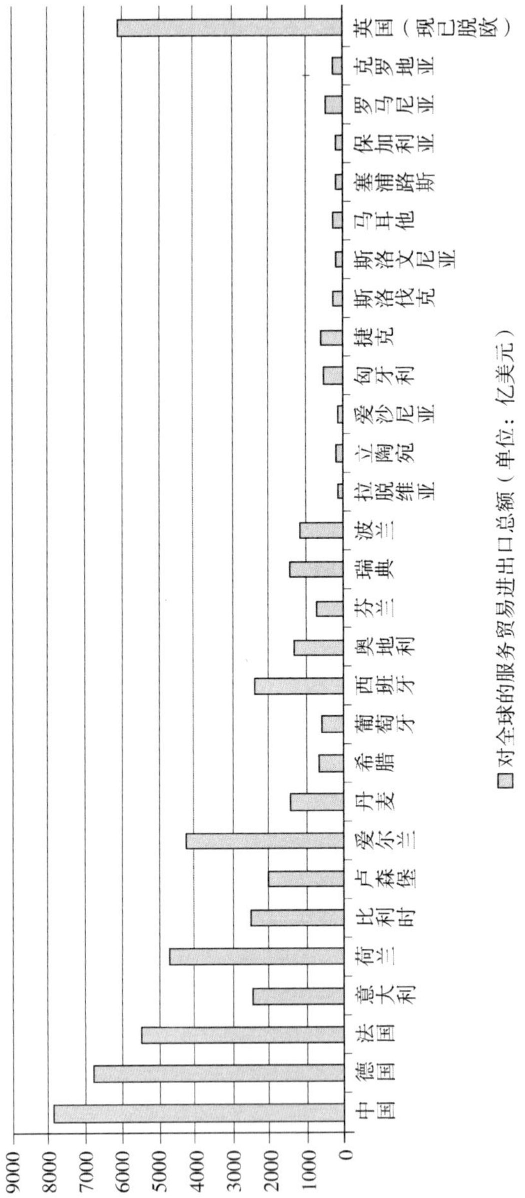

图 2.5　2018 年中国与欧盟国家对全球的服务贸易进出口总额

数据来源：WTO 数据库。

2.5 直接投资情况

表 2.5　2018 年中国与欧盟国家对全球的直接投资情况

国别	中国	欧盟（28 国）	欧盟（27 国）	德国	法国	意大利	荷兰	比利时	卢森堡	爱尔兰	丹麦
向全球直接投资的流量（亿美元）	1298.30	3903.88	3405.07#	770.76	1024.21	205.76	589.83	69.10	13.73	132.72	-36.90
向全球直接投资的存量（亿美元）	19388.70	115070.69	98105.42#	16454.15	15078.21	5488.35	24273.45	5779.60	2614.34	9121.66	1900.95
吸收全球直接投资的流量（亿美元）	1390.43	2776.40	2131.53#	257.06	372.94	242.76	696.59	48.73	-56.15	-663.46	17.89
吸收全球直接投资的存量（亿美元）	16277.19	101137.62	82233.77#	9390.33	8249.15	4310.20	16738.14	5223.48	1648.06	9095.09	1145.32
国别	希腊	葡萄牙	西班牙	奥地利	芬兰	瑞典	波兰	拉脱维亚	立陶宛	爱沙尼亚	
向全球直接投资的流量（亿美元）	8.48	2.71	316.20	-7.47	109.61	200.28	8.64	1.50	8.38	-0.22	
向全球直接投资的存量（亿美元）	191.14	550.74	5629.31	2280.82	942.97	3711.31	285.10	19.93	42.32	79.52	
吸收全球直接投资的流量（亿美元）	42.57	48.95	435.91	76.18	12.25	111.48	114.76	8.79	9.05	13.09	
吸收全球直接投资的存量（亿美元）	336.37	1357.77	6590.38	2090.98	673.35	3224.39	2318.48	173.10	177.48	243.42	

续表

国别	匈牙利	捷克	斯洛伐克	斯洛文尼亚	马耳他	塞浦路斯	保加利亚	罗马尼亚	克罗地亚	英国（现已脱欧）	
向全球直接投资的流量（亿美元）	19.91	52.77	2.34	0.82	-73.26	-22.37	3.87	0.13	3.54	498.80	
向全球直接投资的存量（亿美元）	290.19	347.59	36.89	67.49	707.07	2111.41	27.12	7.45	66.34	16965.29	
吸收全球直接投资的流量（亿美元）	63.89	94.79	4.75	14.19	40.61	32.85	20.59	58.88	11.59	644.87	
吸收全球直接投资的存量（亿美元）	887.36	1550.24	571.09	168.09	2066.85	2242.84	492.76	940.21	328.84	18903.84	

注：#为对相关国家的加总或计算值。

数据来源：联合国贸发会《全球投资报告》相关数据。

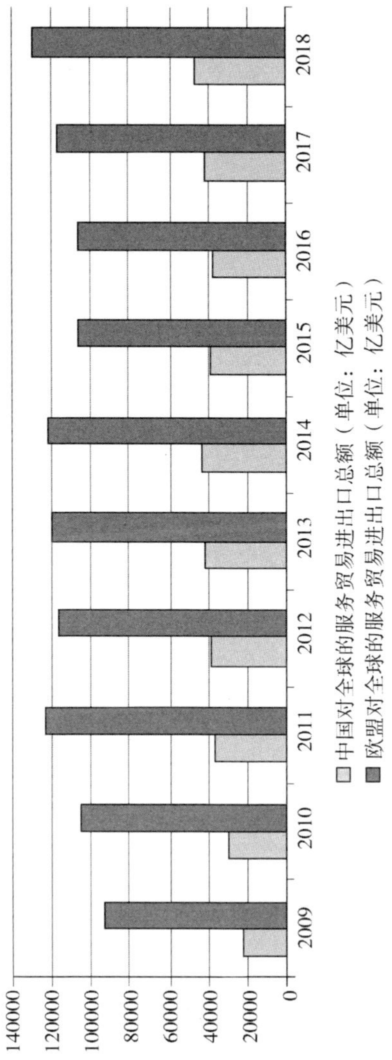

图 2.6　2009—2018 年中国与欧盟对全球服务贸易进出口总额情况

数据来源：WTO 数据库。

2.6 产业与年龄结构情况

表 2.6　2018 年中国与欧盟三产占比与年龄结构情况

国别	中国	欧盟（28 国）	欧盟（27 国）	德国	法国	意大利	荷兰	比利时	卢森堡	爱尔兰	丹麦
三次产业占比——第一产业（%）	7.19	—	—	0.85	1.82	2.16	1.82	0.56	0.25	0.98	1.18
三次产业占比——第二产业（%）	40.65	—	—	30.49	19.02	23.86	20.03	21.42	13.00	39.34	24.39
三次产业占比——第三产业（%）	52.16	—	—	68.66	79.16	73.97	78.15	78.02	86.75	59.68	74.43
年龄结构比例——0 到 14 岁占比（%）	17.88	—	—	13.62	17.96	13.33	16.11	17.06	15.88	21.41	16.46
年龄结构比例——15 到 64 岁占比（%）	71.20	—	—	64.92	62.01	63.92	64.70	64.16	69.94	64.73	63.73
年龄结构比例——64 岁以上占比（%）	10.92	—	—	21.46	20.03	22.75	19.20	18.79	14.18	13.87	19.81
出生时平均预期寿命（年）	76.47	—	—	80.99	82.52	83.24	81.56	81.44	82.69	81.96	81.00

国别	希腊	葡萄牙	西班牙	奥地利	芬兰	瑞典	波兰	拉脱维亚	立陶宛	爱沙尼亚
三次产业占比——第一产业（%）	4.27	2.37	3.09	1.29	2.85	1.56	2.41	4.10	3.00	3.06
三次产业占比——第二产业（%）	17.54	22.16	22.09	28.82	28.38	25.45	32.70	22.46	29.00	27.73

续表

国别	希腊	葡萄牙	西班牙	奥地利	芬兰	瑞典	波兰	拉脱维亚	立陶宛	爱沙尼亚
三次产业占比——第三产业（%）	78.18	75.47	74.82	69.90	68.77	72.99	64.89	73.44	68.00	69.21
年龄结构比例——0到14岁占比（%）	14.07	13.46	14.67	14.30	16.15	17.58	15.05	16.00	—	16.36
年龄结构比例——15到64岁占比（%）	64.27	64.59	65.95	66.70	62.13	62.32	67.43	63.96	—	64.02
年龄结构比例——64岁以上占比（%）	21.66	21.95	19.38	19.00	21.72	20.10	17.52	20.04	—	19.63
出生时平均预期寿命（年）	81.39	81.12	83.33	81.64	81.43	82.31	77.85	74.68	74.67	77.64
国别	匈牙利	捷克	斯洛伐克	斯洛文尼亚	马耳他	塞浦路斯	保加利亚	罗马尼亚	克罗地亚	英国（现已脱欧）
三次产业占比——第一产业（%）	4.21	2.19	2.63	2.42	1.00	2.34	4.21	4.80	3.47	0.71
三次产业占比——第二产业（%）	30.09	35.78	33.59	32.65	13.68	14.10	27.42	32.04	24.75	19.63
三次产业占比——第三产业（%）	65.71	62.03	63.78	64.92	85.32	83.56	68.37	63.16	71.78	79.66

续表

国别	匈牙利	捷克	斯洛伐克	斯洛文尼亚	马耳他	塞浦路斯	保加利亚	罗马尼亚	克罗地亚	英国（现已脱欧）
年龄结构比例——0到14岁占比（%）	14.41	15.59	15.45	15.02	14.28	16.79	14.60	—	14.51	17.68
年龄结构比例——15到64岁占比（%）	66.43	64.99	68.92	65.37	65.37	69.49	64.38	—	65.04	63.93
年龄结构比例——64岁以上占比（%）	19.16	19.42	15.63	19.61	20.35	13.72	21.02	—	20.45	18.40
出生时平均预期寿命（年）	76.06	79.48	77.17	81.18	82.45	80.67	74.81	75.31	77.83	81.16

注：依据各国三次产业增加值占GDP比重计算。下画线为2017年数据，#为对相关国家的加总或计算值。

数据来源：世界银行。

中国—欧盟双边经济情况

3.1 中国—欧盟双边经济规模情况

表 3.1　2009—2019 年中国与欧盟 GDP 与人口情况

年度	GDP					人口				
	中国（亿美元）	中国增长率（%）	欧盟（亿美元）	欧盟增长率（%）	中国与欧盟占全球比重（%）	中国（万人）	中国增长率（%）	欧盟（万人）	欧盟增长率（%）	中国与欧盟占全球比重（%）
2009	51017.02	9.40	171182.99	-4.32	36.72	133126.00	0.50	50319.41	-4.32	26.82
2010	60871.65	10.60	170153.67	2.17	34.88	133770.50	0.48	50429.88	2.17	26.61
2011	75515.00	9.60	183995.61	1.79	35.24	134413.00	0.48	50400.59	1.79	26.39
2012	85322.31	7.90	173393.58	-0.42	34.39	135069.50	0.49	50509.62	-0.42	26.19
2013	95704.06	7.80	180773.61	0.26	35.74	135738.00	0.49	50659.77	0.26	25.99
2014	104385.29	7.40	186950.45	1.74	36.77	136427.00	0.51	50819.39	1.74	25.81
2015	110155.42	7.00	164737.93	2.35	36.71	137122.00	0.51	50971.76	2.35	25.62
2016	111379.46	6.80	165763.28	2.04	36.46	137866.50	0.54	51121.85	2.04	25.45
2017	121434.91	6.90	173673.74	2.60	36.53	138639.50	0.56	51219.11	2.60	25.28
2018	136081.52	6.70	187680.76	2.01	37.78	139273.00	0.46	51321.34	2.01	25.10
2019（1—10月）	103359.99	7.93	112513.11	4.26	—	140005.00	0.53	51132.80	-0.37	—

注：2019 年数据截至当年 9 月；2019 年增长率为 2019 年 1—9 月数值同比于 2018 年 1—9 月数值的变化率。

数据来源：2009—2018 年数据来源于世界银行数据库；2019 年 GDP 数据的中国数据来源于中国国家统计局，欧盟数据来源于欧盟统计局；2019 年人口数据来源于 IMF WEO 数据库。

3.2 中国—欧盟双边货物贸易情况

3.2.1 中国—欧盟双边货物贸易出口情况

3.2.1.1 中国对欧盟双边货物贸易出口情况

表3.2　2009—2019年中国对欧盟各国的货物贸易出口情况

国别及项目		2009	2010	2011	2012	2013	2014	2015	2016	2017	2018	2019
欧盟（28国）	中国对该地区的出口额（亿美元）	2376.29	3128.21	3577.57	3356.47	3392.74	3711.89	3565.95	3435.67	3747.38	4119.43	3532.02
	中国对该地区的出口额的增速（%）	-19.42	31.64	14.36	-6.18	1.08	9.41	-3.93	-3.65	9.07	9.93	4.39
	中国对该地区出口额占中国对欧盟比重（%）	100.00	100.00	100.00	100.00	100.00	100.00	100.00	100.00	100.00	100.00	100.00
	中国对该地区出口额占中国对全球比重（%）	19.77	19.82	18.84	16.37	15.35	15.84	15.64	16.08	16.44	16.47	17.32
欧盟（27国）	中国对该地区的出口额（亿美元）	2063.46	2740.45	3136.44	2893.67	2883.34	3140.56	2969.31	2869.22	3173.30	3546.52	3014.95
	中国对该地区的出口额的增速（%）	-20.27	32.81	14.45	-7.74	-0.36	8.92	-5.45	-3.37	10.60	11.76	3.46
	中国对该地区出口额占中国对欧盟比重（%）	86.84	87.60	87.67	86.21	84.99	84.61	83.27	83.51	84.68	86.09	85.36
	中国对该地区出口额占中国对全球比重（%）	17.17	17.36	16.51	14.11	13.04	13.40	13.02	13.43	13.92	14.18	14.79

续表

国别及项目		2009	2010	2011	2012	2013	2014	2015	2016	2017	2018	2019
德国	中国对该国的出口额（亿美元）	499.43	680.69	764.33	691.76	673.49	727.31	692.04	660.44	714.64	781.55	659.41
	中国对该国的出口额的增速（%）	-15.62	36.29	12.29	-9.50	-2.64	7.99	-4.85	-4.57	8.21	9.36	2.72
	中国对该国出口额占中国对欧盟的比重（%）	21.02	21.76	21.36	20.61	19.85	19.59	19.41	19.22	19.07	18.97	18.7
	中国对该国出口额占中国对全球的比重（%）	4.15	4.31	4.02	3.37	3.05	3.10	3.03	3.09	3.13	3.12	3.23
法国	中国对该国的出口额（亿美元）	216.19	278.59	302.44	272.09	270.15	289.76	270.48	253.03	281.24	312.48	271.88
	中国对该国的出口额的增速（%）	-8.00	28.86	8.56	-10.04	-0.71	7.26	-6.65	-6.45	11.15	11.11	5.41
	中国对该国出口额占中国对欧盟的比重（%）	9.10	8.91	8.45	8.11	7.96	7.81	7.59	7.36	7.50	7.59	7.70
	中国对该国出口额占中国对全球的比重（%）	1.80	1.76	1.59	1.33	1.22	1.24	1.19	1.18	1.23	1.25	1.33
意大利	中国对该国的出口额（亿美元）	202.50	311.41	337.09	256.58	257.51	287.59	278.49	265.65	292.82	333.25	276.30
	中国对该国的出口额的增速（%）	-23.90	53.79	8.25	-23.88	0.36	11.68	-3.16	-4.61	10.23	13.81	0.69
	中国对该国出口额占中国对欧盟的比重（%）	8.52	9.96	9.42	7.64	7.59	7.75	7.81	7.73	7.81	8.09	7.82
	中国对该国出口额占中国对全球的比重（%）	1.68	1.97	1.77	1.25	1.16	1.23	1.22	1.24	1.28	1.33	1.36

续表

国别及项目		2009	2010	2011	2012	2013	2014	2015	2016	2017	2018	2019
荷兰	中国对该国的出口额（亿美元）	366.93	497.11	594.82	589.17	603.18	649.23	596.54	580.52	675.88	732.89	600.72
	中国对该国的出口额的增速（%）	-20.10	35.48	19.66	-0.95	2.38	7.64	-8.12	-2.69	16.43	8.43	0.15
	中国对该国出口额占中国对欧盟的比重（%）	15.44	15.89	16.63	17.55	17.78	17.49	16.73	16.90	18.04	17.79	17.01
	中国对该国出口额占中国对全球的比重（%）	3.05	3.15	3.13	2.87	2.73	2.77	2.62	2.72	2.96	2.93	2.95
比利时	中国对该国的出口额（亿美元）	108.78	143.03	189.71	163.77	155.59	172.22	162.21	149.87	158.91	171.78	150.40
	中国对该国的出口额的增速（%）	-26.81	31.48	32.64	-13.67	-5.00	10.69	-5.82	-7.60	6.03	8.10	5.89
	中国对该国出口额占中国对欧盟的比重（%）	4.58	4.57	5.30	4.88	4.59	4.64	4.55	4.36	4.24	4.17	4.26
	中国对该国出口额占中国对全球的比重（%）	0.90	0.91	1.00	0.80	0.70	0.73	0.71	0.70	0.70	0.69	0.74
卢森堡	中国对该国的出口额（亿美元）	30.50	9.88	15.96	19.56	18.08	19.46	23.25	12.56	7.01	8.55	14.18
	中国对该国的出口额的增速（%）	-14.20	-67.62	61.60	22.58	-7.58	7.66	19.47	-46.01	-44.16	21.99	128.47
	中国对该国出口额占中国对欧盟的比重（%）	1.28	0.32	0.45	0.58	0.53	0.52	0.65	0.37	0.19	0.21	0.40
	中国对该国出口额占中国对全球的比重（%）	0.25	0.06	0.08	0.10	0.08	0.08	0.10	0.06	0.03	0.03	0.07

续表

国别及项目		2009	2010	2011	2012	2013	2014	2015	2016	2017	2018	2019
爱尔兰	中国对该国的出口额（亿美元）	19.80	19.87	21.49	20.99	24.77	28.01	28.25	28.13	29.26	36.61	27.30
	中国对该国的出口额的增速（%）	-54.25	0.32	8.19	-2.36	18.03	13.08	0.85	-0.43	4.02	25.14	-11.19
	中国对该国出口额占中国对欧盟的比重（%）	0.83	0.64	0.60	0.63	0.73	0.75	0.79	0.82	0.78	0.89	0.77
	中国对该国出口额占中国对全球的比重（%）	0.16	0.13	0.11	0.10	0.11	0.12	0.12	0.13	0.13	0.15	0.13
丹麦	中国对该国的出口额（亿美元）	42.46	51.90	64.49	65.42	57.15	65.50	61.56	54.59	65.23	73.07	55.54
	中国对该国的出口额的增速（%）	-23.87	22.23	24.25	1.44	-12.64	14.62	-6.02	-11.31	19.48	12.02	-8.66
	中国对该国出口额占中国对欧盟的比重（%）	1.79	1.66	1.80	1.95	1.68	1.76	1.73	1.59	1.74	1.77	1.57
	中国对该国出口额占中国对全球的比重（%）	0.35	0.33	0.34	0.32	0.26	0.28	0.27	0.26	0.29	0.29	0.27
希腊	中国对该国的出口额（亿美元）	34.41	39.58	39.49	35.95	32.15	41.86	36.65	42.96	48.17	65.72	64.18
	中国对该国的出口额的增速（%）	-15.09	15.05	-0.23	-8.98	-10.56	30.18	-12.43	17.22	12.13	36.43	20.49
	中国对该国出口额占中国对欧盟的比重（%）	1.45	1.27	1.10	1.07	0.95	1.13	1.03	1.25	1.29	1.60	1.82
	中国对该国出口额占中国对全球的比重（%）	0.29	0.25	0.21	0.18	0.15	0.18	0.16	0.20	0.21	0.26	0.31

续表

国别及项目		2009	2010	2011	2012	2013	2014	2015	2016	2017	2018	2019
葡萄牙	中国对该国的出口额（亿美元）	19.22	25.14	28.01	25.02	25.07	31.37	28.99	40.40	34.86	37.84	36.07
	中国对该国的出口额的增速（%）	-16.54	30.76	11.43	-10.67	0.19	25.15	-7.61	39.37	-13.72	8.55	15.81
	中国对该国出口额占中国对欧盟的比重（%）	0.81	0.80	0.78	0.75	0.74	0.85	0.81	1.18	0.93	0.92	1.02
	中国对该国出口额占中国对全球的比重（%）	0.16	0.16	0.15	0.12	0.11	0.13	0.13	0.19	0.15	0.15	0.18
西班牙	中国对该国的出口额（亿美元）	140.79	181.78	197.19	182.44	189.34	215.38	218.96	216.99	231.20	251.34	223.35
	中国对该国的出口额的增速（%）	-32.24	29.12	8.48	-7.48	3.78	13.75	1.66	-0.90	6.55	8.71	7.15
	中国对该国出口额占中国对欧盟的比重（%）	5.92	5.81	5.51	5.44	5.58	5.80	6.14	6.32	6.17	6.10	6.32
	中国对该国出口额占中国对全球的比重（%）	1.17	1.15	1.04	0.89	0.86	0.92	0.96	1.02	1.01	1.00	1.10
奥地利	中国对该国的出口额（亿美元）	14.28	18.54	22.27	20.39	20.38	23.98	24.98	22.46	25.27	28.45	24.94
	中国对该国的出口额的增速（%）	-19.34	29.79	20.17	-8.45	-0.07	17.65	4.18	-10.09	12.54	12.56	7.86
	中国对该国出口额占中国对欧盟的比重（%）	0.60	0.59	0.62	0.61	0.60	0.65	0.70	0.65	0.67	0.69	0.71
	中国对该国出口额占中国对全球的比重（%）	0.12	0.12	0.12	0.10	0.09	0.10	0.11	0.11	0.11	0.11	0.12

续表

国别及项目		2009	2010	2011	2012	2013	2014	2015	2016	2017	2018	2019
芬兰	中国对该国的出口额（亿美元）	45.29	54.98	66.31	74.43	58.32	51.00	35.53	29.13	28.50	30.94	25.27
	中国对该国的出口额的增速（%）	-38.24	21.40	20.60	12.25	-21.65	-12.55	-30.33	-18.02	-2.17	8.59	-2.80
	中国对该国出口额占中国对欧盟的比重（%）	1.91	1.76	1.85	2.22	1.72	1.37	1.00	0.85	0.76	0.75	0.72
	中国对该国出口额占中国对全球的比重（%）	0.38	0.35	0.35	0.36	0.26	0.22	0.16	0.14	0.12	0.12	0.12
瑞典	中国对该国的出口额（亿美元）	41.57	57.11	65.63	64.26	67.99	71.71	71.09	63.46	70.62	82.93	71.86
	中国对该国的出口额的增速（%）	-18.73	37.36	14.93	-2.10	5.81	5.46	-0.86	-10.73	11.28	17.44	8.08
	中国对该国出口额占中国对欧盟的比重（%）	1.75	1.83	1.83	1.91	2.00	1.93	1.99	1.85	1.88	2.01	2.03
	中国对该国出口额占中国对全球的比重（%）	0.35	0.36	0.35	0.31	0.31	0.31	0.31	0.30	0.31	0.33	0.35
波兰	中国对该国的出口额（亿美元）	75.64	94.45	109.40	123.86	125.83	142.56	143.46	152.54	179.97	209.90	196.93
	中国对该国的出口额的增速（%）	-16.29	24.86	15.83	13.22	1.59	13.30	0.63	6.33	17.99	16.63	14.66
	中国对该国出口额占中国对欧盟的比重（%）	3.18	3.02	3.06	3.69	3.71	3.84	4.02	4.44	4.80	5.10	5.58
	中国对该国出口额占中国对全球的比重（%）	0.63	0.60	0.58	0.60	0.57	0.61	0.63	0.71	0.79	0.84	0.97

续表

国别及项目		2009	2010	2011	2012	2013	2014	2015	2016	2017	2018	2019
拉脱维亚	中国对该国的出口额（亿美元）	4.52	7.95	11.93	13.14	13.75	13.17	10.23	10.81	11.48	11.68	8.79
	中国对该国的出口额的增速（%）	-46.57	75.73	50.02	10.14	4.67	-4.25	-22.28	5.65	6.21	1.74	-9.62
	中国对该国出口额占中国对欧盟的比重（%）	0.19	0.25	0.33	0.39	0.41	0.35	0.29	0.31	0.31	0.28	0.25
	中国对该国出口额占中国对全球的比重（%）	0.04	0.05	0.06	0.06	0.06	0.06	0.04	0.05	0.05	0.05	0.04
立陶宛	中国对该国的出口额（亿美元）	6.56	9.82	13.35	16.32	16.87	16.58	12.11	13.02	16.01	17.66	13.93
	中国对该国的出口额的增速（%）	-38.01	49.69	35.92	22.20	3.36	-1.68	-26.96	7.46	23.02	10.27	-5.13
	中国对该国出口额占中国对欧盟的比重（%）	0.28	0.31	0.37	0.49	0.50	0.45	0.34	0.38	0.43	0.43	0.39
	中国对该国出口额占中国对全球的比重（%）	0.05	0.06	0.07	0.08	0.08	0.07	0.05	0.06	0.07	0.07	0.07
爱沙尼亚	中国对该国的出口额（亿美元）	3.62	6.77	11.32	12.34	11.10	11.46	9.54	9.69	9.92	10.33	7.64
	中国对该国的出口额的增速（%）	-38.22	86.93	67.29	9.01	-10.06	3.28	-16.74	1.49	2.36	4.15	-10.96
	中国对该国出口额占中国对欧盟的比重（%）	0.15	0.22	0.32	0.37	0.33	0.31	0.27	0.28	0.26	0.25	0.22
	中国对该国出口额占中国对全球的比重（%）	0.03	0.04	0.06	0.06	0.05	0.05	0.04	0.05	0.04	0.04	0.04

续表

国别及项目		2009	2010	2011	2012	2013	2014	2015	2016	2017	2018	2019
匈牙利	中国对该国的出口额（亿美元）	53.47	65.19	68.05	57.43	56.95	57.64	51.98	54.27	60.56	65.53	54.27
	中国对该国的出口额的增速（%）	-12.27	21.92	4.39	-15.61	-0.83	1.21	-9.82	4.42	11.58	8.21	-2.21
	中国对该国出口额占中国对欧盟的比重（%）	2.25	2.08	1.90	1.71	1.68	1.55	1.46	1.58	1.62	1.59	1.54
	中国对该国出口额占中国对全球的比重（%）	0.44	0.41	0.36	0.28	0.26	0.25	0.23	0.25	0.27	0.26	0.27
捷克	中国对该国的出口额（亿美元）	50.24	71.20	76.70	63.23	68.37	79.95	82.27	80.61	87.94	119.16	104.29
	中国对该国的出口额的增速（%）	-8.74	41.70	7.74	-17.56	8.12	16.94	2.91	-2.02	9.09	35.51	11.84
	中国对该国出口额占中国对欧盟的比重（%）	2.11	2.28	2.14	1.88	2.02	2.15	2.31	2.35	2.35	2.89	2.95
	中国对该国出口额占中国对全球的比重（%）	0.42	0.45	0.40	0.31	0.31	0.34	0.36	0.38	0.39	0.48	0.51
斯洛伐克	中国对该国的出口额（亿美元）	13.99	19.59	25.12	24.23	30.85	28.29	27.94	28.70	27.32	25.61	24.07
	中国对该国的出口额的增速（%）	-28.84	40.01	28.27	-3.56	27.31	-8.28	-1.23	2.71	-4.81	-6.26	12.86
	中国对该国出口额占中国对欧盟的比重（%）	0.59	0.63	0.70	0.72	0.91	0.76	0.78	0.84	0.73	0.62	0.68
	中国对该国出口额占中国对全球的比重（%）	0.12	0.12	0.13	0.12	0.14	0.12	0.12	0.13	0.12	0.10	0.12

续表

国别及项目		2009	2010	2011	2012	2013	2014	2015	2016	2017	2018	2019
斯洛文尼亚	中国对该国的出口额（亿美元）	7.70	13.85	16.76	15.69	18.33	19.92	20.94	22.93	28.94	44.53	27.95
	中国对该国的出口额的增速（%）	-19.04	79.93	20.99	-6.42	16.87	8.65	5.11	9.54	26.18	53.90	-27.27
	中国对该国出口额占中国对欧盟的比重（%）	0.32	0.44	0.47	0.47	0.54	0.54	0.59	0.67	0.77	1.08	0.79
	中国对该国出口额占中国对全球的比重（%）	0.06	0.09	0.09	0.08	0.08	0.08	0.09	0.11	0.13	0.18	0.14
马耳他	中国对该国的出口额（亿美元）	12.59	18.43	23.29	23.15	25.21	31.93	23.77	16.03	21.25	14.35	8.97
	中国对该国的出口额的增速（%）	18.17	46.37	26.37	-0.63	8.92	26.63	-25.56	-32.54	32.55	-32.50	-30.48
	中国对该国出口额占中国对欧盟的比重（%）	0.53	0.59	0.65	0.69	0.74	0.86	0.67	0.47	0.57	0.35	0.25
	中国对该国出口额占中国对全球的比重（%）	0.10	0.12	0.12	0.11	0.11	0.14	0.10	0.08	0.09	0.06	0.04
塞浦路斯	中国对该国的出口额（亿美元）	12.02	13.48	11.24	10.93	9.64	10.36	5.89	4.71	5.23	7.39	4.47
	中国对该国的出口额的增速（%）	6.99	12.13	-16.63	-2.75	-11.80	7.50	-43.14	-20.08	11.09	41.17	-10.73
	中国对该国出口额占中国对欧盟的比重（%）	0.51	0.43	0.31	0.33	0.28	0.28	0.17	0.14	0.14	0.18	0.13
	中国对该国出口额占中国对全球的比重（%）	0.10	0.09	0.06	0.05	0.04	0.04	0.03	0.02	0.02	0.03	0.02

续表

国别及项目		2009	2010	2011	2012	2013	2014	2015	2016	2017	2018	2019
保加利亚	中国对该国的出口额（亿美元）	5.96	6.61	10.06	10.56	11.16	11.79	10.44	10.67	11.70	14.45	12.74
	中国对该国的出口额的增速（%）	-46.35	10.76	52.37	4.93	5.70	5.62	-11.44	2.14	9.74	23.46	8.17
	中国对该国出口额占中国对欧盟的比重（%）	0.25	0.21	0.28	0.31	0.33	0.32	0.29	0.31	0.31	0.35	0.36
	中国对该国出口额占中国对全球的比重（%）	0.05	0.04	0.05	0.05	0.05	0.05	0.05	0.05	0.05	0.06	0.06
罗马尼亚	中国对该国的出口额（亿美元）	23.79	30.08	34.54	27.97	28.23	32.27	31.86	34.76	37.81	45.21	37.99
	中国对该国的出口额的增速（%）	-16.56	26.42	14.83	-19.02	0.92	14.30	-1.24	9.09	8.78	19.57	0.16
	中国对该国出口额占中国对欧盟的比重（%）	1.00	0.96	0.97	0.83	0.83	0.87	0.89	1.01	1.01	1.10	1.08
	中国对该国出口额占中国对全球的比重（%）	0.20	0.19	0.18	0.14	0.13	0.14	0.14	0.16	0.17	0.18	0.19
克罗地亚	中国对该国的出口额（亿美元）	11.18	13.43	15.41	13.00	13.90	10.28	9.86	10.29	11.57	13.33	11.51
	中国对该国的出口额的增速（%）	-34.71	20.12	14.73	-15.64	6.92	-26.08	-4.02	4.36	12.40	15.21	4.35
	中国对该国出口额占中国对欧盟的比重（%）	0.47	0.43	0.43	0.39	0.41	0.28	0.28	0.30	0.31	0.32	0.33
	中国对该国出口额占中国对全球的比重（%）	0.09	0.09	0.08	0.06	0.06	0.04	0.04	0.05	0.05	0.05	0.06

续表

国别及项目		2009	2010	2011	2012	2013	2014	2015	2016	2017	2018	2019
英国（现已脱欧）	中国对该国的出口额（亿美元）	312.83	387.76	441.13	462.79	509.39	571.33	596.64	566.46	574.07	572.91	517.06
	中国对该国的出口额的增速（%）	-13.29	23.95	13.76	4.91	10.07	12.16	4.43	-5.06	1.34	-0.20	10.22
	中国对该国出口额占中国对欧盟的比重（%）	13.16	12.40	12.33	13.79	15.01	15.39	16.73	16.49	15.32	13.91	14.64
	中国对该国出口额占中国对全球的比重（%）	2.60	2.46	2.32	2.26	2.30	2.44	2.62	2.65	2.52	2.29	2.54

注：中国对该国出口额占中国对欧盟的比重（%）＝中国对该国家或地区的出口额/中国对欧盟的出口额×100%；中国对该国出口额占中国对全球的比重（%）＝中国对该国家或地区的出口额/中国对全球的出口额×100%；2019 年数据截至当年 10 月；2019 年“中国对该地区（国）的出口额的增速”为 2019 年 1—10 月数值同比于 2018 年 1—10 月数值的变化率。

数据来源：国际货币基金组织 DOTS 数据库。

3.2.1.2 欧盟对中国双边货物贸易出口情况

表 3.3　2009—2019 年欧盟各国对中国的货物贸易出口情况

国别及项目		2009	2010	2011	2012	2013	2014	2015	2016	2017	2018	2019
欧盟（28 国）	对中国的出口额（亿美元）	1153.83	1501.70	1898.14	1853.29	1967.33	2184.95	1887.83	1876.35	2234.54	2492.48	2075.87
	对中国出口额的增速（%）	0.00	30.15	26.40	-2.36	6.15	11.06	-13.60	-0.61	19.09	11.54	-0.29
	对中国出口额占自身对全球的比重（%）	2.50	2.90	3.12	3.19	3.24	3.55	3.50	3.49	3.78	3.85	3.94

续表

国别及项目		2009	2010	2011	2012	2013	2014	2015	2016	2017	2018	2019
欧盟（27国）	对中国的出口额（亿美元）	1075.42	1391.57	1761.39	1699.47	1789.44	1925.58	1613.57	1696.14	2022.35	2216.95	1833.27
	对中国出口额的增速（%）	0.88	29.40	26.58	-3.52	5.29	7.61	-16.20	5.12	19.23	9.62	-0.45
	对中国出口额占自身对全球的比重（%）	2.52	2.92	3.15	3.18	3.23	3.41	3.27	3.41	3.70	3.70	3.76
德国	对中国的出口额（亿美元）	522.27	710.52	900.80	856.48	891.88	994.26	797.30	850.49	987.06	1105.48	895.05
	对中国出口额的增速（%）	4.27	36.04	26.78	-4.92	4.13	11.48	-19.81	6.67	16.06	12.00	-3.70
	对中国出口额占自身对全球的比重（%）	4.66	5.65	6.11	6.11	6.17	6.65	6.01	6.37	6.82	7.08	7.13
法国	对中国的出口额（亿美元）	110.01	146.00	188.40	194.51	196.64	214.12	198.89	176.65	213.92	245.04	190.69
	对中国出口额的增速（%）	-16.87	32.71	29.05	3.24	1.10	8.89	-7.11	-11.19	21.10	14.55	-1.28
	对中国出口额占自身对全球的比重（%）	2.27	2.79	3.16	3.42	3.39	3.68	3.93	3.52	4.00	4.21	3.99
意大利	对中国的出口额（亿美元）	92.49	113.81	139.29	115.74	130.72	139.35	115.31	122.27	152.65	154.91	120.14
	对中国出口额的增速（%）	-2.31	23.05	22.39	-16.91	12.94	6.60	-17.25	6.04	24.84	1.48	-6.99
	对中国出口额占自身对全球的比重（%）	2.27	2.55	2.66	2.31	2.52	2.63	2.52	2.65	3.01	2.82	2.69

续表

国别及项目		2009	2010	2011	2012	2013	2014	2015	2016	2017	2018	2019
荷兰	对中国的出口额（亿美元）	66.26	73.20	95.47	106.05	114.66	112.04	105.87	115.48	137.27	150.04	127.48
	对中国出口额的增速（%）	12.80	10.47	30.43	11.08	8.13	-2.28	-5.51	9.08	18.87	9.31	4.16
	对中国出口额占自身对全球的比重（%）	1.33	1.27	1.43	1.62	1.71	1.67	1.86	2.02	2.11	2.06	2.16
比利时	对中国的出口额（亿美元）	61.11	71.72	101.92	98.22	96.11	100.42	75.16	77.21	91.02	82.24	67.36
	对中国出口额的增速（%）	20.96	17.37	42.11	-3.63	-2.14	4.48	-25.15	2.72	17.90	-9.65	-4.34
	对中国出口额占自身对全球的比重（%）	1.65	1.76	2.14	2.20	2.05	2.13	1.89	1.94	2.12	1.76	1.80
卢森堡	对中国的出口额（亿美元）	1.71	1.77	2.39	2.56	2.60	2.64	2.56	2.46	2.42	2.61	1.83
	对中国出口额的增速（%）	-26.62	3.02	35.14	7.12	1.84	1.39	-2.96	-3.91	-1.62	7.95	-16.51
	对中国出口额占自身对全球的比重（%）	0.80	0.94	1.14	1.36	1.41	1.38	1.49	1.56	1.54	1.60	1.29
爱尔兰	对中国的出口额（亿美元）	22.56	20.87	20.80	20.05	18.69	20.15	18.27	34.00	48.57	54.15	75.42
	对中国出口额的增速（%）	-3.83	-7.46	-0.37	-3.56	-6.81	7.85	-9.34	86.06	42.87	11.48	85.17
	对中国出口额占自身对全球的比重（%）	1.95	1.78	1.63	1.69	1.60	1.66	1.48	2.60	3.54	3.28	5.28

续表

国别及项目		2009	2010	2011	2012	2013	2014	2015	2016	2017	2018	2019
丹麦	对中国的出口额（亿美元）	21.24	23.46	27.99	29.09	34.21	38.80	39.78	42.14	45.18	44.79	43.71
	对中国出口额的增速（%）	-3.02	10.48	19.28	3.94	17.62	13.40	2.53	5.93	7.23	-0.86	16.82
	对中国出口额占自身对全球的比重（%）	2.26	2.43	2.50	2.72	3.08	3.48	4.17	4.42	4.41	4.08	4.75
希腊	对中国的出口额（亿美元）	2.30	4.19	4.25	4.93	5.06	3.64	2.52	3.64	5.38	10.57	8.09
	对中国出口额的增速（%）	16.32	82.01	1.49	16.10	2.54	-28.05	-30.66	44.05	47.85	96.56	-6.64
	对中国出口额占自身对全球的比重（%）	0.91	1.49	1.26	1.40	1.40	1.01	0.88	1.29	1.65	2.68	2.56
葡萄牙	对中国的出口额（亿美元）	3.12	3.09	5.48	10.00	8.72	11.14	9.29	7.48	9.51	7.77	5.70
	对中国出口额的增速（%）	14.84	-0.97	77.49	82.32	-12.82	27.77	-16.62	-19.51	27.15	-18.28	-15.99
	对中国出口额占自身对全球的比重（%）	0.70	0.63	0.92	1.72	1.39	1.75	1.69	1.35	1.53	1.14	1.01
西班牙	对中国的出口额（亿美元）	27.45	34.76	47.14	48.61	52.31	53.93	48.54	54.00	67.22	74.12	61.18
	对中国出口额的增速（%）	-13.09	26.65	35.60	3.13	7.62	3.09	-9.99	11.23	24.49	10.26	-3.29
	对中国出口额占自身对全球的比重（%）	1.21	1.37	1.54	1.65	1.65	1.66	1.72	1.86	2.10	2.14	2.19

续表

国别及项目		2009	2010	2011	2012	2013	2014	2015	2016	2017	2018	2019
奥地利	对中国的出口额（亿美元）	26.81	34.05	38.42	35.35	36.83	39.58	34.07	36.68	44.56	50.19	42.16
	对中国出口额的增速（%）	-6.16	27.01	12.82	-7.98	4.18	7.47	-13.92	7.66	21.49	12.64	0.18
	对中国出口额占自身对全球的比重（%）	1.96	2.23	2.16	2.12	2.10	2.22	2.23	2.41	2.65	2.72	2.79
芬兰	对中国的出口额（亿美元）	25.78	36.00	37.16	33.53	36.72	34.04	28.05	30.12	39.00	42.28	33.82
	对中国出口额的增速（%）	-15.31	39.66	3.21	-9.76	9.52	-7.29	-17.59	7.36	29.49	8.41	-5.45
	对中国出口额占自身对全球的比重（%）	4.10	5.18	4.69	4.59	4.93	4.58	4.69	5.20	5.73	5.57	5.52
瑞典	对中国的出口额（亿美元）	41.08	49.41	61.55	55.65	60.70	58.26	53.58	53.66	68.56	77.39	62.46
	对中国出口额的增速（%）	3.61	20.28	24.58	-9.60	9.08	-4.01	-8.04	0.15	27.76	12.88	-2.06
	对中国出口额占自身对全球的比重（%）	3.14	3.12	3.29	3.23	3.62	3.54	3.83	3.85	4.48	4.66	4.64
波兰	对中国的出口额（亿美元）	14.72	16.41	18.51	17.56	21.16	22.26	20.14	19.02	23.32	24.85	23.85
	对中国出口额的增速（%）	14.91	11.42	12.79	-5.09	20.45	5.20	-9.50	-5.56	22.58	6.56	16.98
	对中国出口额占自身对全球的比重（%）	1.08	1.03	0.98	0.95	1.03	1.01	1.01	0.93	0.99	0.94	1.08

续表

国别及项目		2009	2010	2011	2012	2013	2014	2015	2016	2017	2018	2019
拉脱维亚	对中国的出口额（亿美元）	0.23	0.38	0.65	0.64	1.14	1.43	1.22	1.35	1.67	1.91	1.48
	对中国出口额的增速（%）	-17.86	63.57	70.99	-1.49	79.37	24.50	-14.07	9.99	23.75	14.49	-6.03
	对中国出口额占自身对全球的比重（%）	0.30	0.40	0.49	0.45	0.79	0.97	1.00	1.10	1.18	1.18	1.16
立陶宛	对中国的出口额（亿美元）	0.31	0.37	0.80	0.86	1.17	1.35	1.13	1.36	2.02	2.23	2.56
	对中国出口额的增速（%）	9.26	20.61	117.84	6.64	36.64	15.32	-16.19	20.18	48.49	10.10	36.92
	对中国出口额占自身对全球的比重（%）	0.19	0.18	0.29	0.29	0.36	0.42	0.45	0.54	0.68	0.67	0.92
爱沙尼亚	对中国的出口额（亿美元）	0.77	1.47	2.80	1.30	1.32	1.84	1.50	1.85	2.46	2.18	1.62
	对中国出口额的增速（%）	-3.05	92.09	90.41	-53.40	1.00	39.75	-18.52	23.30	33.06	-11.34	-12.77
	对中国出口额占自身对全球的比重（%）	0.84	1.27	1.67	0.81	0.81	1.15	1.17	1.40	1.69	1.28	1.19
匈牙利	对中国的出口额（亿美元）	12.44	15.58	17.29	17.95	19.05	18.68	14.00	15.73	17.80	17.74	13.56
	对中国出口额的增速（%）	11.01	25.30	10.91	3.82	6.15	-1.91	-25.09	12.40	13.12	-0.29	-11.42
	对中国出口额占自身对全球的比重（%）	1.50	1.63	1.54	1.73	1.77	1.69	1.42	1.54	1.56	1.41	1.29

续表

国别	项目	2009	2010	2011	2012	2013	2014	2015	2016	2017	2018	2019
捷克	对中国的出口额（亿美元）	8.44	12.15	16.69	16.75	19.21	20.43	18.53	19.16	24.14	25.15	20.02
	对中国出口额的增速（%）	4.26	44.05	37.32	0.36	14.66	6.36	-9.30	3.41	25.97	4.20	-4.99
	对中国出口额占自身对全球的比重（%）	0.75	0.91	1.02	1.07	1.18	1.17	1.17	1.18	1.33	1.24	1.20
斯洛伐克	对中国的出口额（亿美元）	7.82	12.97	20.74	17.33	21.18	18.25	11.31	12.57	13.70	15.90	16.51
	对中国出口额的增速（%）	26.24	65.80	59.91	-16.48	22.25	-13.84	-38.03	11.19	8.94	16.09	26.75
	对中国出口额占自身对全球的比重（%）	1.39	1.97	2.60	2.15	2.47	2.12	1.50	1.63	1.64	1.70	2.20
斯洛文尼亚	对中国的出口额（亿美元）	1.20	1.41	1.54	2.16	2.25	2.85	3.25	5.10	6.36	6.26	4.11
	对中国出口额的增速（%）	-33.99	17.87	9.58	39.94	4.08	26.50	14.38	56.73	24.61	-1.54	-25.19
	对中国出口额占自身对全球的比重（%）	0.46	0.48	0.45	0.67	0.66	0.79	1.02	1.55	1.65	1.42	1.09
马耳他	对中国的出口额（亿美元）	0.38	0.81	1.01	0.78	0.62	0.30	0.27	0.48	0.43	0.38	0.32
	对中国出口额的增速（%）	4.57	115.89	24.82	-22.81	-20.76	-50.88	-11.54	77.90	-11.27	-9.96	-3.69
	对中国出口额占自身对全球的比重（%）	1.31	2.27	2.32	1.84	1.70	1.04	1.03	1.51	1.49	1.27	1.32

续表

国别及项目		2009	2010	2011	2012	2013	2014	2015	2016	2017	2018	2019
塞浦路斯	对中国的出口额（亿美元）	0.16	0.21	0.26	0.36	0.44	0.52	0.43	0.48	0.71	0.76	0.35
	对中国出口额的增速（%）	46.98	31.22	25.29	38.22	20.49	18.86	-17.07	11.29	47.75	8.25	-47.44
	对中国出口额占自身对全球的比重（%）	1.26	1.49	1.44	2.07	2.16	1.63	1.30	1.61	2.15	1.51	1.22
保加利亚	对中国的出口额（亿美元）	1.37	2.49	4.06	7.64	8.67	7.08	5.96	5.14	7.69	8.80	7.06
	对中国出口额的增速（%）	-12.70	82.15	62.65	88.22	13.51	-18.30	-15.81	-13.85	49.70	14.42	2.10
	对中国出口额占自身对全球的比重（%）	0.84	1.21	1.44	2.86	2.93	2.42	2.35	1.93	2.45	2.65	2.54
罗马尼亚	对中国的出口额（亿美元）	3.00	4.08	5.44	4.93	6.62	7.54	5.82	6.80	8.33	7.62	5.70
	对中国出口额的增速（%）	25.82	36.18	33.20	-9.33	34.17	13.87	-22.73	16.72	22.57	-8.54	-11.28
	对中国出口额占自身对全球的比重（%）	0.74	0.82	0.86	0.85	1.01	1.08	0.96	1.07	1.18	0.96	0.88
克罗地亚	对中国的出口额（亿美元）	0.41	0.38	0.55	0.46	0.76	0.68	0.78	0.84	1.42	1.58	1.03
	对中国出口额的增速（%）	15.27	-8.42	45.02	-15.96	66.17	-11.10	14.83	8.42	68.45	10.98	-21.76
	对中国出口额占自身对全球的比重（%）	0.39	0.32	0.41	0.37	0.60	0.49	0.60	0.61	0.88	0.91	0.71

续表

国别及项目		2009	2010	2011	2012	2013	2014	2015	2016	2017	2018	2019
英国（现已脱欧）	对中国的出口额（亿美元）	78.41	110.13	136.74	153.82	177.89	259.37	274.27	180.20	212.20	275.53	242.60
	对中国出口额的增速（%）	-10.72	40.46	24.17	12.48	15.65	45.80	5.74	-34.30	17.75	29.85	0.97
	对中国出口额占自身对全球的比重（%）	2.20	2.65	2.70	3.25	3.29	5.14	5.97	4.41	4.81	5.66	6.22

注：对中国出口额占自身对全球的比重（%）＝相关国家或地区对中国双边出口额/相关国家或地区对全球出口额×100%；2019 年数据截至当年 10 月；2019 年“对中国出口额的增速（%）”为 2019 年 1—10 月数值同比于 2018 年 1—10 月数值的变化率。

数据来源：国际货币基金组织 DOTS 数据库。

3.2.2 中国—欧盟双边货物贸易进口情况

3.2.2.1 中国对欧盟双边货物贸易进口情况

表 3.4　2009—2019 年中国对欧盟各国的货物贸易进口情况

国别及项目		2009	2010	2011	2012	2013	2014	2015	2016	2017	2018	2019
欧盟（28 国）	中国对该地区的进口额（亿美元）	1279.83	1684.96	2112.81	2125.63	2197.26	2438.75	2090.11	2085.16	2452.03	2735.71	2267.21
	中国对该地区的进口额的增速（%）	-3.75	31.65	25.39	0.61	3.37	10.99	-14.30	-0.24	17.59	11.57	0.02
	中国对该地区进口额占中国对欧盟的比重（%）	100.00	100.00	100.00	100.00	100.00	100.00	100.00	100.00	100.00	100.00	100.00
	中国对该地区进口额占中国对全球的比重（%）	12.75	12.09	12.13	11.70	11.27	12.42	13.05	13.12	13.38	12.82	13.38

续表

国别及项目		2009	2010	2011	2012	2013	2014	2015	2016	2017	2018	2019
欧盟（27国）	中国对该地区的进口额（亿美元）	1201.11	1571.95	1967.36	1957.55	2007.43	2203.24	1901.30	1898.68	2229.54	2497.11	2072.96
	中国对该地区的进口额的增速（%）	-2.67	30.87	25.15	-0.50	2.55	9.75	-13.70	-0.14	17.43	12.00	0.09
	中国对该地区进口额占中国对欧盟的比重（%）	93.85	93.29	93.12	92.09	91.36	90.34	90.97	91.06	90.93	91.28	91.43
	中国对该地区进口额占中国对全球的比重（%）	11.96	11.28	11.30	10.77	10.30	11.22	11.87	11.95	12.17	11.70	12.23
德国	中国对该国的进口额（亿美元）	559.16	743.78	927.59	920.29	941.31	1047.76	874.70	863.77	969.45	1062.14	864.71
	中国对该国的进口额的增速（%）	0.01	33.02	24.71	-0.79	2.28	11.31	-16.52	-1.25	12.24	9.56	-2.85
	中国对该国进口额占中国对欧盟的比重（%）	43.69	44.14	43.90	43.29	42.84	42.96	41.85	41.42	39.54	38.82	38.14
	中国对该国进口额占中国对全球的比重（%）	5.57	5.34	5.33	5.06	4.83	5.34	5.46	5.43	5.29	4.98	5.10
法国	中国对该国的进口额（亿美元）	130.41	171.12	220.85	242.36	230.14	271.15	249.74	227.00	272.99	322.87	263.17
	中国对该国的进口额的增速（%）	-16.73	31.22	29.06	9.74	-5.04	17.82	-7.90	-9.11	20.26	18.27	3.03
	中国对该国进口额占中国对欧盟的比重（%）	10.19	10.16	10.45	11.40	10.47	11.12	11.95	10.89	11.13	11.80	11.61
	中国对该国进口额占中国对全球的比重（%）	1.30	1.23	1.27	1.33	1.18	1.38	1.56	1.43	1.49	1.51	1.55

续表

国别及项目		2009	2010	2011	2012	2013	2014	2015	2016	2017	2018	2019
意大利	中国对该国的进口额（亿美元）	110.35	139.90	175.74	162.42	175.57	192.73	167.85	167.38	204.14	211.71	176.31
	中国对该国的进口额的增速（%）	-5.36	26.77	25.61	-7.57	8.09	9.78	-12.91	-0.28	21.96	3.71	-0.91
	中国对该国进口额占中国对欧盟的比重（%）	8.62	8.30	8.32	7.64	7.99	7.90	8.03	8.03	8.33	7.74	7.78
	中国对该国进口额占中国对全球的比重（%）	1.10	1.00	1.01	0.89	0.90	0.98	1.05	1.05	1.11	0.99	1.04
荷兰	中国对该国的进口额（亿美元）	51.25	64.79	86.44	87.19	97.87	93.69	88.05	97.42	112.06	123.03	90.22
	中国对该国的进口额的增速（%）	-4.51	26.40	33.43	0.86	12.26	-4.28	-6.01	10.64	15.03	9.79	-10.46
	中国对该国进口额占中国对欧盟的比重（%）	4.00	3.84	4.09	4.10	4.45	3.84	4.21	4.67	4.57	4.50	3.98
	中国对该国进口额占中国对全球的比重（%）	0.51	0.46	0.50	0.48	0.50	0.48	0.55	0.61	0.61	0.58	0.53
比利时	中国对该国的进口额（亿美元）	58.46	78.27	101.34	99.63	98.66	100.56	70.32	68.67	75.47	69.81	55.12
	中国对该国的进口额的增速（%）	9.49	33.90	29.46	-1.68	-0.97	1.92	-30.07	-2.34	9.91	-7.50	-5.32
	中国对该国进口额占中国对欧盟的比重（%）	4.57	4.65	4.80	4.69	4.49	4.12	3.36	3.29	3.08	2.55	2.43
	中国对该国进口额占中国对全球的比重（%）	0.58	0.56	0.58	0.55	0.51	0.51	0.44	0.43	0.41	0.33	0.33

续表

国别及项目		2009	2010	2011	2012	2013	2014	2015	2016	2017	2018	2019
卢森堡	中国对该国的进口额（亿美元）	2.05	2.58	3.09	2.66	2.57	3.04	3.10	3.06	3.08	3.12	2.89
	中国对该国的进口额的增速（%）	-30.99	26.09	19.85	-13.85	-3.68	18.42	1.86	-1.23	0.64	1.47	9.48
	中国对该国进口额占中国对欧盟的比重（%）	0.16	0.15	0.15	0.13	0.12	0.12	0.15	0.15	0.13	0.11	0.13
	中国对该国进口额占中国对全球的比重（%）	0.02	0.02	0.02	0.01	0.01	0.02	0.02	0.02	0.02	0.01	0.02
爱尔兰	中国对该国的进口额（亿美元）	32.21	34.09	37.03	37.95	41.92	37.34	42.86	52.79	81.35	108.59	114.02
	中国对该国的进口额的增速（%）	17.29	5.85	8.61	2.49	10.44	-10.91	14.77	23.18	54.10	33.49	29.60
	中国对该国进口额占中国对欧盟的比重（%）	2.52	2.02	1.75	1.79	1.91	1.53	2.05	2.53	3.32	3.97	5.03
	中国对该国进口额占中国对全球的比重（%）	0.32	0.24	0.21	0.21	0.22	0.19	0.27	0.33	0.44	0.51	0.67
丹麦	中国对该国的进口额（亿美元）	22.90	26.46	28.15	29.03	33.74	40.56	40.96	42.67	42.10	43.85	38.93
	中国对该国的进口额的增速（%）	-11.93	15.59	6.39	3.11	16.22	20.21	0.99	4.18	-1.34	4.16	6.49
	中国对该国进口额占中国对欧盟的比重（%）	1.79	1.57	1.33	1.37	1.54	1.66	1.96	2.05	1.72	1.60	1.72
	中国对该国进口额占中国对全球的比重（%）	0.23	0.19	0.16	0.16	0.17	0.21	0.26	0.27	0.23	0.21	0.23

续表

国别及项目		2009	2010	2011	2012	2013	2014	2015	2016	2017	2018	2019
希腊	中国对该国的进口额（亿美元）	2.12	3.90	3.54	4.28	4.35	3.46	2.86	2.85	4.27	5.66	5.99
	中国对该国的进口额的增速（%）	14.54	83.84	-9.32	20.97	1.51	-20.38	-17.34	-0.49	50.08	32.35	34.67
	中国对该国进口额占中国对欧盟的比重（%）	0.17	0.23	0.17	0.20	0.20	0.14	0.14	0.14	0.17	0.21	0.26
	中国对该国进口额占中国对全球的比重（%）	0.02	0.03	0.02	0.02	0.02	0.02	0.02	0.02	0.02	0.03	0.04
葡萄牙	中国对该国的进口额（亿美元）	4.78	7.54	11.62	15.18	14.01	16.65	14.72	15.81	21.32	22.50	19.00
	中国对该国的进口额的增速（%）	23.28	57.86	54.11	30.59	-7.68	18.81	-11.59	7.41	34.86	5.51	-0.63
	中国对该国进口额占中国对欧盟的比重（%）	0.37	0.45	0.55	0.71	0.64	0.68	0.70	0.76	0.87	0.82	0.84
	中国对该国进口额占中国对全球的比重（%）	0.05	0.05	0.07	0.08	0.07	0.08	0.09	0.10	0.12	0.11	0.11
西班牙	中国对该国的进口额（亿美元）	42.98	62.27	75.56	63.32	60.00	62.01	56.21	62.00	79.99	88.05	70.03
	中国对该国的进口额的增速（%）	-20.85	44.87	21.34	-16.19	-5.25	3.36	-9.35	10.31	29.00	10.09	-3.61
	中国对该国进口额占中国对欧盟的比重（%）	3.36	3.70	3.58	2.98	2.73	2.54	2.69	2.97	3.26	3.22	3.09
	中国对该国进口额占中国对全球的比重（%）	0.43	0.45	0.43	0.35	0.31	0.32	0.35	0.39	0.44	0.41	0.41

续表

国别及项目		2009	2010	2011	2012	2013	2014	2015	2016	2017	2018	2019
奥地利	中国对该国的进口额（亿美元）	34.01	42.37	47.66	47.25	50.37	58.56	49.66	50.04	58.57	69.13	62.36
	中国对该国的进口额的增速（%）	9.20	24.59	12.50	-0.86	6.59	16.26	-15.19	0.77	17.04	18.02	8.15
	中国对该国进口额占中国对欧盟的比重（%）	2.66	2.51	2.26	2.22	2.29	2.40	2.38	2.40	2.39	2.53	2.75
	中国对该国进口额占中国对全球的比重（%）	0.34	0.30	0.27	0.26	0.26	0.30	0.31	0.31	0.32	0.32	0.37
芬兰	中国对该国的进口额（亿美元）	32.70	40.34	45.47	38.36	39.10	40.73	34.85	34.52	42.52	47.57	39.00
	中国对该国的进口额的增速（%）	-7.43	23.36	12.73	-15.64	1.93	4.16	-14.42	-0.96	23.18	11.88	-1.96
	中国对该国进口额占中国对欧盟的比重（%）	2.55	2.39	2.15	1.80	1.78	1.67	1.67	1.66	1.73	1.74	1.72
	中国对该国进口额占中国对全球的比重（%）	0.33	0.29	0.26	0.21	0.20	0.21	0.22	0.22	0.23	0.22	0.23
瑞典	中国对该国的进口额（亿美元）	54.52	59.00	71.34	69.21	69.73	67.96	64.32	61.40	78.81	89.45	74.97
	中国对该国的进口额的增速（%）	8.24	8.23	20.90	-2.98	0.76	-2.53	-5.35	-4.54	28.35	13.50	-0.92
	中国对该国进口额占中国对欧盟的比重（%）	4.26	3.50	3.38	3.26	3.17	2.79	3.08	2.94	3.21	3.27	3.31
	中国对该国进口额占中国对全球的比重（%）	0.54	0.42	0.41	0.38	0.36	0.35	0.40	0.39	0.43	0.42	0.44

续表

国别及项目		2009	2010	2011	2012	2013	2014	2015	2016	2017	2018	2019
波兰	中国对该国的进口额（亿美元）	15.02	16.98	20.50	19.98	22.40	29.43	27.48	25.33	33.51	36.46	32.29
	中国对该国的进口额的增速（%）	7.74	13.05	20.74	−2.56	12.14	31.37	−6.63	−7.82	32.30	8.80	7.76
	中国对该国进口额占中国对欧盟的比重（%）	1.17	1.01	0.97	0.94	1.02	1.21	1.31	1.21	1.37	1.33	1.42
	中国对该国进口额占中国对全球的比重（%）	0.15	0.12	0.12	0.11	0.11	0.15	0.17	0.16	0.18	0.17	0.19
拉脱维亚	中国对该国的进口额（亿美元）	0.26	0.39	0.63	0.69	0.99	1.47	1.44	1.32	1.77	2.13	1.68
	中国对该国的进口额的增速（%）	44.36	48.31	64.50	8.45	44.15	48.13	−1.70	−8.43	34.01	20.09	−2.93
	中国对该国进口额占中国对欧盟的比重（%）	0.01	0.01	0.02	0.02	0.03	0.04	0.04	0.04	0.05	0.05	0.07
	中国对该国进口额占中国对全球的比重（%）	0.00	0.00	0.00	0.00	0.00	0.01	0.01	0.01	0.01	0.01	0.01
立陶宛	中国对该国的进口额（亿美元）	0.38	0.44	0.88	0.89	1.24	1.57	1.40	1.64	2.55	3.32	3.09
	中国对该国的进口额的增速（%）	30.77	15.16	99.50	1.61	39.61	26.22	−10.90	17.06	55.77	30.50	10.39
	中国对该国进口额占中国对欧盟的比重（%）	0.02	0.01	0.02	0.03	0.04	0.04	0.04	0.05	0.07	0.08	0.14
	中国对该国进口额占中国对全球的比重（%）	0.00	0.00	0.00	0.00	0.01	0.01	0.01	0.01	0.01	0.01	0.02

续表

国别及项目		2009	2010	2011	2012	2013	2014	2015	2016	2017	2018	2019
爱沙尼亚	中国对该国的进口额（亿美元）	0.79	1.77	1.97	1.36	2.00	2.25	2.35	2.12	2.61	2.46	2.60
	中国对该国的进口额的增速（%）	-10.57	123.21	11.61	-31.24	47.35	12.78	4.35	-10.07	23.22	-5.67	22.78
	中国对该国进口额占中国对欧盟的比重（%）	0.03	0.06	0.06	0.04	0.06	0.06	0.07	0.06	0.07	0.06	0.11
	中国对该国进口额占中国对全球的比重（%）	0.01	0.01	0.01	0.01	0.01	0.01	0.01	0.01	0.01	0.01	0.02
匈牙利	中国对该国的进口额（亿美元）	14.57	21.97	24.50	23.23	27.15	32.60	28.73	34.63	40.88	43.40	30.76
	中国对该国的进口额的增速（%）	5.40	50.74	11.55	-5.20	16.88	20.07	-11.86	20.53	18.06	6.15	-18.40
	中国对该国进口额占中国对欧盟的比重（%）	0.61	0.70	0.68	0.69	0.80	0.88	0.81	1.01	1.09	1.05	1.36
	中国对该国进口额占中国对全球的比重（%）	0.12	0.14	0.13	0.11	0.12	0.14	0.13	0.16	0.18	0.17	0.18
捷克	中国对该国的进口额（亿美元）	11.31	17.18	23.19	24.07	26.12	29.92	27.84	29.48	36.94	44.11	37.92
	中国对该国的进口额的增速（%）	12.77	51.91	34.94	3.79	8.54	14.54	-6.96	5.89	25.31	19.40	2.12
	中国对该国进口额占中国对欧盟的比重（%）	0.48	0.55	0.65	0.72	0.77	0.81	0.78	0.86	0.99	1.07	1.67
	中国对该国进口额占中国对全球的比重（%）	0.09	0.11	0.12	0.12	0.12	0.13	0.12	0.14	0.16	0.18	0.22

续表

国别	项目	2009	2010	2011	2012	2013	2014	2015	2016	2017	2018	2019
斯洛伐克	中国对该国的进口额（亿美元）	8.97	17.90	34.57	36.55	34.54	33.76	22.37	24.07	25.85	52.46	50.35
	中国对该国的进口额的增速（%）	-8.73	99.52	93.08	5.73	-5.51	-2.24	-33.73	7.59	7.39	102.93	17.44
	中国对该国进口额占中国对欧盟的比重（%）	0.38	0.57	0.97	1.09	1.02	0.91	0.63	0.70	0.69	1.27	2.22
	中国对该国进口额占中国对全球的比重（%）	0.07	0.11	0.18	0.18	0.16	0.14	0.10	0.11	0.11	0.21	0.30
斯洛文尼亚	中国对该国的进口额（亿美元）	1.26	1.77	2.02	2.56	3.03	3.32	2.90	4.37	4.95	5.91	4.29
	中国对该国的进口额的增速（%）	-3.91	39.88	14.20	26.74	18.38	9.68	-12.83	50.74	13.41	19.40	-14.98
	中国对该国进口额占中国对欧盟的比重（%）	0.05	0.06	0.06	0.08	0.09	0.09	0.08	0.13	0.13	0.14	0.19
	中国对该国进口额占中国对全球的比重（%）	0.01	0.01	0.01	0.01	0.01	0.01	0.01	0.02	0.02	0.02	0.03
马耳他	中国对该国的进口额（亿美元）	4.00	5.69	8.52	8.94	7.25	5.92	4.41	4.00	4.10	3.49	2.97
	中国对该国的进口额的增速（%）	-11.07	42.18	49.67	4.97	-18.88	-18.43	-25.43	-9.34	2.44	-14.78	2.47
	中国对该国进口额占中国对欧盟的比重（%）	0.17	0.18	0.24	0.27	0.21	0.16	0.12	0.12	0.11	0.08	0.13
	中国对该国进口额占中国对全球的比重（%）	0.03	0.04	0.04	0.04	0.03	0.03	0.02	0.02	0.02	0.01	0.02

续表

国别及项目		2009	2010	2011	2012	2013	2014	2015	2016	2017	2018	2019
塞浦路斯	中国对该国的进口额（亿美元）	0. 15	0. 17	0. 26	1. 19	0. 53	0. 63	0. 50	0. 48	0. 53	0. 54	0. 50
	中国对该国的进口额的增速（%）	45. 70	11. 47	52. 85	351. 31	-55. 42	18. 40	-20. 34	-4. 23	11. 64	1. 26	15. 92
	中国对该国进口额占中国对欧盟的比重（%）	0. 01	0. 01	0. 01	0. 04	0. 02	0. 02	0. 01	0. 01	0. 01	0. 01	0. 02
	中国对该国进口额占中国对全球的比重（%）	0. 00	0. 00	0. 00	0. 01	0. 00	0. 00	0. 00	0. 00	0. 00	0. 00	0. 00
保加利亚	中国对该国的进口额（亿美元）	1. 40	3. 21	4. 62	8. 42	9. 67	9. 89	7. 56	5. 84	9. 66	11. 51	9. 79
	中国对该国的进口额的增速（%）	-35. 00	129. 23	44. 01	82. 19	14. 83	2. 28	-23. 59	-22. 73	65. 37	19. 15	2. 67
	中国对该国进口额占中国对欧盟的比重（%）	0. 06	0. 10	0. 13	0. 25	0. 29	0. 27	0. 21	0. 17	0. 26	0. 28	0. 43
	中国对该国进口额占中国对全球的比重（%）	0. 01	0. 02	0. 02	0. 04	0. 04	0. 04	0. 03	0. 03	0. 04	0. 05	0. 06
罗马尼亚	中国对该国的进口额（亿美元）	4. 34	7. 55	9. 48	9. 80	12. 10	15. 27	12. 99	14. 43	18. 23	21. 71	18. 75
	中国对该国的进口额的增速（%）	20. 20	74. 05	25. 54	3. 40	23. 49	26. 21	-14. 91	11. 05	26. 32	19. 12	2. 72
	中国对该国进口额占中国对欧盟的比重（%）	0. 18	0. 24	0. 26	0. 29	0. 36	0. 41	0. 36	0. 42	0. 49	0. 53	0. 83
	中国对该国进口额占中国对全球的比重（%）	0. 04	0. 05	0. 05	0. 05	0. 05	0. 07	0. 06	0. 07	0. 08	0. 09	0. 11

续表

国别及项目		2009	2010	2011	2012	2013	2014	2015	2016	2017	2018	2019
克罗地亚	中国对该国的进口额（亿美元）	0.75	0.51	0.80	0.75	1.07	1.01	1.12	1.61	1.83	2.12	1.25
	中国对该国的进口额的增速（%）	10.44	-32.12	56.56	-5.90	42.53	-5.74	11.39	44.00	13.18	16.00	-30.92
	中国对该国进口额占中国对欧盟的比重（%）	0.03	0.02	0.02	0.02	0.03	0.03	0.03	0.05	0.05	0.05	0.05
	中国对该国进口额占中国对全球的比重（%）	0.01	0.00	0.00	0.00	0.00	0.00	0.00	0.01	0.01	0.01	0.01
英国（现已脱欧）	中国对该国的进口额（亿美元）	78.72	113.01	145.45	168.08	189.83	235.50	188.81	186.48	222.49	238.60	194.25
	中国对该国的进口额的增速（%）	-17.67	43.56	28.70	15.56	12.94	24.06	-19.83	-1.23	19.31	7.24	-0.64
	中国对该国进口额占中国对欧盟的比重（%）	3.31	3.61	4.07	5.01	5.60	6.34	5.29	5.43	5.94	5.79	8.57
	中国对该国进口额占中国对全球的比重（%）	0.65	0.72	0.77	0.82	0.86	1.01	0.83	0.87	0.98	0.95	1.15

注：中国对该国进口额占中国对欧盟的比重（%）＝中国对该国家或地区进口额/中国对欧盟的进口额×100%；中国对该国进口额占中国对全球的比重（%）＝中国对该国家或地区进口额/中国对全球的进口额×100%；2019 年数据截至当年 10 月；2019 年“中国对该地区（国）的进口额的增速”为 2019 年 1—10 月数值同比于 2018 年 1—10 月数值的变化率。

数据来源：国际货币基金组织 DOTS 数据库。

3.2.2.2 欧盟对中国双边货物贸易进口情况

表 3.5　2009—2019 年欧盟各国对中国的货物贸易进口情况

国别及项目		2009	2010	2011	2012	2013	2014	2015	2016	2017	2018	2019
欧盟（28 国）	对中国的进口额（亿美元）	3005.33	3752.50	4101.17	3749.65	3720.11	4006.74	3897.35	3894.39	4244.97	4659.21	3941.70
	对中国进口额的增速（%）	-17.50	24.86	9.29	-8.57	-0.79	7.70	-2.73	-0.08	9.00	9.76	1.58
	对中国进口额占自身对全球的比重（%）	6.37	7.05	6.57	6.38	6.28	6.64	7.44	7.41	7.31	7.26	7.55
欧盟（27 国）	对中国的进口额（亿美元）	2578.68	3250.28	3562.62	3212.21	3174.95	3401.21	3285.08	3305.88	3649.43	4031.50	3397.18
	对中国进口额的增速（%）	-18.59	26.04	9.61	-9.84	-1.16	7.13	-3.41	0.63	10.39	10.47	0.88
	对中国进口额占自身对全球的比重（%）	6.14	6.87	6.40	6.20	6.03	6.36	7.13	7.15	7.07	7.02	7.33
德国	对中国的进口额（亿美元）	630.43	834.52	895.34	785.57	765.78	807.58	766.85	774.58	818.17	890.91	726.06
	对中国进口额的增速（%）	-16.15	32.37	7.29	-12.26	-2.52	5.46	-5.04	1.01	5.63	8.89	-3.39
	对中国进口额占自身对全球的比重（%）	6.81	7.92	7.13	6.80	6.48	6.69	7.30	7.34	7.04	6.94	7.00

续表

国别及项目		2009	2010	2011	2012	2013	2014	2015	2016	2017	2018	2019
法国	对中国的进口额（亿美元）	248.39	307.66	349.21	327.69	326.85	337.84	306.81	293.05	317.01	346.62	296.72
	对中国进口额的增速（%）	-11.50	23.86	13.50	-6.16	-0.26	3.36	-9.18	-4.49	8.17	9.34	1.03
	对中国进口额占自身对全球的比重（%）	4.41	5.04	4.85	4.85	4.79	4.99	5.38	5.16	5.12	5.16	5.42
意大利	对中国的进口额（亿美元）	268.92	381.14	412.30	320.93	306.34	332.81	313.68	302.70	321.18	364.53	305.16
	对中国进口额的增速（%）	-22.32	41.73	8.18	-22.16	-4.55	8.64	-5.75	-3.50	6.11	13.50	-1.20
	对中国进口额占自身对全球的比重（%）	6.48	7.83	7.38	6.56	6.39	7.02	7.63	7.44	7.09	7.24	7.66
荷兰	对中国的进口额（亿美元）	517.63	655.89	712.15	710.11	709.89	755.45	742.72	788.82	945.59	1007.75	806.90
	对中国进口额的增速（%）	-12.07	26.71	8.58	-0.29	-0.03	6.42	-1.69	6.21	19.87	6.57	-2.32
	对中国进口额占自身对全球的比重（%）	11.67	12.79	11.98	12.09	12.04	12.81	14.50	15.75	16.46	15.61	15.24
比利时	对中国的进口额（亿美元）	147.37	167.27	205.17	174.26	172.65	180.78	165.30	163.08	171.31	180.55	156.74
	对中国进口额的增速（%）	-24.86	13.50	22.66	-15.07	-0.92	4.71	-8.56	-1.35	5.05	5.39	2.16
	对中国进口额占自身对全球的比重（%）	4.15	4.27	4.39	3.96	3.82	3.98	4.40	4.30	4.19	4.00	4.37

续表

国别及项目		2009	2010	2011	2012	2013	2014	2015	2016	2017	2018	2019
卢森堡	对中国的进口额（亿美元）	45.71	22.12	19.91	19.82	17.11	15.63	27.01	12.61	3.60	5.40	16.75
	对中国进口额的增速（%）	-23.49	-51.61	-9.98	-0.45	-13.69	-8.63	72.80	-53.31	-71.46	50.10	493.28
	对中国进口额占自身对全球的比重（%）	18.08	8.92	6.90	7.26	6.42	5.86	11.60	5.76	1.57	2.25	8.28
爱尔兰	对中国的进口额（亿美元）	23.89	24.98	25.07	24.24	26.70	29.00	29.82	30.80	33.60	42.42	29.50
	对中国进口额的增速（%）	-12.14	4.55	0.35	-3.28	10.12	8.62	2.82	3.29	9.09	26.26	-16.35
	对中国进口额占自身对全球的比重（%）	3.82	3.95	3.43	3.44	3.64	3.54	3.87	3.79	3.61	3.93	3.67
丹麦	对中国的进口额（亿美元）	51.47	61.80	64.93	62.49	64.21	68.77	62.33	62.04	66.13	72.03	60.73
	对中国进口额的增速（%）	-17.92	20.08	5.06	-3.75	2.76	7.10	-9.36	-0.47	6.60	8.92	-1.62
	对中国进口额占自身对全球的比重（%）	6.20	7.44	6.79	6.80	6.60	6.91	7.28	7.25	7.09	7.02	7.42
希腊	对中国的进口额（亿美元）	42.34	30.02	30.55	27.62	26.01	30.40	28.32	31.24	30.74	40.65	39.19
	对中国进口额的增速（%）	-12.77	-29.08	1.73	-9.57	-5.84	16.87	-6.84	10.32	-1.62	32.24	13.48
	对中国进口额占自身对全球的比重（%）	5.71	4.56	4.58	4.48	4.27	4.90	6.05	6.67	5.66	6.37	7.48

续表

国别及项目		2009	2010	2011	2012	2013	2014	2015	2016	2017	2018	2019
葡萄牙	对中国的进口额（亿美元）	15.58	20.87	21.26	17.86	18.20	21.24	19.74	20.12	23.22	27.70	28.22
	对中国进口额的增速（%）	-20.26	33.99	1.86	-15.99	1.90	16.72	-7.06	1.91	15.41	19.30	20.43
	对中国进口额占自身对全球的比重（%）	2.17	2.69	2.56	2.46	2.40	2.71	2.95	2.96	2.95	3.11	3.73
西班牙	对中国的进口额（亿美元）	166.73	211.17	217.14	189.96	191.67	219.12	219.88	220.39	242.50	266.31	237.91
	对中国进口额的增速（%）	-34.00	26.65	2.83	-12.52	0.90	14.33	0.35	0.23	10.04	9.82	5.72
	对中国进口额占自身对全球的比重（%）	5.68	6.46	5.77	5.63	5.63	6.11	7.05	7.09	6.89	6.82	7.61
奥地利	对中国的进口额（亿美元）	35.34	44.61	54.36	55.40	59.61	64.89	58.47	52.82	58.08	64.32	53.94
	对中国进口额的增速（%）	-24.59	26.23	21.87	1.90	7.60	8.86	-9.90	-9.65	9.95	10.75	-0.94
	对中国进口额占自身对全球的比重（%）	2.47	2.81	2.84	3.10	3.25	3.56	3.75	3.35	3.30	3.32	3.45
芬兰	对中国的进口额（亿美元）	32.00	30.44	36.44	34.14	23.36	24.69	21.77	21.47	23.10	25.14	22.40
	对中国进口额的增速（%）	-31.27	-4.87	19.69	-6.30	-31.59	5.70	-11.82	-1.36	7.56	8.84	4.50
	对中国进口额占自身对全球的比重（%）	5.26	4.43	4.33	4.46	3.01	3.22	3.60	3.53	3.27	3.20	3.63

续表

国别及项目		2009	2010	2011	2012	2013	2014	2015	2016	2017	2018	2019
瑞典	对中国的进口额（亿美元）	57.69	74.11	83.02	80.55	82.01	86.80	82.29	78.93	83.52	91.35	81.29
	对中国进口额的增速（%）	−17.68	28.44	12.03	−2.98	1.82	5.84	−5.19	−4.09	5.81	9.38	7.47
	对中国进口额占自身对全球的比重（%）	4.80	4.98	4.69	4.89	5.11	5.35	5.95	5.60	5.42	5.36	6.13
波兰	对中国的进口额（亿美元）	77.56	91.89	103.41	102.40	112.57	139.75	145.10	155.71	184.51	212.02	192.32
	对中国进口额的增速（%）	−15.63	18.49	12.53	−0.98	9.93	24.15	3.83	7.31	18.50	14.91	9.69
	对中国进口额占自身对全球的比重（%）	5.18	5.16	4.91	5.14	5.42	6.25	7.39	7.80	7.89	7.88	8.76
拉脱维亚	对中国的进口额（亿美元）	2.02	2.92	4.19	4.65	4.54	4.70	4.62	4.45	4.98	5.80	4.88
	对中国进口额的增速（%）	−45.03	44.50	43.51	10.91	−2.31	3.60	−1.62	−3.72	11.77	16.56	−2.50
	对中国进口额占自身对全球的比重（%）	2.06	2.50	2.57	2.70	2.54	2.62	3.14	3.08	2.92	2.95	3.14
立陶宛	对中国的进口额（亿美元）	4.52	5.70	6.28	6.81	7.51	8.83	8.05	7.84	9.30	10.19	8.91
	对中国进口额的增速（%）	−43.05	26.27	10.14	8.50	10.21	17.61	−8.82	−2.67	18.62	9.65	3.05
	对中国进口额占自身对全球的比重（%）	2.46	2.44	1.98	2.13	2.16	2.57	2.86	2.86	2.88	2.79	2.97

续表

国别及项目		2009	2010	2011	2012	2013	2014	2015	2016	2017	2018	2019
爱沙尼亚	对中国的进口额（亿美元）	2.52	4.46	7.76	7.64	7.61	8.03	6.94	7.11	7.75	8.14	6.29
	对中国进口额的增速（%）	-41.50	76.60	74.25	-1.53	-0.40	5.47	-13.63	2.44	9.09	5.05	-5.64
	对中国进口额占自身对全球的比重（%）	2.49	3.63	4.44	4.23	4.12	4.39	4.78	4.75	4.65	4.25	4.16
匈牙利	对中国的进口额（亿美元）	67.56	86.97	85.96	70.61	68.59	63.96	57.12	58.70	63.38	76.00	70.77
	对中国进口额的增速（%）	-17.44	28.73	-1.16	-17.85	-2.86	-6.75	-10.69	2.77	7.96	19.92	12.97
	对中国进口额占自身对全球的比重（%）	8.67	9.86	8.39	7.42	6.85	6.10	6.21	6.25	5.89	6.25	7.00
捷克	对中国的进口额（亿美元）	60.19	91.71	115.86	89.62	83.55	94.69	116.84	106.42	119.32	154.91	135.64
	对中国进口额的增速（%）	-12.65	52.37	26.34	-22.65	-6.77	13.33	23.39	-8.91	12.12	29.82	9.27
	对中国进口额占自身对全球的比重（%）	5.72	7.24	7.61	6.33	5.79	6.14	8.26	7.44	7.30	8.39	9.15
斯洛伐克	对中国的进口额（亿美元）	19.78	27.03	30.79	31.37	33.20	32.79	30.45	34.16	34.26	33.58	26.62
	对中国进口额的增速（%）	-34.93	36.68	13.90	1.88	5.85	-1.24	-7.14	12.19	0.29	-2.00	-6.14
	对中国进口额占自身对全球的比重（%）	3.55	4.06	3.84	4.05	4.05	4.02	4.18	4.57	4.20	3.61	3.53

续表

国别及项目		2009	2010	2011	2012	2013	2014	2015	2016	2017	2018	2019
斯洛文尼亚	对中国的进口额（亿美元）	7.70	12.38	14.56	11.71	13.53	15.01	16.18	14.61	16.23	20.98	19.57
	对中国进口额的增速（%）	-14.47	60.76	17.64	-19.59	15.55	10.93	7.82	-9.70	11.08	29.20	10.79
	对中国进口额占自身对全球的比重（%）	2.90	4.11	4.10	3.65	4.05	4.42	5.43	4.79	4.50	4.96	5.33
马耳他	对中国的进口额（亿美元）	1.64	1.55	2.12	2.06	1.80	1.95	2.35	2.05	1.92	2.44	2.38
	对中国进口额的增速（%）	5.56	-5.73	36.87	-2.76	-12.74	8.10	20.71	-12.82	-6.14	27.05	17.25
	对中国进口额占自身对全球的比重（%）	3.67	3.07	3.37	3.13	2.93	2.86	3.89	3.18	3.21	3.86	3.86
塞浦路斯	对中国的进口额（亿美元）	4.30	4.50	4.13	3.32	2.69	7.89	3.82	6.02	6.64	4.59	3.81
	对中国进口额的增速（%）	-24.18	4.63	-8.03	-19.59	-19.15	193.69	-51.66	57.74	10.30	-30.83	3.43
	对中国进口额占自身对全球的比重（%）	5.48	5.24	4.76	4.56	4.25	9.87	5.43	7.69	7.19	4.25	4.98
保加利亚	对中国的进口额（亿美元）	6.32	6.53	9.43	9.75	10.19	11.48	10.76	11.51	12.54	15.54	14.04
	对中国进口额的增速（%）	-42.73	3.23	44.49	3.38	4.55	12.64	-6.26	6.97	8.98	23.91	5.76
	对中国进口额占自身对全球的比重（%）	2.69	2.56	2.89	2.98	2.97	3.31	3.68	3.98	3.67	4.10	4.80

续表

国别及项目		2009	2010	2011	2012	2013	2014	2015	2016	2017	2018	2019
罗马尼亚	对中国的进口额（亿美元）	26.68	33.68	35.25	26.77	26.20	31.25	32.03	38.06	42.85	51.97	43.46
	对中国进口额的增速（%）	-23.87	26.24	4.66	-24.05	-2.12	19.27	2.50	18.83	12.59	21.26	-1.40
	对中国进口额占自身对全球的比重（%）	4.90	5.43	4.61	3.81	3.56	4.02	4.59	5.10	5.01	5.32	5.37
克罗地亚	对中国的进口额（亿美元）	14.42	14.39	16.03	14.87	12.60	5.88	5.82	6.60	7.99	9.64	6.98
	对中国进口额的增速（%）	-23.58	-0.16	11.38	-7.22	-15.26	-53.36	-1.04	13.42	21.12	20.68	-15.51
	对中国进口额占自身对全球的比重（%）	6.80	7.18	7.06	7.14	5.73	2.58	2.83	3.01	3.22	3.42	2.94
英国（现已脱欧）	对中国的进口额（亿美元）	426.65	502.21	538.56	537.44	545.16	605.52	612.27	588.51	595.54	627.71	544.51
	对中国进口额的增速（%）	-10.27	17.71	7.24	-0.21	1.44	11.07	1.11	-3.88	1.20	5.40	6.16
	对中国进口额占自身对全球的比重（%）	8.21	8.52	7.93	7.72	8.25	8.78	9.77	9.24	9.25	9.32	9.35

注：对中国进口额占自身对全球的比重（%）=相关国家或地区对中国的进口额/相关国家或地区对全球的进口额×100%；2019年数据截至当年10月；2019年“对中国进口额的增速”为2019年1—10月数值同比于2018年1—10月数值的变化率。

数据来源：国际货币基金组织DOTS数据库。

3.2.3 中国—欧盟双边货物贸易进出口情况

3.2.3.1 中国对欧盟双边货物贸易进出口情况

表 3.6　2009—2019 年中国对欧盟各国的货物贸易进出口情况

国别及项目		2009	2010	2011	2012	2013	2014	2015	2016	2017	2018	2019
欧盟（28 国）	中国对该地区的进出口总额（亿美元）	3656.12	4813.17	5690.37	5482.10	5590.00	6150.64	5656.06	5520.84	6199.41	6855.14	5799.23
	中国对该地区的进出口总额的增速（%）	-14.55	31.65	18.23	-3.66	1.97	10.03	-8.04	-2.39	12.29	10.58	2.64
	中国对该地区进出口总额占中国对欧盟比重（%）	100.00	100.00	100.00	100.00	100.00	100.00	100.00	100.00	100.00	100.00	100.00
	中国对该地区进出口总额占中国对全球比重（%）	16.57	16.19	15.63	14.18	13.44	14.28	14.57	14.82	15.08	14.79	15.53
欧盟（27 国）	中国对该地区的进出口总额（亿美元）	3264.57	4312.39	5103.79	4851.23	4890.77	5343.80	4870.61	4767.90	5402.84	6043.63	5087.92
	中国对该地区的进出口总额的增速（%）	-14.59	32.10	18.35	-4.95	0.82	9.26	-8.85	-2.11	13.32	11.86	2.06
	中国对该地区进出口总额占中国对欧盟比重（%）	89.29	89.60	89.69	88.49	87.49	86.88	86.11	86.36	87.15	88.16	87.73
	中国对该地区进出口总额占中国对全球比重（%）	14.80	14.51	14.02	12.54	11.76	12.41	12.55	12.80	13.14	13.04	13.63

续表

国别及项目		2009	2010	2011	2012	2013	2014	2015	2016	2017	2018	2019
德国	中国对该国的进出口总额（亿美元）	1058.59	1424.47	1691.92	1612.05	1614.80	1775.07	1566.74	1524.21	1684.09	1843.68	1524.12
	中国对该国的进出口总额的增速（%）	-8.03	34.56	18.78	-4.72	0.17	9.93	-11.74	-2.71	10.49	9.48	-0.51
	中国对该国进出口总额占中国对欧盟的比重（%）	28.95	29.60	29.73	29.41	28.89	28.86	27.70	27.61	27.17	26.89	26.28
	中国对该国进出口总额占中国对全球的比重（%）	4.80	4.79	4.65	4.17	3.88	4.12	4.04	4.09	4.10	3.98	4.08
法国	中国对该国的进出口总额（亿美元）	346.61	449.72	523.29	514.45	500.29	560.91	520.23	480.03	554.23	635.35	535.05
	中国对该国的进出口总额的增速（%）	-11.50	29.75	16.36	-1.69	-2.75	12.12	-7.25	-7.73	15.46	14.64	4.22
	中国对该国进出口总额占中国对欧盟的比重（%）	9.48	9.34	9.20	9.38	8.95	9.12	9.20	8.69	8.94	9.27	9.23
	中国对该国进出口总额占中国对全球的比重（%）	1.57	1.51	1.44	1.33	1.20	1.30	1.34	1.29	1.35	1.37	1.43
意大利	中国对该国的进出口总额（亿美元）	312.85	451.32	512.83	419.01	433.07	480.32	446.34	433.03	496.97	544.96	452.61
	中国对该国的进出口总额的增速（%）	-18.25	44.26	13.63	-18.29	3.36	10.91	-7.07	-2.98	14.76	9.66	0.06
	中国对该国进出口总额占中国对欧盟的比重（%）	8.56	9.38	9.01	7.64	7.75	7.81	7.89	7.84	8.02	7.95	7.80
	中国对该国进出口总额占中国对全球的比重（%）	1.42	1.52	1.41	1.08	1.04	1.12	1.15	1.16	1.21	1.18	1.21

续表

国别及项目		2009	2010	2011	2012	2013	2014	2015	2016	2017	2018	2019
荷兰	中国对该国的进出口总额（亿美元）	418.18	561.90	681.26	676.36	701.05	742.92	684.59	677.94	787.94	855.92	690.94
	中国对该国的进出口总额的增速（%）	-18.47	34.37	21.24	-0.72	3.65	5.97	-7.85	-0.97	16.23	8.63	-1.37
	中国对该国进出口总额占中国对欧盟的比重（%）	11.44	11.67	11.97	12.34	12.54	12.08	12.10	12.28	12.71	12.49	11.91
	中国对该国进出口总额占中国对全球的比重（%）	1.90	1.89	1.87	1.75	1.69	1.73	1.76	1.82	1.92	1.85	1.85
比利时	中国对该国的进出口总额（亿美元）	167.24	221.30	291.05	263.40	254.25	272.78	232.52	218.54	234.38	241.59	205.52
	中国对该国的进出口总额的增速（%）	-17.22	32.33	31.52	-9.50	-3.47	7.29	-14.76	-6.01	7.25	3.07	2.63
	中国对该国进出口总额占中国对欧盟的比重（%）	4.57	4.60	5.11	4.80	4.55	4.43	4.11	3.96	3.78	3.52	3.54
	中国对该国进出口总额占中国对全球的比重（%）	0.76	0.74	0.80	0.68	0.61	0.63	0.60	0.59	0.57	0.52	0.55
卢森堡	中国对该国的进出口总额（亿美元）	32.55	12.46	19.05	22.23	20.65	22.50	26.35	15.61	10.09	11.67	17.07
	中国对该国的进出口总额的增速（%）	-15.49	-61.73	52.95	16.67	-7.11	8.99	17.09	-40.75	-35.39	15.73	92.94
	中国对该国进出口总额占中国对欧盟的比重（%）	0.89	0.26	0.33	0.41	0.37	0.37	0.47	0.28	0.16	0.17	0.29
	中国对该国进出口总额占中国对全球的比重（%）	0.15	0.04	0.05	0.06	0.05	0.05	0.07	0.04	0.02	0.03	0.05

续表

国别及项目		2009	2010	2011	2012	2013	2014	2015	2016	2017	2018	2019
爱尔兰	中国对该国的进出口总额（亿美元）	52.01	53.96	58.52	58.94	66.69	65.35	71.10	80.92	110.61	145.21	141.32
	中国对该国的进出口总额的增速（%）	-26.48	3.74	8.46	0.71	13.14	-2.00	8.80	13.80	36.70	31.28	19.04
	中国对该国进出口总额占中国对欧盟的比重（%）	1.42	1.12	1.03	1.08	1.19	1.06	1.26	1.47	1.78	2.12	2.44
	中国对该国进出口总额占中国对全球的比重（%）	0.24	0.18	0.16	0.15	0.16	0.15	0.18	0.22	0.27	0.31	0.38
丹麦	中国对该国的进出口总额（亿美元）	65.36	78.36	92.64	94.45	90.88	106.06	102.52	97.26	107.33	116.92	94.47
	中国对该国的进出口总额的增速（%）	-20.07	19.90	18.22	1.95	-3.77	16.70	-3.34	-5.12	10.35	8.94	-2.97
	中国对该国进出口总额占中国对欧盟的比重（%）	1.79	1.63	1.63	1.72	1.63	1.72	1.81	1.76	1.73	1.71	1.63
	中国对该国进出口总额占中国对全球的比重（%）	0.30	0.26	0.25	0.24	0.22	0.25	0.26	0.26	0.26	0.25	0.25
希腊	中国对该国的进出口总额（亿美元）	36.53	43.49	43.03	40.23	36.50	45.32	39.51	45.81	52.45	71.38	70.18
	中国对该国的进出口总额的增速（%）	-13.79	19.05	-1.04	-6.51	-9.27	24.15	-12.81	15.94	14.49	36.10	21.58
	中国对该国进出口总额占中国对欧盟的比重（%）	1.00	0.90	0.76	0.73	0.65	0.74	0.70	0.83	0.85	1.04	1.21
	中国对该国进出口总额占中国对全球的比重（%）	0.17	0.15	0.12	0.10	0.09	0.11	0.10	0.12	0.13	0.15	0.19

续表

国别及项目		2009	2010	2011	2012	2013	2014	2015	2016	2017	2018	2019
葡萄牙	中国对该国的进出口总额（亿美元）	24.00	32.68	39.63	40.20	39.08	48.02	43.70	56.21	56.18	60.33	55.07
	中国对该国的进出口总额的增速（%）	-10.81	36.16	21.28	1.43	-2.78	22.88	-8.99	28.61	-0.05	7.40	9.55
	中国对该国进出口总额占中国对欧盟的比重（%）	0.66	0.68	0.70	0.73	0.70	0.78	0.77	1.02	0.91	0.88	0.95
	中国对该国进出口总额占中国对全球的比重（%）	0.11	0.11	0.11	0.10	0.09	0.11	0.11	0.15	0.14	0.13	0.15
西班牙	中国对该国的进出口总额（亿美元）	183.77	244.05	272.75	245.76	249.34	277.39	275.17	279.00	311.18	339.39	293.37
	中国对该国的进出口总额的增速（%）	-29.88	32.80	11.76	-9.89	1.45	11.25	-0.80	1.39	11.54	9.06	4.37
	中国对该国进出口总额占中国对欧盟的比重（%）	5.03	5.07	4.79	4.48	4.46	4.51	4.87	5.05	5.02	4.95	5.06
	中国对该国进出口总额占中国对全球的比重（%）	0.83	0.82	0.75	0.64	0.60	0.64	0.71	0.75	0.76	0.73	0.79
奥地利	中国对该国的进出口总额（亿美元）	48.29	60.90	69.94	67.64	70.74	82.53	74.64	72.50	83.84	97.57	87.30
	中国对该国的进出口总额的增速（%）	-1.15	26.13	14.83	-3.28	4.58	16.66	-9.57	-2.87	15.65	16.38	8.07
	中国对该国进出口总额占中国对欧盟的比重（%）	2.03	1.95	1.95	2.02	2.09	2.22	2.09	2.11	2.24	2.37	1.51
	中国对该国进出口总额占中国对全球的比重（%）	0.40	0.39	0.37	0.33	0.32	0.35	0.33	0.34	0.37	0.39	0.23

续表

国别及项目		2009	2010	2011	2012	2013	2014	2015	2016	2017	2018	2019
芬兰	中国对该国的进出口总额（亿美元）	77.98	95.31	111.78	112.79	97.42	91.73	70.38	63.65	71.02	78.52	64.27
	中国对该国的进出口总额的增速（%）	−28.23	22.22	17.27	0.90	−13.63	−5.84	−23.27	−9.57	11.58	10.56	−2.29
	中国对该国进出口总额占中国对欧盟的比重（%）	3.28	3.05	3.12	3.36	2.87	2.47	1.97	1.85	1.90	1.91	1.11
	中国对该国进出口总额占中国对全球的比重（%）	0.65	0.60	0.59	0.55	0.44	0.39	0.31	0.30	0.31	0.31	0.17
瑞典	中国对该国的进出口总额（亿美元）	96.09	116.11	136.97	133.46	137.72	139.67	135.41	124.86	149.43	172.39	146.84
	中国对该国的进出口总额的增速（%）	−5.35	20.83	17.96	−2.56	3.19	1.41	−3.05	−7.79	19.68	15.36	3.29
	中国对该国进出口总额占中国对欧盟的比重（%）	4.04	3.71	3.83	3.98	4.06	3.76	3.80	3.63	3.99	4.18	2.53
	中国对该国进出口总额占中国对全球的比重（%）	0.80	0.74	0.72	0.65	0.62	0.60	0.59	0.58	0.66	0.69	0.39
波兰	中国对该国的进出口总额（亿美元）	90.66	111.43	129.90	143.84	148.23	171.99	170.94	177.87	213.49	246.36	229.22
	中国对该国的进出口总额的增速（%）	−13.08	22.90	16.58	10.73	3.06	16.03	−0.62	4.05	20.03	15.40	13.63
	中国对该国进出口总额占中国对欧盟的比重（%）	3.82	3.56	3.63	4.29	4.37	4.63	4.79	5.18	5.70	5.98	3.95
	中国对该国进出口总额占中国对全球的比重（%）	0.75	0.71	0.68	0.70	0.67	0.73	0.75	0.83	0.94	0.98	0.61

续表

国别及项目		2009	2010	2011	2012	2013	2014	2015	2016	2017	2018	2019
拉脱维亚	中国对该国的进出口总额（亿美元）	4.78	8.34	12.56	13.83	14.74	14.64	11.68	12.13	13.26	13.81	10.48
	中国对该国的进出口总额的增速（%）	-44.68	74.24	50.69	10.05	6.64	-0.73	-20.21	3.91	9.24	4.19	-8.61
	中国对该国进出口总额占中国对欧盟的比重（%）	0.20	0.27	0.35	0.41	0.43	0.39	0.33	0.35	0.35	0.34	0.18
	中国对该国进出口总额占中国对全球的比重（%）	0.04	0.05	0.07	0.07	0.07	0.06	0.05	0.06	0.06	0.06	0.03
立陶宛	中国对该国的进出口总额（亿美元）	6.94	10.26	14.23	17.21	18.11	18.15	13.51	14.65	18.56	20.98	17.02
	中国对该国的进出口总额的增速（%）	-36.17	47.79	38.64	20.93	5.24	0.23	-25.57	8.46	26.67	13.05	-2.65
	中国对该国进出口总额占中国对欧盟的比重（%）	0.29	0.33	0.40	0.51	0.53	0.49	0.38	0.43	0.50	0.51	0.29
	中国对该国进出口总额占中国对全球的比重（%）	0.06	0.07	0.07	0.08	0.08	0.08	0.06	0.07	0.08	0.08	0.05
爱沙尼亚	中国对该国的进出口总额（亿美元）	4.41	8.53	13.29	13.70	13.10	13.72	11.90	11.80	12.52	12.79	10.24
	中国对该国的进出口总额的增速（%）	-34.59	93.44	55.76	3.04	-4.37	4.73	-13.27	-0.80	6.10	2.10	-4.28
	中国对该国进出口总额占中国对欧盟的比重（%）	0.19	0.27	0.37	0.41	0.39	0.37	0.33	0.34	0.33	0.31	0.18
	中国对该国进出口总额占中国对全球的比重（%）	0.04	0.05	0.07	0.07	0.06	0.06	0.05	0.06	0.05	0.05	0.03

续表

国别及项目		2009	2010	2011	2012	2013	2014	2015	2016	2017	2018	2019
匈牙利	中国对该国的进出口总额（亿美元）	68.04	87.16	92.56	80.66	84.10	90.24	80.71	88.91	101.45	108.93	85.03
	中国对该国的进出口总额的增速（%）	-9.00	28.09	6.20	-12.85	4.27	7.30	-10.56	10.15	14.10	7.38	-8.76
	中国对该国进出口总额占中国对欧盟的比重（%）	2.86	2.79	2.59	2.40	2.48	2.43	2.26	2.59	2.71	2.64	1.47
	中国对该国进出口总额占中国对全球的比重（%）	0.57	0.55	0.49	0.39	0.38	0.39	0.35	0.42	0.44	0.44	0.23
捷克	中国对该国的进出口总额（亿美元）	61.56	88.38	99.89	87.30	94.49	109.87	110.11	110.09	124.88	163.27	142.21
	中国对该国的进出口总额的增速（%）	-5.42	43.58	13.03	-12.60	8.23	16.27	0.22	-0.02	13.43	30.74	9.07
	中国对该国进出口总额占中国对欧盟的比重（%）	2.59	2.83	2.79	2.60	2.79	2.96	3.09	3.20	3.33	3.96	2.45
	中国对该国进出口总额占中国对全球的比重（%）	0.51	0.56	0.53	0.43	0.43	0.47	0.48	0.52	0.55	0.65	0.38
斯洛伐克	中国对该国的进出口总额（亿美元）	22.96	37.49	59.69	60.78	65.38	62.05	50.32	52.77	53.17	78.07	74.42
	中国对该国的进出口总额的增速（%）	-22.14	63.26	59.22	1.82	7.57	-5.09	-18.91	4.88	0.76	46.82	15.92
	中国对该国进出口总额占中国对欧盟的比重（%）	0.97	1.20	1.67	1.81	1.93	1.67	1.41	1.54	1.42	1.90	1.28
	中国对该国进出口总额占中国对全球的比重（%）	0.19	0.24	0.31	0.30	0.30	0.26	0.22	0.25	0.23	0.31	0.20

续表

国别及项目		2009	2010	2011	2012	2013	2014	2015	2016	2017	2018	2019
斯洛文尼亚	中国对该国的进出口总额（亿美元）	8.96	15.62	18.78	18.24	21.36	23.24	23.83	27.30	33.89	50.45	32.24
	中国对该国的进出口总额的增速（%）	-17.20	74.28	20.22	-2.86	17.08	8.80	2.55	14.55	24.13	48.86	-25.85
	中国对该国进出口总额占中国对欧盟的比重（%）	0.38	0.50	0.52	0.54	0.63	0.63	0.67	0.79	0.90	1.22	0.56
	中国对该国进出口总额占中国对全球的比重（%）	0.07	0.10	0.10	0.09	0.10	0.10	0.10	0.13	0.15	0.20	0.09
马耳他	中国对该国的进出口总额（亿美元）	16.60	24.12	31.81	32.09	32.46	37.84	28.18	20.03	25.35	17.84	11.94
	中国对该国的进出口总额的增速（%）	9.49	45.36	31.86	0.87	1.18	16.56	-25.54	-28.91	26.54	-29.63	-24.43
	中国对该国进出口总额占中国对欧盟的比重（%）	0.70	0.77	0.89	0.96	0.96	1.02	0.79	0.58	0.68	0.43	0.21
	中国对该国进出口总额占中国对全球的比重（%）	0.14	0.15	0.17	0.16	0.15	0.16	0.12	0.09	0.11	0.07	0.03
塞浦路斯	中国对该国的进出口总额（亿美元）	12.18	13.65	11.50	12.12	10.17	10.99	6.39	5.19	5.77	7.93	4.97
	中国对该国的进出口总额的增速（%）	7.35	12.12	-15.76	5.35	-16.07	8.07	-41.84	-18.85	11.14	37.48	-8.62
	中国对该国进出口总额占中国对欧盟的比重（%）	0.51	0.44	0.32	0.36	0.30	0.30	0.18	0.15	0.15	0.19	0.09
	中国对该国进出口总额占中国对全球的比重（%）	0.10	0.09	0.06	0.06	0.05	0.05	0.03	0.02	0.03	0.03	0.01

续表

国别及项目		2009	2010	2011	2012	2013	2014	2015	2016	2017	2018	2019
保加利亚	中国对该国的进出口总额（亿美元）	7.36	9.81	14.69	18.98	20.83	21.68	18.00	16.50	21.36	25.96	22.53
	中国对该国的进出口总额的增速（%）	-44.51	33.29	49.64	29.25	9.75	4.07	-16.98	-8.30	29.42	21.51	5.71
	中国对该国进出口总额占中国对欧盟的比重（%）	0.31	0.31	0.41	0.57	0.61	0.58	0.50	0.48	0.57	0.63	0.39
	中国对该国进出口总额占中国对全球的比重（%）	0.06	0.06	0.08	0.09	0.09	0.09	0.08	0.08	0.09	0.10	0.06
罗马尼亚	中国对该国的进出口总额（亿美元）	28.13	37.63	44.02	37.77	40.33	47.54	44.86	49.19	56.04	66.92	56.74
	中国对该国的进出口总额的增速（%）	-12.43	33.76	16.98	-14.19	6.78	17.87	-5.63	9.66	13.92	19.43	0.99
	中国对该国进出口总额占中国对欧盟的比重（%）	1.18	1.20	1.23	1.13	1.19	1.28	1.26	1.43	1.50	1.62	0.98
	中国对该国进出口总额占中国对全球的比重（%）	0.23	0.24	0.23	0.18	0.18	0.20	0.20	0.23	0.25	0.27	0.15
克罗地亚	中国对该国的进出口总额（亿美元）	11.93	13.94	16.21	13.75	14.97	11.28	10.98	11.91	13.39	15.45	12.76
	中国对该国的进出口总额的增速（%）	-32.99	16.84	16.25	-15.16	8.86	-24.63	-2.65	8.40	12.50	15.32	-0.60
	中国对该国进出口总额占中国对欧盟的比重（%）	0.50	0.45	0.45	0.41	0.44	0.30	0.31	0.35	0.36	0.37	0.22
	中国对该国进出口总额占中国对全球的比重（%）	0.10	0.09	0.09	0.07	0.07	0.05	0.05	0.06	0.06	0.06	0.03

续表

国别及项目		2009	2010	2011	2012	2013	2014	2015	2016	2017	2018	2019
英国（现已脱欧）	中国对该国的进出口总额（亿美元）	391.55	500.78	586.58	630.87	699.23	806.83	785.45	752.94	796.57	811.51	711.31
	中国对该国的进出口总额的增速（%）	-14.21	27.90	17.13	7.55	10.83	15.39	-2.65	-4.14	5.79	1.88	7.03
	中国对该国进出口总额占中国对欧盟的比重（%）	16.48	16.01	16.40	18.80	20.61	21.74	22.03	21.92	21.26	19.70	12.27
	中国对该国进出口总额占中国对全球的比重（%）	3.26	3.17	3.09	3.08	3.16	3.44	3.44	3.52	3.49	3.24	1.91

注：中国对该国进出口总额占中国对欧盟的比重（%）＝中国对该国家或地区的进出口总额/中国对欧盟的进出口总额×100%；中国对该国进出口总额占中国对全球的比重（%）＝中国对该国家或地区的进出口总额/中国对全球的进出口总额×100%；2019年数据截至当年10月；2019年“中国对该国（地区）的进出口总额的增速”为2019年1—10月数值同比于2018年1—10月数值的变化率。

数据来源：国际货币基金组织DOTS数据库。

3.2.3.2 欧盟对中国双边货物贸易进出口情况

表3.7 2009—2019年欧盟各国对中国的货物贸易进出口情况

国别及项目		2009	2010	2011	2012	2013	2014	2015	2016	2017	2018	2019
欧盟（28国）	对中国的进出口总额（亿美元）	4159.16	5254.20	5999.31	5602.95	5687.44	6191.69	5785.18	5770.74	6479.51	7151.69	6017.56
	对中国进出口总额的增速（%）	-13.29	26.33	14.18	-6.61	1.51	8.87	-6.57	-0.25	12.28	10.37	0.93
	对中国进出口总额占自身对全球的比重（%）	4.45	5.00	4.86	4.79	4.74	5.08	5.45	5.42	5.53	5.55	5.74

续表

国别及项目		2009	2010	2011	2012	2013	2014	2015	2016	2017	2018	2019
欧盟（27 国）	对中国的进出口总额（亿美元）	3654.10	4641.85	5324.01	4911.69	4964.40	5326.80	4898.65	5002.03	5671.77	6248.44	5230.45
	对中国进出口总额的增速（%）	-13.69	27.03	14.70	-7.74	1.07	7.30	-8.04	2.11	13.39	10.17	0.41
	对中国进出口总额占自身对全球的比重（%）	4.32	4.89	4.77	4.67	4.60	4.84	5.14	5.22	5.34	5.32	5.50
德国	对中国的进出口总额（亿美元）	1152.70	1545.04	1796.14	1642.05	1657.67	1801.85	1564.16	1625.07	1805.23	1996.39	1621.11
	对中国进出口总额的增速（%）	-7.99	34.04	16.25	-8.58	0.95	8.70	-13.19	3.89	11.09	10.59	-3.56
	对中国进出口总额占自身对全球的比重（%）	5.63	6.68	6.58	6.42	6.31	6.67	6.58	6.80	6.91	7.02	7.07
法国	对中国的进出口总额（亿美元）	358.40	453.66	537.61	522.19	523.49	551.96	505.71	469.70	530.93	591.66	487.41
	对中国进出口总额的增速（%）	-13.22	26.58	18.51	-2.87	0.25	5.44	-8.38	-7.12	13.04	11.44	0.11
	对中国进出口总额占自身对全球的比重（%）	3.42	4.00	4.08	4.20	4.15	4.39	4.70	4.39	4.60	4.72	4.76
意大利	对中国的进出口总额（亿美元）	361.42	494.95	551.59	436.67	437.05	472.16	428.99	424.97	473.83	519.44	425.30
	对中国进出口总额的增速（%）	-18.02	36.95	11.44	-20.84	0.09	8.03	-9.14	-0.94	11.50	9.63	-2.91
	对中国进出口总额占自身对全球的比重（%）	4.40	5.30	5.10	4.41	4.38	4.70	4.94	4.89	4.93	4.93	5.03

续表

国别及项目		2009	2010	2011	2012	2013	2014	2015	2016	2017	2018	2019
荷兰	对中国的进出口总额（亿美元）	583.89	729.09	807.62	816.16	824.55	867.49	848.59	904.29	1082.86	1157.80	934.38
	对中国进出口总额的增速（%）	-9.81	24.87	10.77	1.06	1.03	5.21	-2.18	6.56	19.75	6.92	-1.48
	对中国进出口总额占自身对全球的比重（%）	6.20	6.71	6.40	6.56	6.54	6.87	7.84	8.44	8.83	8.44	8.34
比利时	对中国的进出口总额（亿美元）	208.48	238.99	307.09	272.47	268.76	281.20	240.46	240.28	262.34	262.79	224.10
	对中国进出口总额的增速（%）	-15.47	14.64	28.50	-11.27	-1.36	4.63	-14.49	-0.08	9.18	0.17	0.11
	对中国进出口总额占自身对全球的比重（%）	2.87	2.99	3.26	3.08	2.92	3.04	3.11	3.09	3.13	2.86	3.05
卢森堡	对中国的进出口总额（亿美元）	47.42	23.88	22.30	22.38	19.71	18.27	29.57	15.07	6.02	8.02	18.58
	对中国进出口总额的增速（%）	-23.61	-49.63	-6.65	0.36	-11.92	-7.31	61.85	-49.03	-60.05	33.14	270.17
	对中国进出口总额占自身对全球的比重（%）	10.18	5.47	4.49	4.85	4.37	3.99	7.31	4.00	1.56	1.99	5.39
爱尔兰	对中国的进出口总额（亿美元）	46.45	45.85	45.86	44.30	45.39	49.16	48.09	64.80	82.17	96.57	104.92
	对中国进出口总额的增速（%）	-8.29	-1.28	0.02	-3.41	2.46	8.30	-2.16	34.74	26.81	17.52	38.07
	对中国进出口总额占自身对全球的比重（%）	2.61	2.54	2.29	2.34	2.39	2.42	2.40	3.06	3.56	3.54	4.70

续表

国别及项目		2009	2010	2011	2012	2013	2014	2015	2016	2017	2018	2019
丹麦	对中国的进出口总额（亿美元）	72.70	85.26	92.91	91.58	98.43	107.57	102.11	104.17	111.31	116.82	104.43
	对中国进出口总额的增速（%）	-14.07	17.27	8.97	-1.43	7.48	9.29	-5.07	2.02	6.85	4.95	5.34
	对中国进出口总额占自身对全球的比重（%）	4.11	4.75	4.48	4.60	4.72	5.10	5.64	5.76	5.68	5.50	6.00
希腊	对中国的进出口总额（亿美元）	44.64	34.21	34.80	32.56	31.07	34.04	30.84	34.88	36.11	51.21	47.29
	对中国进出口总额的增速（%）	-11.63	-23.36	1.70	-6.43	-4.57	9.55	-9.38	13.08	3.54	41.81	9.45
	对中国进出口总额占自身对全球的比重（%）	4.50	3.64	3.46	3.36	3.20	3.48	4.09	4.65	4.15	4.96	5.63
葡萄牙	对中国的进出口总额（亿美元）	18.70	23.96	26.74	27.86	26.92	32.38	29.03	27.60	32.73	35.47	33.91
	对中国进出口总额的增速（%）	-15.97	28.15	11.61	4.17	-3.38	20.30	-10.35	-4.95	18.59	8.38	12.26
	对中国进出口总额占自身对全球的比重（%）	1.61	1.89	1.88	2.13	1.94	2.28	2.38	2.24	2.32	2.26	2.57
西班牙	对中国的进出口总额（亿美元）	194.18	245.93	264.28	238.57	243.98	273.06	268.43	274.38	309.73	340.43	299.10
	对中国进出口总额的增速（%）	-31.68	26.65	7.46	-9.73	2.27	11.92	-1.69	2.22	12.88	9.91	3.74
	对中国进出口总额占自身对全球的比重（%）	3.73	4.23	3.87	3.77	3.71	4.00	4.52	4.57	4.61	4.62	5.05

续表

国别及项目		2009	2010	2011	2012	2013	2014	2015	2016	2017	2018	2019
奥地利	对中国的进出口总额（亿美元）	62.15	78.66	92.78	90.75	96.44	104.47	92.54	89.50	102.64	114.51	96.10
	对中国进出口总额的增速（%）	-17.61	26.57	17.95	-2.19	6.27	8.33	-11.42	-3.28	14.68	11.57	-0.45
	对中国进出口总额占自身对全球的比重（%）	2.22	2.53	2.52	2.63	2.69	2.90	3.00	2.89	2.99	3.03	3.13
芬兰	对中国的进出口总额（亿美元）	57.78	66.44	73.59	67.67	60.07	58.73	49.82	51.59	62.10	67.42	56.22
	对中国进出口总额的增速（%）	-24.96	15.00	10.76	-8.05	-11.23	-2.24	-15.17	3.55	20.36	8.57	-1.72
	对中国进出口总额占自身对全球的比重（%）	4.67	4.81	4.50	4.52	3.95	3.89	4.14	4.34	4.48	4.36	4.57
瑞典	对中国的进出口总额（亿美元）	98.77	123.51	144.58	136.19	142.71	145.06	135.88	132.59	152.07	168.74	143.75
	对中国进出口总额的增速（%）	-9.98	25.05	17.05	-5.80	4.78	1.65	-6.33	-2.42	14.70	10.96	3.11
	对中国进出口总额占自身对全球的比重（%）	3.94	4.02	3.97	4.04	4.35	4.44	4.88	4.73	4.95	5.01	5.38
波兰	对中国的进出口总额（亿美元）	92.28	108.30	121.91	119.96	133.73	162.01	165.25	174.73	207.83	236.86	216.17
	对中国进出口总额的增速（%）	-11.89	17.36	12.57	-1.60	11.47	21.15	2.00	5.74	18.94	13.97	10.45
	对中国进出口总额占自身对全球的比重（%）	3.22	3.21	3.05	3.12	3.24	3.65	4.18	4.33	4.44	4.45	4.91

续表

国别及项目		2009	2010	2011	2012	2013	2014	2015	2016	2017	2018	2019
拉脱维亚	对中国的进出口总额（亿美元）	2. 25	3. 30	4. 84	5. 28	5. 68	6. 13	5. 85	5. 80	6. 64	7. 71	6. 36
	对中国进出口总额的增速（%）	-43. 10	46. 47	46. 66	9. 25	7. 56	7. 81	-4. 52	-0. 85	14. 55	16. 04	-3. 35
	对中国进出口总额占自身对全球的比重（%）	1. 28	1. 56	1. 64	1. 69	1. 76	1. 87	2. 17	2. 17	2. 13	2. 15	2. 24
立陶宛	对中国的进出口总额（亿美元）	4. 82	6. 07	7. 08	7. 67	8. 68	10. 18	9. 19	9. 20	11. 32	12. 42	11. 46
	对中国进出口总额的增速（%）	-41. 26	25. 91	16. 70	8. 29	13. 17	17. 30	-9. 80	0. 15	23. 05	9. 73	9. 07
	对中国进出口总额占自身对全球的比重（%）	1. 38	1. 38	1. 18	1. 25	1. 29	1. 53	1. 72	1. 76	1. 82	1. 78	1. 99
爱沙尼亚	对中国的进出口总额（亿美元）	3. 29	5. 93	10. 56	8. 95	8. 93	9. 87	8. 44	8. 96	10. 21	10. 33	7. 90
	对中国进出口总额的增速（%）	-35. 55	80. 21	78. 26	-15. 28	-0. 19	10. 53	-14. 54	6. 15	14. 04	1. 10	-7. 19
	对中国进出口总额占自身对全球的比重（%）	1. 71	2. 48	3. 09	2. 62	2. 57	2. 87	3. 08	3. 18	3. 27	2. 85	2. 75
匈牙利	对中国的进出口总额（亿美元）	80. 00	102. 55	103. 24	88. 55	87. 64	82. 65	71. 12	74. 44	81. 17	93. 75	84. 33
	对中国进出口总额的增速（%）	-14. 01	28. 19	0. 67	-14. 23	-1. 04	-5. 69	-13. 95	4. 66	9. 05	15. 49	8. 18
	对中国进出口总额占自身对全球的比重（%）	4. 97	5. 58	4. 81	4. 45	4. 22	3. 83	3. 73	3. 80	3. 67	3. 79	4. 10

续表

国别及项目		2009	2010	2011	2012	2013	2014	2015	2016	2017	2018	2019
捷克	对中国的进出口总额（亿美元）	68.63	103.86	132.55	106.37	102.76	115.12	135.37	125.58	143.46	180.06	155.66
	对中国进出口总额的增速（%）	-10.87	51.34	27.62	-19.75	-3.40	12.03	17.59	-7.23	14.23	25.51	7.20
	对中国进出口总额占自身对全球的比重（%）	3.14	4.00	4.21	3.56	3.35	3.50	4.52	4.11	4.15	4.65	4.94
斯洛伐克	对中国的进出口总额（亿美元）	27.60	40.00	51.53	48.69	54.38	51.04	41.76	46.74	47.96	49.48	43.13
	对中国进出口总额的增速（%）	-24.57	44.94	28.82	-5.51	11.68	-6.15	-18.18	11.92	2.62	3.16	4.21
	对中国进出口总额占自身对全球的比重（%）	2.46	3.02	3.22	3.08	3.24	3.04	2.82	3.08	2.91	2.66	2.87
斯洛文尼亚	对中国的进出口总额（亿美元）	8.90	13.79	16.11	13.87	15.78	17.86	19.44	19.72	22.59	27.23	23.68
	对中国进出口总额的增速（%）	-17.74	55.00	16.81	-13.88	13.77	13.15	8.87	1.42	14.58	20.55	2.26
	对中国进出口总额占自身对全球的比重（%）	1.69	2.33	2.29	2.16	2.34	2.55	3.15	3.11	3.03	3.15	3.18
马耳他	对中国的进出口总额（亿美元）	2.02	2.36	3.14	2.85	2.42	2.25	2.62	2.53	2.35	2.83	2.71
	对中国进出口总额的增速（%）	5.38	16.91	32.73	-9.24	-14.94	-7.01	16.34	-3.49	-7.11	20.35	14.28
	对中国进出口总额占自身对全球的比重（%）	2.75	2.74	2.94	2.63	2.47	2.31	3.03	2.62	2.65	3.03	3.14

续表

国别及项目		2009	2010	2011	2012	2013	2014	2015	2016	2017	2018	2019
塞浦路斯	对中国的进出口总额（亿美元）	4.46	4.70	4.40	3.69	3.12	8.41	4.24	6.50	7.34	5.36	4.17
	对中国进出口总额的增速（%）	-22.85	5.58	-6.55	-16.16	-15.27	169.33	-49.53	53.05	13.05	-27.08	-4.45
	对中国进出口总额占自身对全球的比重（%）	4.90	4.72	4.18	4.08	3.75	7.54	4.11	6.02	5.87	3.38	3.94
保加利亚	对中国的进出口总额（亿美元）	7.69	9.02	13.49	17.38	18.86	18.56	16.72	16.65	20.23	24.34	21.10
	对中国进出口总额的增速（%）	-39.00	17.28	49.51	28.90	8.49	-1.58	-9.90	-0.45	21.54	20.30	4.51
	对中国进出口总额占自身对全球的比重（%）	1.93	1.96	2.22	2.93	2.95	2.90	3.06	3.00	3.08	3.43	3.70
罗马尼亚	对中国的进出口总额（亿美元）	29.68	37.76	40.69	31.70	32.82	38.79	37.86	44.86	51.19	59.59	49.16
	对中国进出口总额的增速（%）	-20.71	27.24	7.75	-22.08	3.53	18.18	-2.40	18.50	14.10	16.41	-2.65
	对中国进出口总额占自身对全球的比重（%）	3.12	3.39	2.92	2.47	2.36	2.63	2.90	3.25	3.28	3.36	3.37
克罗地亚	对中国的进出口总额（亿美元）	14.83	14.77	16.57	15.33	13.36	6.56	6.59	7.44	9.41	11.22	8.00
	对中国进出口总额的增速（%）	-22.86	-0.39	12.24	-7.51	-12.83	-50.95	0.60	12.83	26.48	19.21	-16.36
	对中国进出口总额占自身对全球的比重（%）	4.68	4.64	4.60	4.62	3.85	1.79	1.97	2.08	2.30	2.46	2.09

续表

国别及项目		2009	2010	2011	2012	2013	2014	2015	2016	2017	2018	2019
英国（现已脱欧）	对中国的进出口总额（亿美元）	505.06	612.35	675.30	691.26	723.04	864.89	886.54	768.71	807.74	903.25	787.12
	对中国进出口总额的增速（%）	-10.34	21.24	10.28	2.36	4.60	19.62	2.50	-13.29	5.08	11.82	4.51
	对中国进出口总额占自身对全球的比重（%）	5.77	6.09	5.70	5.91	6.02	7.24	8.16	7.35	7.45	7.78	8.09

注：对中国进出口总额占自身对全球的比重（%）＝相关国家或地区对中国的进出口总额/相关国家或地区对全球的进出口总额×100%；2019 年数据截至当年 10 月；2019 年“对中国进出口总额的增速”为 2019 年 1—10 月数值同比于 2018 年 1—10 月数值的变化率。

数据来源：国际货币基金组织 DOTS 数据库。

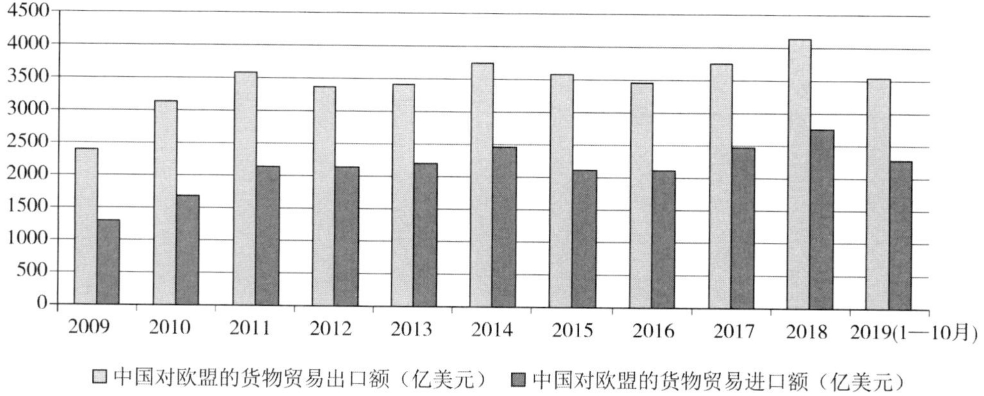

图 3.1　2009—2019 年中国与欧盟双边货物贸易进出口情况

数据来源：国际货币基金组织 DOTS 数据库。

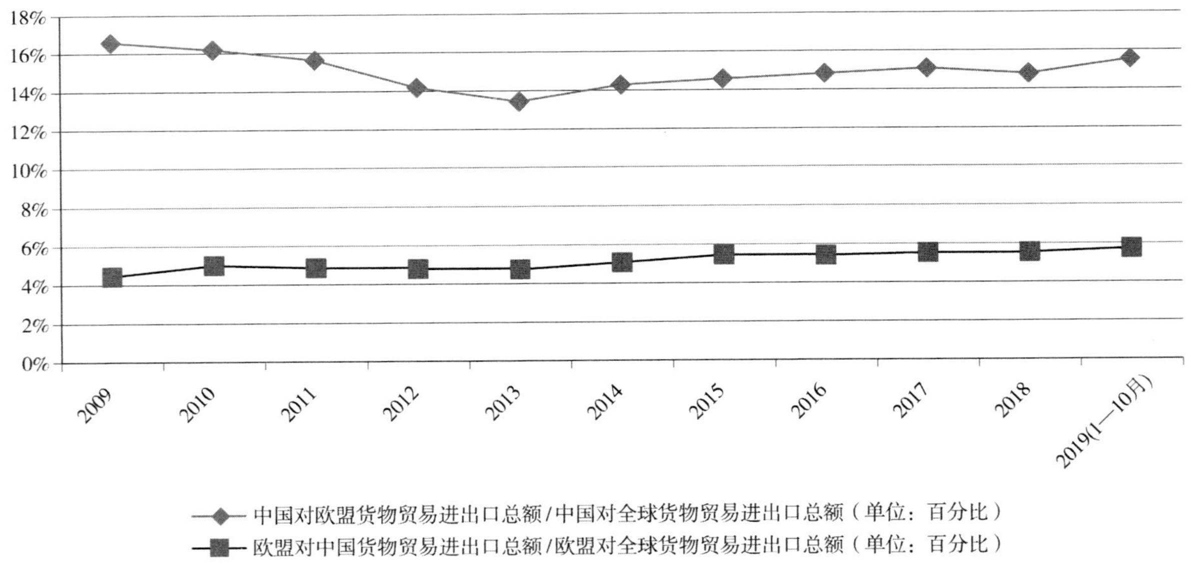

图 3.2　2009—2019 年中国与欧盟双边货物贸易进出口总额占自身对全球的比重

数据来源：国际货币基金组织 DOTS 数据库。

3.3 中国—欧盟双边服务贸易情况

3.3.1 中国—欧盟双边服务贸易出口情况

3.3.1.1 中国对欧盟双边服务贸易出口情况

表 3.8　2009—2018 年中国对欧盟的服务贸易出口情况

国别及项目		2009	2010	2011	2012	2013	2014	2015	2016	2017	2018
德国	中国对该国的出口额（亿美元）	—	—	—	—	—	—	76.78	79.64	—	—
	中国对该国的出口额的增速（%）	—	—	—	—	—	—	—	3.72	—	—
	中国对该国出口额占中国对全球的比重（%）	—	—	—	—	—	—	3.51	3.80	—	—
法国	中国对该国的出口额（亿美元）	—	—	—	—	—	—	36.66	37.56	—	—
	中国对该国的出口额的增速（%）	—	—	—	—	—	—	—	2.45	—	—
	中国对该国出口额占中国对全球的比重（%）	—	—	—	—	—	—	1.68	1.79	—	—
英国（现已脱欧）	中国对该国的出口额（亿美元）	—	—	—	—	—	—	70.09	71.56	—	—
	中国对该国的出口额的增速（%）	—	—	—	—	—	—	—	2.10	—	—
	中国对该国出口额占中国对全球的比重（%）	—	—	—	—	—	—	3.21	3.42	—	—

续表

国别及项目		2009	2010	2011	2012	2013	2014	2015	2016	2017	2018
全球	中国对全球的出口额（亿美元）	1225.63	1783.39	2010.47	2015.76	2070.06	2191.41	2186.34	2095.29	2280.90	2668.41
	中国对全球的出口额的增速（%）	-15.67	45.51	12.73	0.26	2.69	5.86	-0.23	-4.16	8.86	16.99
	中国对全球出口额占中国对全球的比重（%）	100.00	100.00	100.00	100.00	100.00	100.00	100.00	100.00	100.00	100.00

注：中国对该国出口额占中国对全球的比重（%）=中国对该国的出口额/中国对全球的出口额×100%。

数据来源：WTO 数据库。

3.3.1.2 欧盟对中国双边服务贸易出口情况

表 3.9　2009—2018 年欧盟各国对中国的服务贸易出口情况

国别及项目		2009	2010	2011	2012	2013	2014	2015	2016	2017	2018
欧盟（28 国）	对中国的出口额（亿美元）	233.74	259.97	303.72	325.90	365.91	402.49	475.76	472.99	525.72	597.72
	对中国出口额的增速（%）	-12.09	11.22	16.83	7.30	12.28	10.00	18.20	-0.58	11.15	13.70
	对中国出口额占自身对欧盟的比重（%）	2.42	2.45	2.67	2.78	3.08	3.21	3.19	4.13	3.95	3.98
	对中国出口额占自身对全球的比重（%）	1.41	1.51	1.56	1.68	1.74	1.76	2.25	2.19	2.24	2.35

续表

国别及项目		2009	2010	2011	2012	2013	2014	2015	2016	2017	2018
欧盟（27国）	对中国的出口额（亿美元）	203. 29	226. 53	264. 21	283. 19	300. 78	346. 25	417. 12	422. 94	468. 68	532. 17
	对中国出口额的增速（%）	-9. 71	11. 43	16. 63	7. 18	6. 21	15. 12	20. 47	1. 40	10. 81	13. 55
	对中国双边出口额占对欧盟的比重（%）	2. 40	2. 63	2. 73	3. 04	2. 96	3. 11	4. 12	3. 97	4. 01	4. 13
	对中国出口额占自身对全球的比重（%）	1. 46	1. 57	1. 62	1. 75	1. 71	1. 81	2. 37	2. 33	2. 35	2. 45
德国	对中国的出口额（亿美元）	47. 29	52. 42	69. 05	77. 13	97. 04	126. 03	132. 71	—	—	—
	对中国出口额的增速（%）	-0. 36	10. 85	31. 72	11. 70	25. 81	29. 87	5. 30	—	—	—
	对中国双边出口额占对欧盟的比重（%）	3. 64	3. 92	4. 49	5. 31	5. 99	6. 98	8. 32	9. 72	—	—
	对中国出口额占自身对全球的比重（%）	2. 12	2. 33	2. 76	3. 05	3. 55	4. 20	4. 80	—	—	—
法国	对中国的出口额（亿美元）	37. 56	—	44. 11	49. 78	52. 38	60. 10	94. 88	82. 90	98. 12	98. 77
	对中国出口额的增速（%）	-19. 64	—	—	12. 85	5. 22	14. 74	57. 87	-12. 63	18. 36	0. 66
	对中国双边出口额占对欧盟的比重（%）	3. 44	—	3. 29	3. 86	3. 67	4. 02	7. 04	5. 96	6. 63	6. 13
	对中国出口额占自身对全球的比重（%）	1. 86	—	1. 87	2. 12	2. 06	2. 20	3. 71	3. 19	3. 57	3. 39

续表

国别及项目		2009	2010	2011	2012	2013	2014	2015	2016	2017	2018
意大利	对中国的出口额（亿美元）	6.89	9.21	10.50	12.77	15.26	15.83	12.91	13.61	15.17	18.82
	对中国出口额的增速（%）	-12.67	33.67	14.01	21.62	19.50	3.74	-18.45	5.42	11.46	24.06
	对中国双边出口额占对欧盟的比重（%）	1.13	1.21	1.56	1.67	2.21	2.60	2.60	2.41	2.47	2.42
	对中国出口额占自身对全球的比重（%）	0.71	0.91	0.95	1.18	1.36	1.39	1.32	1.36	1.36	1.55
荷兰	对中国的出口额（亿美元）	—	—	—	—	—	—	—	—	—	—
	对中国出口额的增速（%）	—	—	—	—	—	—	—	—	—	—
	对中国双边出口额占对欧盟的比重（%）	—	—	—	—	—	—	—	—	—	—
	对中国出口额占自身对全球的比重（%）	—	—	—	—	—	—	—	—	—	—
比利时	对中国的出口额（亿美元）	9.65	12.66	13.90	13.95	8.52	9.50	11.06	10.12	11.13	14.96
	对中国出口额的增速（%）	-25.14	31.19	9.79	0.36	-38.92	11.50	16.42	-8.50	9.98	34.41
	对中国双边出口额占对欧盟的比重（%）	1.94	1.52	1.91	1.97	1.96	1.10	1.11	1.43	1.29	1.34
	对中国出口额占自身对全球的比重（%）	1.05	1.29	1.32	1.31	0.75	0.76	0.98	0.89	0.93	1.21

续表

国别及项目		2009	2010	2011	2012	2013	2014	2015	2016	2017	2018
卢森堡	对中国的出口额（亿美元）	—	3.31	3.07	4.48	5.86	10.02	15.55	17.46	9.24	9.70
	对中国出口额的增速（%）	—	—	—	45.93	30.80	70.99	55.19	12.28	-47.08	4.98
	对中国双边出口额占对欧盟的比重（%）	—	0.75	0.59	0.81	0.92	1.36	2.23	2.48	1.23	1.16
	对中国出口额占自身对全球的比重（%）	—	0.53	0.42	0.58	0.65	0.97	1.58	1.78	0.90	0.86
爱尔兰	对中国的出口额（亿美元）	20.47	23.25	26.90	29.62	18.03	18.10	38.31	42.94	45.55	53.29
	对中国出口额的增速（%）	-0.29	13.58	15.70	10.11	-39.13	0.39	111.66	12.09	6.08	16.99
	对中国双边出口额占对欧盟的比重（%）	3.52	3.79	4.26	4.23	5.22	2.97	2.57	5.65	5.86	5.46
	对中国出口额占自身对全球的比重（%）	2.39	2.52	2.52	2.84	1.55	1.37	2.87	2.87	2.53	2.59
丹麦	对中国的出口额（亿美元）	20.24	24.90	26.69	32.61	36.20	33.13	22.91	19.01	23.35	23.44
	对中国出口额的增速（%）	-32.08	23.02	7.19	22.18	11.01	-8.48	-30.85	-17.02	22.83	0.39
	对中国双边出口额占对欧盟的比重（%）	7.50	8.90	8.89	11.23	11.49	10.10	7.62	5.94	7.48	7.20
	对中国出口额占自身对全球的比重（%）	3.54	4.04	3.96	4.83	5.06	4.51	3.56	3.03	3.49	3.37

续表

国别及项目		2009	2010	2011	2012	2013	2014	2015	2016	2017	2018
希腊	对中国的出口额（亿美元）	3.10	2.89	3.67	1.35	1.43	1.67	10.75	9.51	13.18	16.08
	对中国出口额的增速（%）	45.54	-6.77	26.99	-63.22	5.93	16.78	543.71	-11.53	38.59	22.00
	对中国双边出口额占对欧盟的比重（%）	0.81	1.48	1.54	1.80	0.75	0.70	0.71	6.24	5.59	7.11
	对中国出口额占自身对全球的比重（%）	0.82	0.78	0.93	0.39	0.38	0.41	3.06	2.89	3.47	3.72
葡萄牙	对中国的出口额（亿美元）	0.13	0.20	0.46	0.78	3.25	2.16	1.32	2.18	2.59	2.85
	对中国出口额的增速（%）	-18.75	53.85	130.00	69.57	316.67	-33.54	-38.89	65.15	18.81	10.04
	对中国双边出口额占对欧盟的比重（%）	0.08	0.12	0.25	0.45	1.65	1.02	0.69	1.03	1.06	1.04
	对中国出口额占自身对全球的比重（%）	0.06	0.09	0.17	0.30	1.11	0.70	0.47	0.74	0.76	0.76
西班牙	对中国的出口额（亿美元）	—	—	—	—	—	6.20	7.84	10.71	12.58	—
	对中国出口额的增速（%）	—	—	—	—	—	—	26.45	36.61	17.46	—
	对中国双边出口额占对欧盟的比重（%）	—	—	—	—	—	—	0.74	1.05	1.34	1.43
	对中国出口额占自身对全球的比重（%）	—	—	—	—	—	0.47	0.66	0.85	0.91	—

续表

国别及项目		2009	2010	2011	2012	2013	2014	2015	2016	2017	2018
奥地利	对中国的出口额（亿美元）	3.83	4.05	4.70	4.90	4.66	7.92	5.93	6.59	6.04	7.87
	对中国出口额的增速（%）	-8.81	5.74	16.05	4.26	-4.90	69.96	-25.13	11.13	-8.35	30.30
	对中国双边出口额占对欧盟的比重（%）	0.91	0.99	1.03	1.12	0.95	1.54	1.34	1.40	1.18	1.38
	对中国出口额占自身对全球约比重（%）	0.71	0.77	0.79	0.85	0.72	1.15	1.00	1.07	0.91	1.06
芬兰	对中国的出口额（亿美元）	15.68	13.44	11.32	8.58	9.04	8.17	10.76	14.93	14.75	16.33
	对中国出口额的增速（%）	29.59	-14.29	-15.77	-24.20	5.36	-9.62	31.70	38.75	-1.21	10.71
	对中国双边出口额占对欧盟的比重（%）	9.72	16.46	13.43	9.56	6.74	6.69	6.20	8.65	11.37	9.97
	对中国出口额占自身对全球的比重（%）	7.89	6.46	4.68	3.49	3.44	3.13	4.20	5.55	4.94	4.99
瑞典	对中国的出口额（亿美元）	12.06	14.29	16.12	15.15	13.72	11.65	16.72	20.18	18.51	17.34
	对中国出口额的增速（%）	-8.15	18.49	12.81	-6.02	-9.44	-15.09	43.52	20.69	-8.28	-6.32
	对中国双边出口额占对欧盟的比重（%）	4.52	4.97	4.77	4.62	3.63	2.94	4.41	5.41	4.72	4.38
	对中国出口额占自身对全球的比重（%）	2.39	2.65	2.47	2.33	1.85	1.51	2.30	2.77	2.51	2.37

续表

国别及项目		2009	2010	2011	2012	2013	2014	2015	2016	2017	2018
波兰	对中国的出口额（亿美元）	0.52	1.22	1.06	1.49	1.47	2.04	2.18	2.36	3.48	4.63
	对中国出口额的增速（%）	-161.18	134.62	-13.11	40.57	-1.34	38.78	6.86	8.26	47.46	33.05
	对中国双边出口额占对欧盟的比重（%）	-0.30	0.23	0.48	0.36	0.52	0.47	0.60	0.69	0.68	0.86
	对中国出口额占自身对全球的比重（%）	0.17	0.34	0.26	0.36	0.33	0.42	0.48	0.47	0.60	0.67
拉脱维亚	对中国的出口额（亿美元）	—	—	—	—	—	—	—	—	—	—
	对中国出口额的增速（%）	—	—	—	—	—	—	—	—	—	—
	对中国双边出口额占对欧盟的比重（%）	—	—	—	—	—	—	—	—	—	—
	对中国出口额占自身对全球的比重（%）	—	—	—	—	—	—	—	—	—	—
立陶宛	对中国的出口额（亿美元）	—	—	—	—	—	—	—	—	—	—
	对中国出口额的增速（%）	—	—	—	—	—	—	—	—	—	—
	对中国双边出口额占对欧盟的比重（%）	—	—	—	—	—	—	—	—	—	—
	对中国出口额占自身对全球的比重（%）	—	—	—	—	—	—	—	—	—	—

续表

国别及项目		2009	2010	2011	2012	2013	2014	2015	2016	2017	2018
爱沙尼亚	对中国的出口额（亿美元）	0.11	0.17	0.25	0.17	0.27	0.40	0.32	0.42	0.46	0.71
	对中国出口额的增速（%）	0.00	54.55	47.06	-32.00	58.82	48.15	-20.00	31.25	9.52	54.35
	对中国双边出口额占对欧盟的比重（%）	0.34	0.50	0.64	0.43	0.61	0.84	0.80	0.99	0.95	1.29
	对中国出口额占自身对全球的比重（%）	0.24	0.36	0.44	0.30	0.41	0.56	0.55	0.69	0.67	0.92
匈牙利	对中国的出口额（亿美元）	1.45	1.22	1.19	0.80	1.01	0.98	0.95	1.88	2.06	4.67
	对中国出口额的增速（%）	-21.62	-15.86	-2.46	-32.77	26.25	-2.97	-3.06	97.89	9.57	126.70
	对中国双边出口额占对欧盟的比重（%）	1.25	1.08	0.88	0.74	0.55	0.64	0.55	0.59	1.09	1.10
	对中国出口额占自身对全球的比重（%）	0.78	0.63	0.53	0.39	0.45	0.39	0.42	0.77	0.77	1.60
捷克	对中国的出口额（亿美元）	1.09	1.48	1.40	1.71	1.90	4.29	3.57	4.03	4.99	6.54
	对中国出口额的增速（%）	34.57	35.78	-5.41	22.14	11.11	125.79	-16.78	12.89	23.82	31.06
	对中国双边出口额占对欧盟的比重（%）	0.77	0.97	0.81	1.04	1.13	2.42	2.31	2.49	2.80	3.28
	对中国出口额占自身对全球的比重（%）	0.53	0.68	0.56	0.71	0.79	1.71	1.56	1.66	1.85	2.19

续表

国别及项目		2009	2010	2011	2012	2013	2014	2015	2016	2017	2018
斯洛伐克	对中国的出口额（亿美元）	—	—	—	—	0.24	0.25	0.30	0.42	0.71	0.82
	对中国出口额的增速（%）	—	—	—	—	—	4.17	20.00	40.00	69.05	15.49
	对中国双边出口额占对欧盟的比重（%）	—	—	—	—	—	0.32	0.35	0.46	0.57	0.88
	对中国出口额占自身对全球的比重（%）	—	—	—	—	0.26	0.28	0.37	0.45	0.68	0.71
斯洛文尼亚	对中国的出口额（亿美元）	0.08	0.09	0.11	0.13	0.18	0.20	0.26	0.38	0.40	0.51
	对中国出口额的增速（%）	-11.11	12.50	22.22	18.18	38.46	11.11	30.00	46.15	5.26	27.50
	对中国双边出口额占对欧盟的比重（%）	0.16	0.18	0.20	0.25	0.32	0.34	0.50	0.67	0.61	0.67
	对中国出口额占自身对全球的比重（%）	0.13	0.15	0.16	0.20	0.25	0.27	0.39	0.53	0.49	0.54
马耳他	对中国的出口额（亿美元）	—	—	0.04	0.06	0.08	0.07	—	—	0.17	—
	对中国出口额的增速（%）	—	—	—	50.00	33.33	-12.50	—	—	—	—
	对中国双边出口额占对欧盟的比重（%）	—	—	—	0.12	0.19	0.24	0.16	—	—	0.18
	对中国出口额占自身对全球的比重（%）	—	—	0.04	0.05	0.07	0.06	—	—	0.12	—

续表

国别及项目		2009	2010	2011	2012	2013	2014	2015	2016	2017	2018
塞浦路斯	对中国的出口额（亿美元）	0.11	0.09	0.08	0.17	0.54	—	0.91	0.41	0.41	0.39
	对中国出口额的增速（%）	-52.17	-18.18	-11.11	112.50	217.65	—	—	-54.95	0.00	-4.88
	对中国双边出口额占对欧盟的比重（%）	0.21	0.18	0.15	0.39	1.04	—	1.83	0.77	0.69	0.59
	对中国出口额占自身对全球的比重（%）	0.12	0.10	0.08	0.18	0.51	—	0.96	0.40	0.36	0.33
保加利亚	对中国的出口额（亿美元）	—	0.13	0.15	0.13	0.15	0.20	0.18	0.21	0.26	0.29
	对中国出口额的增速（%）	—	—	15.38	-13.33	15.38	33.33	-10.00	16.67	23.81	11.54
	对中国双边出口额占对欧盟的比重（%）	—	—	0.30	0.30	0.27	0.31	0.36	0.37	0.40	0.47
	对中国出口额占自身对全球的比重（%）	—	0.20	0.20	0.17	0.19	0.22	0.23	0.25	0.30	0.29
罗马尼亚	对中国的出口额（亿美元）	-0.72	-0.50	0.06	0.12	0.32	0.61	0.49	0.45	0.51	0.75
	对中国出口额的增速（%）	-653.85	-30.56	-112.00	100.00	166.67	90.63	-19.67	-8.16	13.33	47.06
	对中国双边出口额占对欧盟的比重（%）	-0.80	-0.66	0.06	0.12	0.22	0.38	0.33	0.28	0.27	0.35
	对中国出口额占自身对全球的比重（%）	-0.61	-0.48	0.05	0.09	0.18	0.30	0.27	0.23	0.22	0.28

续表

国别及项目		2009	2010	2011	2012	2013	2014	2015	2016	2017	2018
克罗地亚	对中国的出口额（亿美元）	—	0.09	0.16	0.49	0.26	0.21	0.35	0.36	0.43	0.55
	对中国出口额的增速（%）	—	—	77.78	206.25	-46.94	-19.23	66.67	2.86	19.44	27.91
	对中国双边出口额占对欧盟的比重（%）	—	—	0.09	0.15	0.51	0.28	0.21	0.39	0.37	0.40
	对中国出口额占自身对全球的比重（%）	—	0.07	0.12	0.40	0.20	0.15	0.28	0.27	0.29	0.33
英国（现已脱欧）	对中国的出口额（亿美元）	30.45	33.44	39.51	42.71	65.13	56.24	58.64	50.05	57.04	65.55
	对中国出口额的增速（%）	-25.24	9.82	18.15	8.10	52.49	-13.65	4.27	-14.65	13.97	14.92
	对中国双边出口额占对欧盟的比重（%）	2.76	3.01	3.17	3.45	5.15	3.77	4.20	3.79	3.79	4.14
	对中国出口额占自身对全球的比重（%）	1.12	1.20	1.25	1.32	1.87	1.50	1.65	1.44	1.60	1.74

注：对中国出口额占自身对欧盟的比重（%）=相关国家或地区对中国出口额/相关国家或地区对欧盟出口额×100%；对中国出口额占自身对全球的比重（%）=相关国家或地区对中国出口额/相关国家或地区对全球出口额×100%。

数据来源：WTO 数据库。

3.3.2 中国—欧盟双边服务贸易进口情况

3.3.2.1 中国对欧盟双边服务贸易进口情况

表 3.10 2009—2018 年中国对欧盟的服务贸易进口情况

国别及项目		2009	2010	2011	2012	2013	2014	2015	2016	2017	2018
德国	中国对该国的进口额（亿美元）	—	—	—	—	—	—	166.16	174.85	—	—
	中国对该国的进口额的增速（%）	—	—	—	—	—	—	—	5.23	—	—
	中国对该国进口额占中国对全球的比重（%）	—	—	—	—	—	—	3.82	3.87	—	—
法国	中国对该国的进口额（亿美元）	—	—	—	—	—	—	112.51	99.42	—	—
	中国对该国的进口额的增速（%）	—	—	—	—	—	—	—	-11.63	—	—
	中国对该国进口额占中国对全球的比重（%）	—	—	—	—	—	—	2.58	2.20	—	—
英国（现已脱欧）	中国对该国的进口额（亿美元）	—	—	—	—	—	—	201.44	221.03	—	—
	中国对该国的进口额的增速（%）	—	—	—	—	—	—	—	9.72	—	—
	中国对该国进口额占中国对全球的比重（%）	—	—	—	—	—	—	4.63	4.89	—	—

续表

国别及项目		2009	2010	2011	2012	2013	2014	2015	2016	2017	2018
全球	中国对全球的进口额（亿美元）	1459.79	1934.01	2478.44	2813.00	3306.08	4328.83	4355.41	4520.97	4675.89	5250.40
	中国对全球的进口额的增速（%）	-6.66	32.49	28.15	13.50	17.53	30.94	0.61	3.80	3.43	12.29
	中国对全球的进口额占中国对全球的比重（%）	100.00	100.00	100.00	100.00	100.00	100.00	100.00	100.00	100.00	100.00

注：中国对该国进口额占中国对全球的比重（%）＝中国对该国家或地区的进口额/中国对全球的进口额×100%。
数据来源：WTO 数据库。

3.3.2.2 欧盟对中国双边服务贸易进口情况

表 3.11　2009—2018 年欧盟各国对中国的服务贸易进口情况

国别及项目		2009	2010	2011	2012	2013	2014	2015	2016	2017	2018
欧盟（28 国）	对中国的进口额（亿美元）	196.14	230.27	247.69	253.40	279.82	307.81	314.73	355.89	345.15	360.54
	对中国进口额的增速（%）	-16.58	17.40	7.57	2.31	10.43	10.00	2.25	13.08	-3.02	4.46
	对中国进口额占自身对全球的比重（%）	1.31	1.52	1.49	1.54	1.57	1.59	1.69	1.87	1.73	1.66
欧盟（27 国）	对中国的进口额（亿美元）	177.03	208.61	228.37	233.65	258.12	286.14	294.30	331.34	325.64	341.48
	对中国进口额的增速（%）	-15.67	17.84	9.47	2.31	10.47	10.86	2.85	12.59	-1.72	4.86
	对中国进口额占自身对全球的比重（%）	1.35	1.57	1.55	1.61	1.64	1.67	1.79	1.96	1.82	1.76

续表

国别及项目		2009	2010	2011	2012	2013	2014	2015	2016	2017	2018
德国	对中国的进口额（亿美元）	—	—	—	—	—	—	—	83.50	87.86	85.19
	对中国进口额的增速（%）	—	—	—	—	—	—	—	—	5.22	-3.04
	对中国进口额占自身对全球的比重（%）	—	—	—	—	—	—	—	2.71	2.65	2.42
法国	对中国的进口额（亿美元）	34.37	—	43.46	42.71	46.30	47.02	67.30	73.45	47.68	41.64
	对中国进口额的增速（%）	-10.54	—	—	-1.73	8.41	1.56	43.13	9.14	-35.09	-12.67
	对中国进口额占自身对全球的比重（%）	1.96	—	2.14	2.11	2.03	1.86	2.88	3.06	1.94	1.62
意大利	对中国的进口额（亿美元）	15.73	17.37	19.02	19.13	21.43	20.46	18.49	21.42	23.34	24.45
	对中国进口额的增速（%）	-7.42	10.43	9.50	0.58	12.02	-4.53	-9.63	15.85	8.96	4.76
	对中国进口额占自身对全球的比重（%）	1.43	1.54	1.60	1.76	1.92	1.77	1.82	2.06	2.02	1.96
荷兰	对中国的进口额（亿美元）	—	20.05	23.51	23.36	25.42	32.31	30.29	39.74	40.44	40.61
	对中国进口额的增速（%）	—	—	17.26	-0.64	8.82	27.10	-6.25	31.20	1.76	0.42
	对中国进口额占自身对全球的比重（%）	—	1.48	1.56	1.64	1.68	1.68	1.42	2.17	1.96	1.77

续表

国别及项目		2009	2010	2011	2012	2013	2014	2015	2016	2017	2018
比利时	对中国的进口额（亿美元）	5.18	6.33	8.84	7.27	5.48	6.01	7.87	6.71	8.14	13.07
	对中国进口额的增速（%）	-22.34	22.20	39.65	-17.76	-24.62	9.67	30.95	-14.74	21.31	60.57
	对中国进口额占自身对全球的比重（%）	0.63	0.72	0.93	0.74	0.53	0.51	0.74	0.62	0.71	1.01
卢森堡	对中国的进口额（亿美元）	—	1.11	1.39	1.49	1.95	1.90	2.16	2.16	2.30	2.02
	对中国进口额的增速（%）	—	—	25.23	7.19	30.87	-2.56	13.68	0.00	6.48	-12.17
	对中国进口额占自身对全球的比重（%）	—	0.24	0.26	0.26	0.28	0.24	0.28	0.29	0.29	0.23
爱尔兰	对中国的进口额（亿美元）	2.79	3.94	2.74	2.58	3.73	4.02	4.71	—	29.15	—
	对中国进口额的增速（%）	-55.50	41.22	-30.46	-5.84	44.57	7.77	17.16	—	—	—
	对中国进口额占自身对全球的比重（%）	0.26	0.36	0.23	0.23	0.32	0.29	0.27	—	1.45	—
丹麦	对中国的进口额（亿美元）	14.23	15.91	18.35	18.46	18.13	19.05	17.73	18.31	18.91	20.27
	对中国进口额的增速（%）	3.49	11.81	15.34	0.60	-1.79	5.07	-6.93	3.27	3.28	7.19
	对中国进口额占自身对全球的比重（%）	2.56	2.88	2.95	2.98	2.83	2.94	3.05	3.04	3.05	2.95

续表

国别及项目		2009	2010	2011	2012	2013	2014	2015	2016	2017	2018
希腊	对中国的进口额（亿美元）	5.07	3.75	3.04	2.95	3.78	3.42	2.21	2.35	2.54	3.55
	对中国进口额的增速（%）	-15.22	-26.04	-18.93	-2.96	28.14	-9.52	-35.38	6.33	8.09	39.76
	对中国进口额占自身对全球的比重（%）	2.33	1.86	1.57	1.86	2.32	2.02	1.32	1.57	1.44	1.69
葡萄牙	对中国的进口额（亿美元）	0.52	3.76	3.95	3.17	3.23	3.18	2.87	2.89	3.39	4.02
	对中国进口额的增速（%）	-3.70	623.08	5.05	-19.75	1.89	-1.55	-9.75	0.70	17.30	18.58
	对中国进口额占自身对全球的比重（%）	0.38	2.64	2.52	2.33	2.23	1.99	2.05	1.97	2.05	2.20
西班牙	对中国的进口额（亿美元）	—	—	—	—	—	12.18	13.83	13.57	15.77	—
	对中国进口额的增速（%）	—	—	—	—	—	—	13.55	-1.88	16.21	—
	对中国进口额占自身对全球的比重（%）	—	—	—	—	—	1.75	2.11	1.94	2.08	—
奥地利	对中国的进口额（亿美元）	3.25	3.42	3.34	3.96	4.41	4.79	4.17	4.57	4.26	4.80
	对中国进口额的增速（%）	-14.70	5.23	-2.34	18.56	11.36	8.62	-12.94	9.59	-6.78	12.68
	对中国进口额占自身对全球的比重（%）	0.83	0.88	0.75	0.90	0.86	0.87	0.87	0.92	0.77	0.78

续表

国别及项目		2009	2010	2011	2012	2013	2014	2015	2016	2017	2018
芬兰	对中国的进口额（亿美元）	11.54	10.38	11.66	12.54	10.98	12.19	11.99	10.59	8.94	11.10
	对中国进口额的增速（%）	21.73	-10.05	12.33	7.55	-12.44	11.02	-1.64	-11.68	-15.58	24.16
	对中国进口额占自身对全球的比重（%）	4.10	3.77	3.90	3.98	3.42	3.93	4.16	3.56	2.88	3.13
瑞典	对中国的进口额（亿美元）	7.72	8.47	10.81	11.81	12.34	13.75	11.90	11.33	11.30	14.57
	对中国进口额的增速（%）	-14.98	9.72	27.63	9.25	4.49	11.43	-13.45	-4.79	-0.26	28.94
	对中国进口额占自身对全球的比重（%）	1.60	1.67	1.84	2.02	1.92	1.99	1.93	1.83	1.67	2.12
波兰	对中国的进口额（亿美元）	1.76	2.31	2.79	2.40	2.58	3.02	2.90	3.29	4.60	6.18
	对中国进口额的增速（%）	-34.08	31.25	20.78	-13.98	7.50	17.05	-3.97	13.45	39.82	34.35
	对中国进口额占自身对全球的比重（%）	0.72	0.74	0.83	0.72	0.75	0.82	0.88	0.96	1.20	1.43
拉脱维亚	对中国的进口额（亿美元）	—	—	—	—	—	—	—	—	—	—
	对中国进口额的增速（%）	—	—	—	—	—	—	—	—	—	—
	对中国进口额占自身对全球的比重（%）	—	—	—	—	—	—	—	—	—	—

续表

国别及项目		2009	2010	2011	2012	2013	2014	2015	2016	2017	2018
立陶宛	对中国的进口额（亿美元）	0.06	0.04	0.11	0.06	0.29	0.21	0.21	0.15	0.21	0.25
	对中国进口额的增速（%）	-45.45	-33.33	175.00	-45.45	383.33	-27.59	0.00	-28.57	40.00	19.05
	对中国进口额占自身对全球的比重（%）	0.19	0.13	0.29	0.14	0.54	0.38	0.44	0.29	0.35	0.36
爱沙尼亚	对中国的进口额（亿美元）	0.25	0.44	0.68	0.78	0.75	0.83	0.70	0.83	0.92	1.05
	对中国进口额的增速（%）	-35.90	76.00	54.55	14.71	-3.85	10.67	-15.66	18.57	10.84	14.13
	对中国进口额占自身对全球的比重（%）	0.95	1.49	1.79	1.94	1.60	1.70	1.77	1.93	1.96	1.90
匈牙利	对中国的进口额（亿美元）	1.09	1.50	1.24	0.93	1.78	1.49	1.60	1.60	2.01	2.02
	对中国进口额的增速（%）	-1.80	37.61	-17.33	-25.00	91.40	-16.29	7.38	0.00	25.63	0.50
	对中国进口额占自身对全球的比重（%）	0.64	0.94	0.70	0.59	1.01	0.80	0.94	0.94	1.09	1.00
捷克	对中国的进口额（亿美元）	4.69	6.97	5.76	6.64	7.40	8.31	9.10	8.51	9.64	12.59
	对中国进口额的增速（%）	-16.84	48.61	-17.36	15.28	11.45	12.30	9.51	-6.48	13.28	30.60
	对中国进口额占自身对全球的比重（%）	2.88	3.91	2.83	3.28	3.63	3.71	4.63	4.29	4.44	5.11

续表

国别及项目		2009	2010	2011	2012	2013	2014	2015	2016	2017	2018
斯洛伐克	对中国的进口额（亿美元）	—	—	—	—	0.43	0.85	0.96	1.10	1.18	0.89
	对中国进口额的增速（%）	—	—	—	—	—	97.67	12.94	14.58	7.27	-24.58
	对中国进口额占自身对全球的比重（%）	—	—	—	—	0.49	0.95	1.21	1.26	1.26	0.84
斯洛文尼亚	对中国的进口额（亿美元）	0.08	0.08	0.11	0.13	0.15	0.18	0.26	0.22	0.23	0.25
	对中国进口额的增速（%）	-20.00	0.00	37.50	18.18	15.38	20.00	44.44	-15.38	4.55	8.70
	对中国进口额占自身对全球的比重（%）	0.17	0.18	0.23	0.28	0.32	0.35	0.59	0.47	0.45	0.44
马耳他	对中国的进口额（亿美元）	—	—	—	—	—	—	—	—	—	—
	对中国进口额的增速（%）	—	—	—	—	—	—	—	—	—	—
	对中国进口额占自身对全球的比重（%）	—	—	—	—	—	—	—	—	—	—
塞浦路斯	对中国的进口额（亿美元）	0.70	0.64	0.63	0.51	0.44	1.68	0.75	0.63	0.61	0.68
	对中国进口额的增速（%）	-35.78	-8.57	-1.56	-19.05	-13.73	281.82	-55.36	-16.00	-3.17	11.48
	对中国进口额占自身对全球的比重（%）	1.39	1.21	1.13	0.96	0.71	2.56	1.24	1.02	0.90	0.96

续表

国别	项目	2009	2010	2011	2012	2013	2014	2015	2016	2017	2018
保加利亚	对中国的进口额（亿美元）	—	0.10	0.11	0.24	0.26	0.61	0.37	0.51	0.45	0.48
	对中国进口额的增速（%）	—	—	10.00	118.18	8.33	134.62	-39.34	37.84	-11.76	6.67
	对中国进口额占自身对全球的比重（%）	—	0.29	0.31	0.58	0.61	1.08	0.84	1.00	0.79	0.80
罗马尼亚	对中国的进口额（亿美元）	0.35	0.30	0.35	0.39	0.58	0.83	0.72	0.69	0.92	1.12
	对中国进口额的增速（%）	-33.96	-14.29	16.67	11.43	48.72	43.10	-13.25	-4.17	33.33	21.74
	对中国进口额占自身对全球的比重（%）	0.33	0.36	0.36	0.41	0.50	0.68	0.66	0.61	0.65	0.67
克罗地亚	对中国的进口额（亿美元）	—	0.16	0.16	0.19	0.20	0.16	0.20	0.09	0.15	0.27
	对中国进口额的增速（%）	—	—	0.00	18.75	5.26	-20.00	25.00	-55.00	66.67	80.00
	对中国进口额占自身对全球的比重（%）	—	0.41	0.39	0.48	0.49	0.40	0.54	0.23	0.33	0.51
英国（现已脱欧）	对中国的进口额（亿美元）	19.11	21.66	19.32	19.75	21.70	21.67	20.43	24.55	19.51	19.06
	对中国进口额的增速（%）	-24.20	13.34	-10.80	2.23	9.87	-0.14	-5.72	20.17	-20.53	-2.31
	对中国进口额占自身对全球的比重（%）	1.04	1.17	1.00	1.01	1.04	0.98	0.94	1.16	0.92	0.81

注：对中国进口额占自身对全球的比重（%）＝相关国家或地区对中国的进口额/相关国家或地区对全球的进口额×100%。
数据来源：WTO 数据库。

3.3.3 中国—欧盟双边服务贸易进出口情况

3.3.3.1 中国对欧盟双边服务贸易进出口情况

表 3.12　2009—2018 年中国对欧盟的服务贸易进出口情况

国别及项目		2009	2010	2011	2012	2013	2014	2015	2016	2017	2018
德国	中国对该国的进出口总额（亿美元）	—	—	—	—	—	—	242.94	254.49	—	—
	中国对该国的进出口总额的增速（%）	—	—	—	—	—	—	—	4.75	—	—
	中国对该国进出口额占中国对全球的比重（%）	—	—	—	—	—	—	3.71	3.85	—	—
法国	中国对该国的进出口总额（亿美元）	—	—	—	—	—	—	149.17	136.98	—	—
	中国对该国的进出口总额的增速（%）	—	—	—	—	—	—	—	-8.17	—	—
	中国对该国进出口额占中国对全球的比重（%）	—	—	—	—	—	—	2.28	2.07	—	—
英国（现已脱欧）	中国对该国的进出口总额（亿美元）	—	—	—	—	—	—	271.53	292.59	—	—
	中国对该国的进出口总额的增速（%）	—	—	—	—	—	—	—	7.76	—	—
	中国对该国进出口额占中国对全球的比重（%）	—	—	—	—	—	—	4.15	4.42	—	—

续表

国别及项目		2009	2010	2011	2012	2013	2014	2015	2016	2017	2018
全球	中国对全球的进出口总额（亿美元）	2685.42	3717.40	4488.91	4828.76	5376.14	6520.24	6541.75	6616.26	6956.79	7918.81
	中国对全球的进出口总额的增速（%）	-11.00	38.43	20.75	7.57	11.34	21.28	0.33	1.14	5.15	13.83
	中国对全球进出口额占中国对全球的比重（%）	100.00	100.00	100.00	100.00	100.00	100.00	100.00	100.00	100.00	100.00

注：中国对该国进出口总额占中国对全球的比重（%）＝中国对该国家或地区的进出口总额/中国对全球的进出口额×100%。

数据来源：WTO 数据库。

3.3.3.2 欧盟对中国双边服务贸易进出口情况

表 3.13　2009—2018 年欧盟各国对中国的服务贸易进出口情况

国别及项目		2009	2010	2011	2012	2013	2014	2015	2016	2017	2018
欧盟（28 国）	对中国的进出口总额（亿美元）	429.88	490.24	551.41	579.30	645.73	710.30	790.49	828.88	870.87	958.26
	对中国进出口总额的增速（%）	-14.20	14.04	12.48	5.06	11.47	10.00	11.29	4.86	5.07	10.03
	对中国进出口总额占自身对全球的比重（%）	1.36	1.51	1.53	1.62	1.66	1.68	1.99	2.04	2.00	2.03

续表

国别及项目		2009	2010	2011	2012	2013	2014	2015	2016	2017	2018
欧盟（27国）	对中国的进出口总额（亿美元）	380.32	435.14	492.58	516.84	558.90	632.39	711.42	754.28	794.32	873.65
	对中国进出口总额的增速（%）	-12.59	14.41	13.20	4.93	8.14	13.15	12.50	6.02	5.31	9.99
	对中国进出口总额占自身对全球的比重（%）	1.41	1.57	1.59	1.69	1.68	1.74	2.09	2.15	2.10	2.13
德国	对中国的进出口总额（亿美元）	—	—	—	—	—	—	—	—	—	—
	对中国进出口总额的增速（%）	—	—	—	—	—	—	—	—	—	—
	对中国进出口总额占自身对全球的比重（%）	—	—	—	—	—	—	—	—	—	—
法国	对中国的进出口总额（亿美元）	71.93	—	87.57	92.49	98.68	107.12	162.18	156.35	145.80	140.41
	对中国进出口总额的增速（%）	-15.54	—	—	5.62	6.69	8.55	51.40	-3.59	-6.75	-3.70
	对中国进出口总额占自身对全球的比重（%）	1.90	—	1.99	2.11	2.05	2.04	3.32	3.12	2.80	2.56
意大利	对中国的进出口总额（亿美元）	22.62	26.58	29.52	31.90	36.69	36.29	31.40	35.03	38.51	43.27
	对中国进出口总额的增速（%）	-9.08	17.51	11.06	8.06	15.02	-1.09	-13.47	11.56	9.93	12.36
	对中国进出口总额占自身对全球的比重（%）	1.09	1.24	1.29	1.47	1.64	1.58	1.58	1.71	1.70	1.75

续表

国别及项目		2009	2010	2011	2012	2013	2014	2015	2016	2017	2018
荷兰	对中国的进出口总额（亿美元）	—	—	—	—	—	—	—	—	—	—
	对中国进出口总额的增速（%）	—	—	—	—	—	—	—	—	—	—
	对中国进出口总额占自身对全球的比重（%）	—	—	—	—	—	—	—	—	—	—
比利时	对中国的进出口总额（亿美元）	14.83	18.99	22.74	21.22	14.00	15.51	18.93	16.83	19.27	28.03
	对中国进出口总额的增速（%）	-24.18	28.05	19.75	-6.68	-34.02	10.79	22.05	-11.09	14.50	45.46
	对中国进出口总额占自身对全球的比重（%）	0.85	1.02	1.14	1.04	0.64	0.64	0.86	0.76	0.82	1.11
卢森堡	对中国的进出口总额（亿美元）	—	4.42	4.46	5.97	7.81	11.92	17.71	19.62	11.54	11.72
	对中国进出口总额的增速（%）	—	—	0.90	33.86	30.82	52.62	48.57	10.78	-41.18	1.56
	对中国进出口总额占自身对全球的比重（%）	—	0.41	0.35	0.44	0.49	0.65	1.02	1.14	0.64	0.59
爱尔兰	对中国的进出口总额（亿美元）	23.26	27.19	29.64	32.20	21.76	22.12	43.02	—	74.70	—
	对中国进出口总额的增速（%）	-13.21	16.90	9.01	8.64	-32.42	1.65	94.48	—	—	—
	对中国进出口总额占自身对全球的比重（%）	1.20	1.35	1.31	1.49	0.93	0.81	1.39	—	1.96	—

续表

国别及项目		2009	2010	2011	2012	2013	2014	2015	2016	2017	2018
丹麦	对中国的进出口总额（亿美元）	34.47	40.81	45.04	51.07	54.33	52.18	40.64	37.32	42.26	43.71
	对中国进出口总额的增速（%）	-20.85	18.39	10.37	13.39	6.38	-3.96	-22.12	-8.17	13.24	3.43
	对中国进出口总额占自身对全球的比重（%）	3.06	3.49	3.48	3.95	4.01	3.78	3.31	3.04	3.28	3.16
希腊	对中国的进出口总额（亿美元）	8.17	6.64	6.71	4.30	5.21	5.09	12.96	11.86	15.72	19.63
	对中国进出口总额的增速（%）	0.74	-18.73	1.05	-35.92	21.16	-2.30	154.62	-8.49	32.55	24.87
	对中国进出口总额占自身对全球的比重（%）	1.37	1.16	1.15	0.85	0.97	0.88	2.50	2.48	2.83	3.06
葡萄牙	对中国的进出口总额（亿美元）	0.65	3.96	4.41	3.95	6.48	5.34	4.19	5.07	5.98	6.87
	对中国进出口总额的增速（%）	-7.14	509.23	11.36	-10.43	64.05	-17.59	-21.54	21.00	17.95	14.88
	对中国进出口总额占自身对全球的比重（%）	0.18	1.07	1.04	1.00	1.48	1.13	1.00	1.15	1.18	1.23
西班牙	对中国的进出口总额（亿美元）	—	—	—	—	—	18.38	21.67	24.28	28.35	—
	对中国进出口总额的增速（%）	—	—	—	—	—	—	17.90	12.04	16.76	—
	对中国进出口总额占自身对全球的比重（%）	—	—	—	—	—	0.91	1.18	1.24	1.32	—

续表

国别及项目		2009	2010	2011	2012	2013	2014	2015	2016	2017	2018
奥地利	对中国的进出口总额（亿美元）	7.08	7.47	8.04	8.86	9.07	12.71	10.10	11.16	10.30	12.67
	对中国进出口总额的增速（%）	-11.61	5.51	7.63	10.20	2.37	40.13	-20.54	10.50	-7.71	23.01
	对中国进出口总额占自身对全球的比重（%）	0.76	0.82	0.78	0.87	0.78	1.03	0.95	1.00	0.84	0.93
芬兰	对中国的进出口总额（亿美元）	27.22	23.82	22.98	21.12	20.02	20.36	22.75	25.52	23.69	27.43
	对中国进出口总额的增速（%）	26.14	-12.49	-3.53	-8.09	-5.21	1.70	11.74	12.18	-7.17	15.79
	对中国进出口总额占自身对全球的比重（%）	5.67	4.93	4.25	3.77	3.43	3.56	4.18	4.51	3.89	4.02
瑞典	对中国的进出口总额（亿美元）	19.78	22.76	26.93	26.96	26.06	25.40	28.62	31.51	29.81	31.91
	对中国进出口总额的增速（%）	-10.94	15.07	18.32	0.11	-3.34	-2.53	12.68	10.10	-5.40	7.04
	对中国进出口总额占自身对全球的比重（%）	2.01	2.18	2.17	2.18	1.88	1.74	2.13	2.34	2.11	2.25
波兰	对中国的进出口总额（亿美元）	2.28	3.53	3.85	3.89	4.05	5.06	5.08	5.65	8.08	10.81
	对中国进出口总额的增速（%）	25.27	54.82	9.07	1.04	4.11	24.94	0.40	11.22	43.01	33.79
	对中国进出口总额占自身对全球的比重（%）	0.41	0.53	0.52	0.52	0.51	0.59	0.65	0.67	0.84	0.96

续表

国别及项目		2009	2010	2011	2012	2013	2014	2015	2016	2017	2018
拉脱维亚	对中国的进出口总额（亿美元）	—	—	—	—	—	—	—	—	—	—
	对中国进出口总额的增速（%）	—	—	—	—	—	—	—	—	—	—
	对中国进出口总额占自身对全球的比重（%）	—	—	—	—	—	—	—	—	—	—
立陶宛	对中国的进出口总额（亿美元）	—	—	—	—	—	—	—	—	—	—
	对中国进出口总额的增速（%）	—	—	—	—	—	—	—	—	—	—
	对中国进出口总额占自身对全球的比重（%）	—	—	—	—	—	—	—	—	—	—
爱沙尼亚	对中国的进出口总额（亿美元）	0.36	0.61	0.93	0.95	1.02	1.23	1.02	1.25	1.38	1.76
	对中国进出口总额的增速（%）	-28.00	69.44	52.46	2.15	7.37	20.59	-17.07	22.55	10.40	27.54
	对中国进出口总额占自身对全球的比重（%）	0.50	0.80	0.99	0.97	0.90	1.02	1.04	1.20	1.20	1.33
匈牙利	对中国的进出口总额（亿美元）	2.54	2.72	2.43	1.73	2.79	2.47	2.55	3.48	4.07	6.69
	对中国进出口总额的增速（%）	-14.19	7.09	-10.66	-28.81	61.27	-11.47	3.24	36.47	16.95	64.37
	对中国进出口总额占自身对全球的比重（%）	0.72	0.77	0.61	0.48	0.70	0.57	0.65	0.84	0.90	1.35

续表

国别及项目		2009	2010	2011	2012	2013	2014	2015	2016	2017	2018
捷克	对中国的进出口总额（亿美元）	5.78	8.45	7.16	8.35	9.30	12.60	12.67	12.54	14.63	19.13
	对中国进出口总额的增速（%）	-10.39	46.19	-15.27	16.62	11.38	35.48	0.56	-1.03	16.67	30.76
	对中国进出口总额占自身对全球的比重（%）	1.57	2.13	1.58	1.88	2.10	2.65	2.98	2.84	3.01	3.51
斯洛伐克	对中国的进出口总额（亿美元）	—	—	—	—	0.67	1.10	1.26	1.52	1.89	1.71
	对中国进出口总额的增速（%）	—	—	—	—	—	64.18	14.55	20.63	24.34	-9.52
	对中国进出口总额占自身对全球的比重（%）	—	—	—	—	0.37	0.61	0.79	0.85	0.96	0.77
斯洛文尼亚	对中国的进出口总额（亿美元）	0.16	0.17	0.22	0.26	0.33	0.38	0.52	0.60	0.63	0.76
	对中国进出口总额的增速（%）	-15.79	6.25	29.41	18.18	26.92	15.15	36.84	15.38	5.00	20.63
	对中国进出口总额占自身对全球的比重（%）	0.15	0.16	0.19	0.23	0.28	0.30	0.47	0.51	0.47	0.50
马耳他	对中国的进出口总额（亿美元）	—	—	—	—	—	—	—	—	—	—
	对中国进出口总额的增速（%）	—	—	—	—	—	—	—	—	—	—
	对中国进出口总额占自身对全球的比重（%）	—	—	—	—	—	—	—	—	—	—

续表

国别及项目		2009	2010	2011	2012	2013	2014	2015	2016	2017	2018
塞浦路斯	对中国的进出口总额（亿美元）	0.81	0.73	0.71	0.68	0.98	—	1.66	1.04	1.02	1.07
	对中国进出口总额的增速（%）	-38.64	-9.88	-2.74	-4.23	44.12	—	—	-37.35	-1.92	4.90
	对中国进出口总额占自身对全球的比重（%）	0.56	0.50	0.45	0.46	0.59	—	1.07	0.63	0.56	0.56
保加利亚	对中国的进出口总额（亿美元）	—	0.23	0.26	0.37	0.41	0.81	0.55	0.72	0.71	0.77
	对中国进出口总额的增速（%）	—	—	13.04	42.31	10.81	97.56	-32.10	30.91	-1.39	8.45
	对中国进出口总额占自身对全球的比重（%）	—	0.23	0.24	0.32	0.34	0.55	0.45	0.53	0.49	0.48
罗马尼亚	对中国的进出口总额（亿美元）	-0.37	-0.20	0.41	0.51	0.90	1.44	1.21	1.14	1.43	1.87
	对中国进出口总额的增速（%）	-156.06	-45.95	-305.00	24.39	76.47	60.00	-15.97	-5.79	25.44	30.77
	对中国进出口总额占自身对全球的比重（%）	-0.17	-0.11	0.19	0.23	0.31	0.45	0.41	0.36	0.38	0.43
克罗地亚	对中国的进出口总额（亿美元）	—	0.25	0.32	0.68	0.46	0.37	0.55	0.45	0.58	0.82
	对中国进出口总额的增速（%）	—	—	28.00	112.50	-32.35	-19.57	48.65	-18.18	28.89	41.38
	对中国进出口总额占自身对全球的比重（%）	—	0.16	0.19	0.42	0.27	0.21	0.34	0.26	0.29	0.37

续表

国别及项目		2009	2010	2011	2012	2013	2014	2015	2016	2017	2018
英国（现已脱欧）	对中国的进出口总额（亿美元）	49.56	55.10	58.83	62.46	86.83	77.91	79.07	74.60	76.55	84.61
	对中国进出口总额的增速（%）	-24.84	11.18	6.77	6.17	39.02	-10.27	1.49	-5.65	2.61	10.53
	对中国进出口总额占自身对全球的比重（%）	1.09	1.19	1.16	1.20	1.56	1.31	1.38	1.33	1.34	1.38

注：对中国进出口总额占自身对全球的比重（%）＝相关国家或地区对中国的进出口总额/相关国家或地区对全球的进出口额×100%。
数据来源：WTO 数据库。

3.4 中国—欧盟双边直接投资情况

3.4.1 中国对欧盟双边直接投资情况

表 3.14　2018 年中国对欧盟的双边直接投资情况

国别	欧盟（28 国）	欧盟（27 国）	德国	法国	意大利	荷兰	比利时	卢森堡	爱尔兰	丹麦
中国对该国的直接投资流量（亿美元）	88.66	78.39	14.70	-0.75	4.25	10.38	0.30	13.53	2.41	0.15
中国对该国直接投资流量占中国对欧盟的比重（%）	100.00	88.42	16.58	-0.85	4.79	11.71	0.34	15.26	2.72	0.17

续表

国别	欧盟（28 国）	欧盟（27 国）	德国	法国	意大利	荷兰	比利时	卢森堡	爱尔兰	丹麦
中国对该国直接投资流量占中国对全球的比重（%）	6. 20	5. 48	1. 03	-0. 05	0. 30	0. 73	0. 02	0. 95	0. 17	0. 01
中国对该国的直接投资流量占该国吸引全球外资的比重（%）	5. 38	4. 76	0. 89	-0. 05	0. 26	0. 63	0. 02	0. 82	0. 15	0. 01
中国对该国的直接投资存量（亿美元）	907. 39	—	136. 90	65. 99	19. 04	194. 29	4. 79	139. 36	8. 83	2. 29
中国对该国直接投资存量占中国对欧盟的比重（%）	100. 00	—	15. 09	7. 27	2. 10	21. 41	0. 53	15. 36	0. 97	0. 25
中国对该国直接投资存量占中国对全球的比重（%）	4. 58	—	0. 69	0. 33	0. 10	0. 98	0. 02	0. 70	0. 04	0. 01
中国对该国的直接投资存量占该国吸引全球外资的比重（%）	0. 90	—	1. 46	0. 80	0. 44	1. 16	0. 09	8. 46	0. 10	0. 20

续表

国别	希腊	葡萄牙	西班牙	奥地利	芬兰	瑞典	波兰	拉脱维亚	立陶宛	爱沙尼亚
中国对该国的直接投资流量（亿美元）	0.29	0.12	5.38	4.12	1.41	10.64	1.18	0.11	-0.04	—
中国对该国直接投资流量占中国对欧盟的比重（%）	0.32	0.13	6.07	4.65	1.59	12.00	1.33	0.12	-0.05	—
中国对该国直接投资流量占中国对全球的比重（%）	0.02	0.01	0.38	0.29	0.10	0.74	0.08	0.01	0.00	—
中国对该国的直接投资流量占该国吸引全球外资的比重（%）	0.02	0.01	0.33	0.25	0.09	0.65	0.07	0.01	0.00	—
中国对该国的直接投资存量（亿美元）	1.82	1.06	10.60	8.51	3.28	68.97	5.24	0.12	0.13	3.62
中国对该国直接投资存量占中国对欧盟的比重（%）	0.20	0.12	1.17	0.94	0.36	7.60	0.58	0.01	0.01	0.00
中国对该国直接投资存量占中国对全球的比重（%）	0.01	0.01	0.05	0.04	0.02	0.35	0.03	0.00	0.00	0.00
中国对该国的直接投资存量占该国吸引全球外资的比重（%）	0.54	0.08	0.16	0.41	0.49	2.14	0.23	0.07	0.07	0.01

续表

国别	匈牙利	捷克	斯洛伐克	斯洛文尼亚	马耳他	塞浦路斯	保加利亚	罗马尼亚	克罗地亚	英国（现已脱欧）
中国对该国的直接投资流量（亿美元）	0.66	1.13	0.15	0.13	1.67	603.00	-0.02	0.16	0.32	10.27
中国对该国直接投资流量占中国对欧盟的比重（%）	0.01	1.27	0.16	0.15	0.02	6.80	-0.02	0.18	0.36	11.58
中国对该国直接投资流量占中国对全球的比重（%）	0.05	0.08	0.01	0.01	0.00	0.42	0.00	0.01	0.02	0.72
中国对该国的直接投资流量占该国吸引全球外资的比重（%）	0.04	0.07	0.01	0.01	0.00	0.37	0.00	0.01	0.02	0.62
中国对该国的直接投资存量（亿美元）	328.00	2.79	0.99	0.40	165.00	719.00	1.71	3.10	0.39	198.83
中国对该国直接投资存量占中国对欧盟的比重（%）	0.00	0.31	0.11	0.04	0.18	0.79	0.19	0.34	0.04	21.91
中国对该国直接投资存量占中国对全球的比重（%）	0.02	0.01	0.01	0.00	0.01	0.04	0.01	0.02	0.00	1.00
中国对该国的直接投资存量占该国吸引全球外资的比重（%）	0.37	0.18	0.17	0.24	0.08	0.32	0.35	0.33	0.12	1.05

数据来源：中国商务部《对外投资合作国别（地区）指南》相关数据。

3.4.2 欧盟对中国双边直接投资情况

表 3.15 2018 年欧盟对中国的双边直接投资情况

国别	欧盟（28 国）	欧盟（27 国）	德国	法国	意大利	荷兰	比利时	卢森堡	爱尔兰	丹麦
对中国当年新增投资项目数（个）	2425.00	—	491.00	280.00	201.00	—	34.00	21.00	—	57.00
对中国直接投资流量（亿美元）	104.20	—	36.70	10.10	1.95	—	1.48	3.50	1.49	8.20
对中国的直接投资流量占对全球的比重（%）	2.67		4.76	0.99	0.76		0.61	1.01	-0.38	9.22
对中国累计投资项目数（个）	47224.00	—	10272.00	5753.00	5818.00	—	1040.00	468.00	—	—
对中国的直接投资存量（亿美元）	1306.50	—	333.90	176.90	70.80	194.90	18.09	48.40	18.34	40.40
对中国的直接投资存量占对全球的比重（%）	1.14		2.03	1.17	1.29	0.80	0.31	1.85	0.20	2.13
国别	希腊	葡萄牙	西班牙	奥地利	芬兰	瑞典	波兰	拉脱维亚	立陶宛	爱沙尼亚
对中国当年新增投资项目数（个）	—	25.00	—	42.00	—	82.00	—	—	—	—
对中国直接投资流量（亿美元）	—	0.004	—	0.95	—	1.60	—	—	—	—
对中国的直接投资流量占对全球的比重（%）		0.15		0.90		0.80	—	—	—	—

续表

国别	欧盟（28国）	欧盟（27国）	德国	法国	意大利	荷兰	比利时	卢森堡	爱尔兰	丹麦
对中国累计投资项目数（个）	—	259.00	2508.00	—	—	1537.00	—	—	—	—
对中国的直接投资存量（亿美元）	—	2.15	38.00	19.90	—	50.10	—	—	—	—
对中国的直接投资存量占对全球的比重（%）	—	0.39	0.68	0.87	—	1.35	—	—	—	—
国别	匈牙利	捷克	斯洛伐克	斯洛文尼亚	马耳他	塞浦路斯	保加利亚	罗马尼亚	克罗地亚	英国（现已脱欧）
对中国当年新增投资项目数（个）	—	—	—	—	—	—	—	—	—	—
对中国直接投资流量（亿美元）	—	—	—	—	—	—	—	—	—	38.90
对中国的直接投资流量占对全球的比重（%）	—	—	—	—	—	—	—	—	—	7.80
对中国累计投资项目数（个）	—	—	—	—	—	235.00	—	—	—	—
对中国的直接投资存量（亿美元）	—	—	—	0.51	—	1.68	—	—	—	200.00
对中国的直接投资存量占对全球的比重（%）	—	—	—	0.76	—	0.08	—	—	—	1.18

数据来源：贸发会《世界投资报告》、中国商务部《对外投资合作国别（地区）指南》相关数据。

3.5 中国在欧盟承包劳务情况

表 3.16　2018 年中国在欧盟国家承包劳务情况

国别	欧盟（28 国）	欧盟（27 国）	德国	法国	意大利	荷兰	比利时	卢森堡	爱尔兰	丹麦
中国在欧盟国家年度新签承包工程合同（份）	—	—	124.00	1419.00	302.00	18.00	95.00	—	0.00	2.00
中国在欧盟国家年度新签合同额（亿美元）	55.20	—	8.93	14.20	0.70	—	0.35	—	0.00	0.27
中国在欧盟国家承包工程完成营业额（亿美元）	44.80	—	8.14	12.60	2.01	1.29	1.43	0.02	0.00	0.05
中国当年累计派出劳务人员（人）	—	—	1830.00	54.00	1171.00	314.00	—	1.00	0.00	65.00
中国在欧盟国家年末劳务人员数量（人）	—	—	5706.00	81.00	1332.00	397.00	1823.00	1.00	0.00	76.00
国别	希腊	葡萄牙	西班牙	奥地利	芬兰	瑞典	波兰	拉脱维亚	立陶宛	爱沙尼亚
中国在欧盟国家年度新签承包工程合同（份）	15.00	11.00	20.00	17.00	1.00	10.00	9.00	2.00	6.00	0.00
中国在欧盟国家年度新签合同额（亿美元）	0.80	1.36	5.73	1.21	0.03	1.30	1.15	0.20	0.72	0.00

续表

国别	希腊	葡萄牙	西班牙	奥地利	芬兰	瑞典	波兰	拉脱维亚	立陶宛	爱沙尼亚
中国在欧盟国家承包工程完成营业额（亿美元）	1.60	2.56	4.44	0.75	0.02	0.97	0.63	0.006	0.11	0.00
中国当年累计派出劳务人员（人）	365.00	20.00	26.00	93.00	3.00	0.00	171.00	15.00	12.00	—
中国在欧盟国家年末劳务人员数量（人）	312.00	—	47.00	101.00	6.00	4.00	160.00	15.00	9.00	—
国别	匈牙利	捷克	斯洛伐克	斯洛文尼亚	马耳他	塞浦路斯	保加利亚	罗马尼亚	克罗地亚	英国（现已脱欧）
中国在欧盟国家年度新签承包工程合同（份）	12.00	24.00	3.00	0.00	2.00	—	12.00	188.00	4.00	62.00
中国在欧盟国家年度新签合同额（亿美元）	0.37	0.69	0.002	0.00	0.02	4.30	0.40	0.83	0.01	9.48
中国在欧盟国家承包工程完成营业额（亿美元）	0.34	0.57	0.02	0.06	0.02	4.70	0.50	0.93	0.01	5.70
中国当年累计派出劳务人员（人）	——	3.00	6.00	6.00	1256.00	—	—	5.00	—	1338.00
中国在欧盟国家年末劳务人员数量（人）	4.00	—	—	—	1039.00	—	—	54.00	2.00	949.00

注：下划线为2017年数据，#为对相关国家的加总或计算值

数据来源：贸发会《世界投资报告》、中国商务部《对外投资合作国别（地区）指南》相关数据。

中国与欧盟各国贸易与投资情况

4.1 中国与德国的贸易与投资情况

表 4.1 2014—2018 年德国宏观经济数据

年份	GDP 总额（亿美元）	GDP 增长率（%）	人均 GDP（美元）
2014	38839.20	2.23	47959.99
2015	33605.50	1.74	41139.54
2016	34667.90	2.23	42098.92
2017	36567.49	2.47	44240.04
2018	39476.20	1.53	47603.03

资料来源：世界银行数据库。

表 4.2 2014—2018 年德国贸易情况统计

年份	进出口总额（亿美元）	出口（亿美元）	进口（亿美元）	进出口差额（亿美元）
2014	27014.07	14942.14	12071.93	2870.21
2015	23773.38	13262.06	10511.32	2750.74
2016	23896.82	13343.55	10553.26	2790.29
2017	26110.98	14481.91	11629.07	2852.83
2018	28448.93	15605.39	12843.53	2761.86

资料来源：国际货币基金组织 DOTS 数据库。

表 4.3　2014—2018 年中国和德国贸易情况统计

年份	进出口总额（亿美元）	出口额（亿美元）	进口额（亿美元）	累计比 2019 年同期增减（%）		
				进出口	出口	进口
2014	1775.07	727.31	1047.76	9.93	7.99	11.31
2015	1566.74	692.04	874.70	-11.74	-4.85	-16.52
2016	1524.21	660.44	863.77	-2.71	-4.57	-1.25
2017	1684.09	714.64	969.45	10.49	8.21	12.24
2018	1843.68	781.55	1062.14	9.48	9.36	9.56

资料来源：国际货币基金组织 DOTS 数据库。

表 4.4　2014—2018 年中国对德国直接投资情况

年份	2014	2015	2016	2017	2018
金额（万美元）	143892.00	40963.00	238058.00	271585.00	146799.15

资料来源：万德数据库。

表 4.5　2014—2018 年中国在德国经济合作情况

年份	对外承包工程		对外劳务合作	
	合同额（万美元）	营业额（万美元）	当年派出人数（人）	年末在外人数（人）
2014	39512.00	38138.00	1652.00	3622.00
2015	63914.00	52252.00	1756.00	4181.00
2016	63535.00	59559.00	1752.00	5090.00
2017	——	63631.00	1584.00	4905.00
2018	——	81436.00	1788.00	5633.00

资料来源：万德数据库。

4.2 中国与法国的贸易与投资情况

表 4.6　2014—2018 年法国宏观经济数据

年份	GDP 总额（亿美元）	GDP 增长率（%）	人均 GDP（美元）
2014	28521.66	0.96	43008.65
2015	24382.08	1.11	36613.38
2016	24712.86	1.10	36962.22
2017	25862.85	2.26	38679.13
2018	27775.35	1.72	41463.64

资料来源：世界银行数据库。

表 4.7　2014—2018 年法国贸易情况统计

年份	进出口总额（亿美元）	出口（亿美元）	进口（亿美元）	进出口差额（亿美元）
2014	12580.10	5813.92	6766.17	-952.25
2015	10770.23	5062.64	5707.58	-644.94
2016	10688.36	5011.79	5676.57	-664.78
2017	11538.38	5351.88	6186.49	-834.61
2018	12532.09	5817.74	6714.35	-896.62

资料来源：国际货币基金组织 DOTS 数据库。

表 4.8　2014—2018 年中国和法国贸易情况统计

年份	进出口总额（亿美元）	出口额（亿美元）	进口额（亿美元）	累计比 2019 年同期增减（%）		
				进出口	出口	进口
2014	560.91	289.76	271.15	12.12	7.26	17.82
2015	520.23	270.48	249.74	-7.25	-6.65	-7.90
2016	480.03	253.03	227.00	-7.73	-6.45	-9.11
2017	554.23	281.24	272.99	15.46	11.15	20.26
2018	635.35	312.48	322.87	14.64	11.11	18.27

资料来源：国际货币基金组织 DOTS 数据库。

表 4.9　2014—2018 年中国对法国直接投资情况

年份	2014	2015	2016	2017	2018
金额（万美元）	40554.00	32788.00	149957.00	95215.00	-7502.42

资料来源：万德数据库。

表 4.10　2014—2018 年中国在法国经济合作情况

年份	对外承包工程		对外劳务合作	
	合同额（万美元）	营业额（万美元）	当年派出人数（人）	年末在外人数（人）
2014	195193.00	148177.00	10.00	25.00
2015	200853.00	184421.00	6.00	22.00
2016	156796.00	136049.00	3.00	24.00
2017	——	144236.00	4.00	2.00
2018	——	125834.00	——	2.00

资料来源：万德数据库。

4.3 中国与荷兰的贸易与投资情况

表 4.11　2014—2018 年荷兰宏观经济数据

年份	GDP 总额（亿美元）	GDP 增长率（%）	人均 GDP（美元）
2014	8909.81	1.42	52830.17
2015	7652.65	1.96	45175.23
2016	7835.28	2.19	46007.85
2017	8318.10	2.91	48554.99
2018	9136.58	2.60	53024.06

资料来源：世界银行数据库。

表 4.12　2014—2018 年荷兰贸易情况统计

年份	进出口总额（亿美元）	出口（亿美元）	进口（亿美元）	进出口差额（亿美元）
2014	12619.80	6724.11	5895.70	828.41
2015	10825.47	5704.42	5121.05	583.37
2016	10714.04	5706.06	5007.97	698.09
2017	12267.11	6520.65	5746.46	774.20
2018	13721.99	7266.98	6455.02	811.96

资料来源：国际货币基金组织 DOTS 数据库。

表 4.13　2014—2018 年中国和荷兰贸易情况统计

年份	进出口总额（亿美元）	出口额（亿美元）	进口额（亿美元）	累计比 2019 年同期增减（%）		
				进出口	出口	进口
2014	742.92	649.23	93.69	5.97	7.64	-4.28
2015	684.59	596.54	88.05	-7.85	-8.12	-6.01
2016	677.94	580.52	97.42	-0.97	-2.69	10.64
2017	787.94	675.88	112.06	16.23	16.43	15.03
2018	855.92	732.89	123.03	8.63	8.43	9.79

资料来源：国际货币基金组织 DOTS 数据库。

表 4.14　2014—2018 年中国对荷兰直接投资情况

年份	2014	2015	2016	2017	2018
金额（万美元）	102997.00	1346284.00	116972.00	-22312.00	103834.00

资料来源：万德数据库。

表 4.15　2014—2018 年中国在荷兰经济合作情况

年份	对外承包工程		对外劳务合作	
	合同额（万美元）	营业额（万美元）	当年派出人数（人）	年末在外人数（人）
2014	17461.00	23173.00	112.00	267.00
2015	16920.00	111.00	——	——
2016	24479.00	17588.00	133.00	284.00
2017	——	16163.00	239.00	316.00
2018	——	13420.00	312.00	389.00

资料来源：万德数据库。

4.4 中国与比利时的贸易与投资情况

表 4.16　2014—2018 年比利时宏观经济数据

年份	GDP 总额（亿美元）	GDP 增长率（%）	人均 GDP（美元）
2014	5346.78	1.58	47700.54
2015	4621.50	2.03	40991.81
2016	4760.57	1.51	42012.10
2017	5030.05	1.96	44219.56
2018	5427.61	1.46	47518.64

资料来源：世界银行数据库。

表 4.17　2014—2018 年比利时贸易情况统计

年份	进出口总额（亿美元）	出口（亿美元）	进口（亿美元）	进出口差额（亿美元）
2014	9258.92	4721.92	4537.00	184.92
2015	7723.71	3968.41	3755.30	213.11
2016	7775.43	3981.34	3794.09	187.24
2017	8388.91	4298.56	4090.34	208.22
2018	9175.45	4665.59	4509.86	155.73

资料来源：国际货币基金组织 DOTS 数据库。

表 4. 18　2014—2018 年中国和比利时贸易情况统计

年份	进出口总额（亿美元）	出口额（亿美元）	进口额（亿美元）	累计比 2019 年同期增减（%）		
				进出口	出口	进口
2014	272. 78	172. 22	100. 56	7. 29	10. 69	1. 92
2015	232. 52	162. 21	70. 32	-14. 76	-5. 82	-30. 07
2016	218. 54	149. 87	68. 67	-6. 01	-7. 60	-2. 34
2017	234. 38	158. 91	75. 47	7. 25	6. 03	9. 91
2018	241. 59	171. 78	69. 81	3. 07	8. 10	-7. 50

资料来源：国际货币基金组织 DOTS 数据库。

表 4. 19　2014—2018 年中国对比利时直接投资情况

年份	2014	2015	2016	2017	2018
金额（万美元）	15328. 00	2346. 00	2835. 00	3034. 00	563. 00

资料来源：万德数据库。

表 4. 20　2014—2018 年中国在比利时经济合作情况

年份	对外承包工程		对外劳务合作	
	合同额（万美元）	营业额（万美元）	当年派出人数（人）	年末在外人数（人）
2014	6784. 00	7002. 00	——	1. 00
2015	8764. 00	3638. 00	2. 00	2. 00
2016	1117. 00	15389. 00	——	2. 00
2017	——	14280. 00	33. 00	32. 00
2018	——	725. 00	4. 00	31. 00

资料来源：万德数据库。

4.5 中国与卢森堡的贸易与投资情况

表 4.21　2014—2018 年卢森堡宏观经济数据

年份	GDP 总额（亿美元）	GDP 增长率（%）	人均 GDP（美元）
2014	661.04	4.30	118823.65
2015	577.44	4.31	101376.50
2016	606.91	4.57	104278.39
2017	640.23	1.80	107361.31
2018	708.85	3.11	116639.89

资料来源：世界银行数据库。

表 4.22　2014—2018 年卢森堡贸易情况统计

年份	进出口总额（亿美元）	出口（亿美元）	进口（亿美元）	进出口差额（亿美元）
2014	457.55	190.99	266.56	-75.57
2015	404.28	171.39	232.89	-61.50
2016	376.68	157.96	218.72	-60.76
2017	386.37	157.61	228.76	-71.15
2018	403.80	163.42	240.38	-76.96

资料来源：国际货币基金组织 DOTS 数据库。

表 4.23　2014—2018 年中国和卢森堡贸易情况统计

年份	进出口总额（亿美元）	出口额（亿美元）	进口额（亿美元）	累计比 2019 年同期增减（%）		
				进出口	出口	进口
2014	22.50	19.46	3.04	8.99	7.66	18.42
2015	26.35	23.25	3.10	17.09	19.47	1.86
2016	15.61	12.56	3.06	-40.75	-46.01	-1.23
2017	10.09	7.01	3.08	-35.39	-44.16	0.64
2018	11.67	8.55	3.12	15.73	21.99	1.47

资料来源：国际货币基金组织 DOTS 数据库。

表 4.24 2014—2018 年中国对卢森堡直接投资情况

年份	2014	2015	2016	2017	2018
金额（万美元）	457837.00	-1145317.00	160188.00	135340.00	248733.00

资料来源：万德数据库。

表 4.25 2014—2018 年中国在卢森堡经济合作情况

年份	对外承包工程		对外劳务合作	
	合同额（万美元）	营业额（万美元）	当年派出人数（人）	年末在外人数（人）
2014	——	——	——	——
2015	——	——	——	——
2016	——	——	——	——
2017	——	——	——	——
2018	——	——	——	——

资料来源：万德数据库。

4.6 中国与欧盟内西欧国家的贸易与投资情况

说明：本部分欧盟内西欧国家是德国、法国、意大利、荷兰、比利时、卢森堡，即欧盟的创始成员国。

表 4.26 2014—2018 年欧盟内西欧国家宏观经济数据

年份	GDP 总额（亿美元）	GDP 增长率（%）	人均 GDP（美元）
2014	99091.10	2.37	41860.38
2015	85078.60	-14.14	35778.24
2016	87111.20	2.39	36481.83
2017	91540.50	5.08	38275.58
2018	98587.00	7.70	41145.25

资料来源：世界银行数据库。

表 4.27 2014—2018 年欧盟内西欧国家贸易情况统计

年份	进出口总额（亿美元）	出口（亿美元）	进口（亿美元）	进出口差额（亿美元）
2014	71972.34	37691.04	34281.30	3409.74
2015	62176.15	32738.82	29437.33	3301.49
2016	62136.57	32818.07	29318.50	3499.57
2017	68297.15	35884.80	32412.35	3472.45
2018	74809.92	39014.38	35795.55	3218.83

资料来源：国际货币基金组织 DOTS 数据库。

表 4.28 2014—2018 年中国和欧盟内西欧国家贸易情况统计

年份	进出口总额（亿美元）	出口额（亿美元）	进口额（亿美元）	累计比 2019 年同期增减（%）		
				进出口	出口	进口
2014	3992.92	1562.83	2430.10	7.01	9.09	5.72
2015	3617.47	1295.10	2322.37	-9.40	-17.13	-4.43
2016	3679.38	1344.56	2334.82	1.71	3.82	0.54
2017	4161.20	1584.34	2576.86	13.09	17.83	10.37
2018	4536.09	1740.32	2795.77	9.01	9.85	8.50

资料来源：国际货币基金组织 DOTS 数据库。

表 4.29 2014—2018 年中国对欧盟内西欧国家直接投资情况

年份	2014	2015	2016	2017	2018
金额（万美元）	771910.00	286165.00	731354.00	525316.00	522187.74

资料来源：万德数据库。

表 4.30 2014—2018 年中国在欧盟内西欧国家经济合作情况

年份	对外承包工程		对外劳务合作	
	合同额（万美元）	营业额（万美元）	当年派出人数（人）	年末在外人数（人）
2014	270504.00	222666.00	4545.00	4544.00
2015	310293.00	279393.00	4866.00	5150.00
2016	252787.00	248690.00	6050.00	6048.00
2017	——	258415.00	3020.00	6479.00
2018	——	248757.00	2663.00	6840.00

注："对外承包工程合同额"缺少卢森堡数据；"对外承包工程营业额"缺少卢森堡数据；"对外劳务合作当年派出人数"缺少卢森堡数据；"对外劳务合作年末在外人数"缺少比利时、卢森堡数据。

资料来源：万德数据库。

4.7 中国与欧盟内南欧国家的贸易与投资情况

说明：本部分的南欧国家并非完全地理意义上的南欧国家，是指"PIIGS"国家，包括西班牙、意大利、希腊、葡萄牙、爱尔兰 5 国。

表 4.31 2014—2018 年欧盟内南欧国家宏观经济数据

年份	GDP 总额（亿美元）	GDP 增长率（%）	人均 GDP（美元）
2014	42536.30	1.26	31929.07
2015	37184.20	-12.58	27946.21
2016	38096.90	2.45	28651.22
2017	40250.00	5.65	30264.91
2018	43440.90	7.93	32657.92

资料来源：世界银行数据库。

表 4.32　2014—2018 年欧盟内南欧国家贸易情况统计

年份	进出口总额（亿美元）	出口（亿美元）	进口（亿美元）	进出口差额（亿美元）
2014	21308.22	10751.80	10556.42	195.39
2015	18596.72	9462.25	9134.47	327.78
2016	18797.63	9661.05	9136.58	524.48
2017	20904.37	10590.83	10313.55	277.28
2018	23235.09	11690.86	11544.23	146.63

资料来源：国际货币基金组织 DOTS 数据库。

表 4.33　2014—2018 年中国和欧盟内南欧国家贸易情况统计

年份	进出口总额（亿美元）	出口额（亿美元）	进口额（亿美元）	累计比 2019 年同期增减（%）		
				进出口	出口	进口
2014	860.79	228.21	632.58	9.74	5.90	11.19
2015	805.39	193.94	611.45	-6.44	-15.02	-3.34
2016	826.63	221.38	605.25	2.64	14.15	-1.01
2017	934.57	283.32	651.25	13.06	27.98	7.60
2018	1043.13	301.51	741.61	11.62	6.42	13.88

资料来源：国际货币基金组织 DOTS 数据库。

表 4.34　2014—2018 年中国对欧盟内南欧国家直接投资情况

年份	2014	2015	2016	2017	2018
金额（万美元）	24248.00	25361.00	112017.00	75324.00	97075.00

注：2014 年缺少希腊、葡萄牙数据，2015—2017 年缺少葡萄牙数据。
资料来源：中国商务部《对外直接投资统计公报》相关数据。

表 4. 35 2014—2018 年中国在欧盟内南欧国家经济合作情况

年份	对外承包工程		对外劳务合作	
	合同额（万美元）	营业额（万美元）	当年派出人数（人）	年末在外人数（人）
2014	57122. 00	26194. 00	728. 00	728. 00
2015	62318. 00	49515. 00	1128. 00	840. 00
2016	55769. 00	87385. 00	803. 00	802. 00
2017	——	70950. 00	1537. 00	1553. 00
2018	——	118978. 00	1273. 00	1527. 00

注：“对外承包工程合同额”缺少爱尔兰数据；“对外承包工程营业额”2015—2018 年缺少爱尔兰数据；“对外劳务合作当年派出人数”2014 年缺少葡萄牙、西班牙数据，2015—2018 年缺少爱尔兰数据，2017 年缺少西班牙数据；“对外劳务合作年末在外人数”各年度缺少葡萄牙数据，2015—2018 年缺少爱尔兰数据，2014—2015 年缺少西班牙数据。

资料来源：万德数据库。

4. 8 中国与欧盟内北欧国家的贸易与投资情况

说明：欧盟内北欧国家指的是瑞典、芬兰、丹麦 3 国。

表 3. 36 2014—2018 年欧盟内北欧国家宏观经济数据

年份	GDP 总额（亿美元）	GDP 增长率（%）	人均 GDP（美元）
2014	12077. 40	0. 69	58061. 37
2015	10409. 09	-13. 81	49656. 48
2016	10694. 31	2. 74	50572. 71
2017	11243. 97	5. 14	52712. 16
2018	11885. 05	5. 70	55282. 72

资料来源：世界银行数据库。

表 4. 37 2014—2018 年欧盟内北欧国家贸易情况统计

年份	进出口总额（亿美元）	出口（亿美元）	进口（亿美元）	进出口差额（亿美元）
2014	10499. 28	5457. 35	5041. 93	415. 42
2015	9082. 2	4738. 36	4343. 84	394. 52

续表

年份	进出口总额（亿美元）	出口（亿美元）	进口（亿美元）	进出口差额（亿美元）
2016	9115.48	4741.33	4374.15	367.17
2017	9947.21	5177.02	4770.2	406.82
2018	10850.88	5592.39	5258.5	333.89

资料来源：世界银行数据库。

表 4.38　2014—2018 年中国和欧盟内北欧国家贸易情况统计

年份	进出口总额（亿美元）	出口额（亿美元）	进口额（亿美元）	累计比 2019 年同期增减（%）		
				进出口	出口	进口
2014	337.14	188.14	149.00	3.39	2.58	4.43
2015	307.88	167.91	139.97	-8.68	-10.75	-6.06
2016	284.62	146.11	138.51	-7.56	-12.98	-1.04
2017	327.37	163.82	163.55	15.02	12.12	18.08
2018	366.94	185.68	181.25	12.09	13.34	10.83

资料来源：中国国家统计局。

表 4.39　2014—2018 年中国对欧盟内北欧国家直接投资情况

年份	2014	2015	2016	2017	2018
金额（万美元）	19766.00	33171.00	29008.00	132894.00	123547.00

资料来源：中国商务部《对外直接投资统计公报》。

表 4.40　2014—2018 年中国在欧盟内北欧国家经济合作情况

年份	对外承包工程		对外劳务合作	
	合同额（万美元）	营业额（万美元）	当年派出人数（人）	年末在外人数（人）
2014	17340.00	9386.00	82.00	102.00
2015	12993.00	23549.00	60.00	56.00
2016	9146.00	10985.00	101.00	130.00

续表

年份	对外承包工程		对外劳务合作	
	合同额（万美元）	营业额（万美元）	当年派出人数（人）	年末在外人数（人）
2017	——	8228.00	77.00	105.00
2018	——	11168.00	124.00	150.00

注："对外劳务合作当年派出人数"缺少保加利亚的数据；"对外劳务合作年末在外人数"缺少保加利亚的数据。

资料来源：万德数据库。

4.9 中国与中东欧16国的贸易与投资情况

说明：中东欧16国是指波兰、捷克、斯洛伐克、匈牙利、斯洛文尼亚、克罗地亚、罗马尼亚、保加利亚、塞尔维亚、黑山、马其顿、波黑、阿尔巴尼亚、爱沙尼亚、立陶宛、拉脱维亚。其中，包括11个欧盟成员国（波兰、捷克、斯洛伐克、匈牙利、斯洛文尼亚、克罗地亚、罗马尼亚、保加利亚、爱沙尼亚、立陶宛、拉脱维亚），2个正在为加入欧盟冲刺的入盟候选国家（黑山、马其顿），3个受欧盟联系与稳定进程规制的潜在入盟国家（阿尔巴尼亚、波黑、塞尔维亚）。2019年希腊宣布加入中国—中东欧国家"16+1"合作，中国同中东欧国家合作的平台已变为"17+1"。

表4.41　2014—2018年中东欧十六国宏观经济数据

年份	GDP总额（亿美元）	GDP增长率（%）	人均GDP（美元）
2014	15603.93	2.84	13036.13
2015	13709.85	-12.14	11485.68
2016	14014.54	2.22	11775.14
2017	15485.33	10.49	13046.98
2018	17369.51	12.17	14671.48

资料来源：世界银行数据库。

表 4.42　2014—2018 年中东欧十六国贸易情况统计

年份	进出口总额（亿美元）	出口（亿美元）	进口（亿美元）	进出口差额（亿美元）
2014	16828.26	8323.88	8504.38	-180.50
2015	14868.50	7373.33	7495.17	-121.84
2016	15260.26	7601.39	7658.87	-57.47
2017	17419.36	8604.25	8815.11	-210.86
2018	19673.88	9618.76	10055.12	-436.36

资料来源：国际货币基金组织 DOTS 数据库。

表 4.43　2014—2018 年中国和中东欧十六国贸易情况统计

年份	进出口总额（亿美元）	出口额（亿美元）	进口额（亿美元）	累计比 2019 年同期增减（%）		
				进出口	出口	进口
2014	602.13	437.05	165.08	9.29	7.86	13.27
2015	562.28	421.58	140.70	-6.62	-3.54	-14.77
2016	586.91	437.62	149.29	4.38	3.80	6.10
2017	679.76	494.82	184.94	15.82	13.07	23.88
2018	822.20	591.83	230.37	20.95	19.60	24.56

资料来源：中国国家统计局。

表 4.44　2014—2018 年中国对中东欧十六国直接投资情况

年份	2014	2015	2016	2017	2018
金额（万美元）	1083403.00	710770.00	1065775.00	1844104.00	648047.50

注：缺少斯洛文尼亚、黑山、爱沙尼亚的数据。
资料来源：万德数据库。

表 4.45　2014—2018 年中国在中东欧十六国经济合作情况

年份	对外承包工程		对外劳务合作	
	合同额（万美元）	营业额（万美元）	当年派出人数（人）	年末在外人数（人）
2014	381322.00	128768.00	19.00	41.00
2015	132785.00	118224.00	703.00	724.00
2016	113569.00	84052.00	5.00	42.00
2017	——	77611.00	29.00	68.00
2018	——	80996.00	282.00	318.00

注：“对外承包工程合同额”缺少斯洛伐克、爱沙尼亚、立陶宛 3 国的数据；“对外承包工程营业额”缺少克罗地亚、黑山、拉脱维亚 3 国的数据；“对外劳务合作当年派出人数”缺少捷克、斯洛伐克、克罗地亚、保加利亚、黑山、爱沙尼亚、拉脱维亚 7 国的数据；“对外劳务合作年末在外人数”缺少克罗地亚、保加利亚、黑山、爱沙尼亚、拉脱维亚 5 国的数据。

资料来源：万德数据库。

4.10 欧元汇率情况

表 4.46　2009—2019 年欧元汇率情况

汇率	2009	2010	2011	2012	2013	2014	2015	2016	2017	2018	2019
1 欧元等于人民币（元）	9.5277	8.9712	8.9960	8.1052	8.1646	8.8157	6.9733	7.3522	7.6290	7.8081	7.7245
1 元人民币等于欧元（欧）	0.1050	0.1115	0.1112	0.1234	0.1225	0.1134	0.1434	0.1360	0.1311	0.1281	0.1295
1 欧元等于美元（美元）	1.3948	1.3257	1.3920	1.2848	1.3281	1.3285	1.1095	1.1069	1.1297	1.1810	1.1216
1 美元等于欧元（欧）	0.7169	0.7543	0.7184	0.7783	0.7530	0.7527	0.9013	0.9034	0.8852	0.8467	0.8916

数据来源：2009—2018 年汇率来源于 DGtrade 报告；2019 年欧元与人民币汇率根据中国国家外汇管理局“平均汇率：欧元兑人民币”的各月平均值计算而得；2019 年欧元与美元汇率根据中国国家外汇管理局“对美元折算率：欧元”的各月平均值计算而得。

关于中欧合作的其他基础数据与资料

5.1 中国—欧盟货币互换情况

表 5.1　中国与欧盟国家货币互换情况

国家	中国与该国的货币互换金额	国家	中国与该国的货币互换金额
德国	尚未签署货币互换协议，欧元区 3500 亿元人民币/450 亿欧元	波兰	尚未签署货币互换协议
法国	尚未签署货币互换协议，欧元区 3500 亿元人民币/450 亿欧元	拉脱维亚	尚未签署货币互换协议，欧元区 3500 亿元人民币/450 亿欧元
意大利	尚未签署货币互换协议，欧元区 3500 亿元人民币/450 亿欧元	立陶宛	尚未签署货币互换协议，欧元区 3500 亿元人民币/450 亿欧元
荷兰	尚未签署货币互换协议，欧元区 3500 亿元人民币/450 亿欧元	爱沙尼亚	尚未签署货币互换协议，欧元区 3500 亿元人民币/450 亿欧元
比利时	尚未签署货币互换协议，欧元区 3500 亿元人民币/450 亿欧元	匈牙利	100 亿元人民币/3750 亿匈牙利福林
卢森堡	尚未签署货币互换协议，欧元区 3500 亿元人民币/450 亿欧元	捷克	尚未签署货币互换协议
爱尔兰	尚未签署货币互换协议，欧元区 3500 亿元人民币/450 亿欧元	斯洛伐克	尚未签署货币互换协议，欧元区 3500 亿元人民币/450 亿欧元
丹麦	尚未签署货币互换协议	斯洛文尼亚	尚未签署货币互换协议，欧元区 3500 亿元人民币/450 亿欧元
希腊	尚未签署货币互换协议，欧元区 3500 亿元人民币/450 亿欧元	马耳他	尚未签署货币互换协议，欧元区 3500 亿元人民币/450 亿欧元

续表

国家	中国与该国的货币互换金额	国家	中国与该国的货币互换金额
葡萄牙	尚未签署货币互换协议，欧元区 3500 亿元人民币/450 亿欧元	塞浦路斯	尚未签署货币互换协议，欧元区 3500 亿元人民币/450 亿欧元
西班牙	尚未签署货币互换协议，欧元区 3500 亿元人民币/450 亿欧元	保加利亚	尚未签署货币互换协议
奥地利	尚未签署货币互换协议，欧元区 3500 亿元人民币/450 亿欧元	罗马尼亚	尚未签署货币互换协议
芬兰	尚未签署货币互换协议，欧元区 3500 亿元人民币/450 亿欧元	克罗地亚	尚未签署货币互换协议
瑞典	尚未签署货币互换协议	英国（现已脱欧）	2013 年，2000 亿元人民币/200 亿英镑本币互换协议；2015 年，3500 亿元人民币/350 亿英镑

资料来源：2018 年中国商务部《对外投资合作国别（地区）指南》。

5.2 欧盟国家对外贸易和投资、技术合作关系情况

表 5.2　欧盟国家对外贸易和投资、技术合作关系情况

国别	主要贸易伙伴	主要投资来源国（地）	技术合作情况
德国	中国、荷兰、美国	荷兰、卢森堡、美国	1982 年，《中德两国政府技术合作协定》； 2000 年 6 月，中德签署《关于在经济、工业和技术领域合作的协定》； 2006 年，中德签署《关于在中德经济技术合作论坛框架下开展医药经济和生物技术合作的框架协议》； 2007 年 8 月 27 日，中德签署《能源工作组的框架协议》； 2009 年 12 月 17 日，中德签署《二〇〇八年度技术合作协定》
法国	德国、西班牙、意大利	卢森堡、荷兰、英国	1987 年 11 月，中法两国签订《经济技术合作财政议定书》

续表

国别	主要贸易伙伴	主要投资来源国（地）	技术合作情况
意大利	德国、法国、美国	卢森堡、荷兰、瑞士	1984年3月，中意两国签订《中意空间科学技术合作议定书》； 2007年5月16日，中意双方强调在高端产业合作中技术创新的重要性，两国科技部长通过“中意创新合作周”就此进行年度定期会晤； 双方根据《2016—2018年科技合作三年执行计划》确定的2016年联合科研项目具有重要意义
荷兰	德国、比利时、英国	卢森堡、美国、英国	1984年10月，中荷两国签订《中华人民共和国政府和荷兰王国政府经济技术合作协定》； 1987年5月，中荷两国签订《中华人民共和国政府和荷兰王国政府科学技术合作谅解备忘录》； 1987年11月和2001年11月，中荷两次签署《中华人民共和国政府和荷兰王国政府农业科学和技术合作协定》
比利时	德国、法国、荷兰	荷兰、法国、卢森堡	1979年11月，中比两国签订《发展经济、工业、科学和技术合作协定》
卢森堡	德国、法国、英国	德国、法国、比利时	1979年11月23日，中卢两国在北京签订《比利时—卢森堡经济联盟和中华人民共和国发展经济、工业、科学和技术合作协定》
爱尔兰	英国、美国、中国	美国、离岸金融中心、荷兰	1986年，中国与爱尔兰签订《经济、工业、科学和技术合作协定》
丹麦	德国、瑞典、英国	瑞典、荷兰、法国	1979年，中国和丹麦政府签署《经济和技术合作协定》。双方于1980年建立经贸联委会机制，迄今共召开22次会议
希腊	德国、意大利、俄罗斯	德国、卢森堡、荷兰	1983年，中希双方签订《经济技术合作协定》； 2011年10月，中国商务部和希腊共和国发展、竞争力和海运部签订《加强基础设施和制造领域合作谅解备忘录》
葡萄牙	西班牙、德国、法国	荷兰、西班牙、卢森堡	1982年4月，中葡两国政府代表在北京签署《中华人民共和国政府和葡萄牙共和国政府文化科学技术合作协定》
西班牙	法国、德国、意大利	荷兰、卢森堡、英国	1985年9月，中西两国签署《科技合作基础协定》

续表

国别	主要贸易伙伴	主要投资来源国（地）	技术合作情况
奥地利	德国、意大利、中国	德国、俄罗斯、美国	1980年11月，中奥双方签订《中奥经济、工业和技术合作协定》； 1996年9月，中奥双方签订《经济、工业、技术和工艺合作协定》； 2010年4月，中奥两国签订《基础设施领域技术合作的谅解备忘录》，强调中奥两国谅解备忘录框架内的技术以及技术诀窍转让的优先性；强调基础设施领域技术合作在中国与奥地利联邦政府间经济、工业、技术合作协议范围内众多中奥合作工作中的优先性
芬兰	德国、瑞典、俄罗斯	瑞典、荷兰、卢森堡	2005年，中芬签订新版《中芬经济、工业和技术合作协定》
瑞典	德国、挪威、丹麦	丹麦、美国、中国	1978年，中瑞双方签订《中国政府和瑞典王国政府关于工业和科技合作协定》； 2006年，中瑞双方签订《中瑞经济、工业和技术合作协定》； 2008年，中瑞双方签订《中华人民共和国国家发展和改革委员会与瑞典王国环境部和外交部关于环境与能源技术合作框架协议》
波兰	德国、捷克、英国	德国、美国、法国	1984年，中波两国签订《中华人民共和国政府和波兰人民共和国政府经济技术合作协定》《中华人民共和国政府和波兰人民共和国政府关于成立中波经济、贸易、科学技术合作委员会议定书》； 1986年，签订《中华人民共和国和波兰人民共和国1986至1990年科学技术合作纲要》《中华人民共和国和波兰人民共和国科学技术合作共同条件》
拉脱维亚	立陶宛、德国、俄罗斯	瑞典、俄罗斯、爱沙尼亚	2018年，中拉签署《科技合作协定》
立陶宛	俄罗斯、德国、波兰	瑞典、波兰、德国（2013）	——
爱沙尼亚	芬兰、瑞典、德国	瑞典、芬兰、荷兰（2013）	——

续表

国别	主要贸易伙伴	主要投资来源国（地）	技术合作情况
匈牙利	德国、奥地利、斯洛伐克	德国、荷兰、卢森堡	1984 年，中匈双方签订《中华人民共和国政府和匈牙利人民共和国政府经济技术合作协定》； 1987 年，中匈双方签订《经济和科学技术长期合作基本方向的协定》
捷克	德国、波兰、斯洛伐克	德国、日本、奥地利	2005 年 12 月，中捷两国签订《中华人民共和国农业部与捷克共和国农业部关于农业及食品加工工业合作的协议》
斯洛伐克	德国、捷克、意大利	德国、意大利、奥地利（2013）	2017 年 12 月，中国—斯洛伐克政府间科技合作委员会第 8 届例会通过双方换文举行
斯洛文尼亚	德国、意大利、奥地利	奥地利、卢森堡、瑞士	1993 年 9 月 13 日，中斯签订《中华人民共和国政府和斯洛文尼亚共和国政府科学技术合作协定》
马耳他	美国、德国、法国	欧盟、美国、德国	2015 年 8 月，中马签署了《中华人民共和国科学技术部与马耳他共和国科学技术理事会关于共建海产养殖联合中心的谅解备忘录》
塞浦路斯	希腊、德国、意大利	欧美国家	1984 年 6 月，中塞签署《中华人民共和国政府和塞浦路斯共和国政府经济、科学和技术合作协定》
保加利亚	欧盟	荷兰、德国、瑞士（2015）	1987 年 5 月，中保签订《长期经济和科学技术合作基本方向的协定》； 2011 年，中保签订《信息技术和通信领域的合作协议》
罗马尼亚	欧盟	荷兰、奥地利、德国（2015）	1978 年，中罗成立两国政府经济技术合作委员会，1994 年改称政府经济贸易委员会，2006 年改称政府经济联委会； 1989 年 9 月，中罗双方签订《发展经济科学技术长期合作的协定》； 2008 年 6 月，双方签订《中华人民共和国政府和罗马尼亚政府科学技术合作协定》
克罗地亚	德国、意大利、斯洛文尼亚	荷兰、奥地利、德国（2015）	——

资料来源：2018 年中国商务部《对外投资合作国别（地区）指南》相关数据。

5.3 中国与欧盟国家营商环境

表 5.3　中国与欧盟国家营商环境指数排名

国家	2009	2010	2011	2012	2013	2014	2015	2016	2017	2018	2019
中国	83	87	91	99	93	83	80	78	78	46	31
德国	24	19	18	19	13	15	14	17	20	24	22
法国	29	26	32	35	33	27	28	29	31	32	32
意大利	80	83	75	67	52	44	44	50	46	51	58
荷兰	29	29	34	30	26	25	27	28	32	36	42
中国	83	87	91	99	93	83	80	78	78	46	31
比利时	27	27	31	32	40	41	38	42	52	45	46
卢森堡	42	44	52	56	59	57	57	59	63	66	72
爱尔兰	8	8	16	15	17	19	15	18	17	23	24
丹麦	6	5	5	5	4	3	2	3	3	3	4
希腊	98	101	89	89	65	58	58	61	67	72	79
葡萄牙	33	30	30	29	23	23	24	25	29	34	39
西班牙	48	45	42	46	32	34	33	32	28	30	30
奥地利	31	28	28	28	19	20	18	19	22	26	27
芬兰	11	14	10	12	8	10	12	13	13	17	20
瑞典	23	9	8	14	12	9	9	9	10	12	10
波兰	73	59	74	48	30	28	25	24	27	33	40
拉脱维亚	27	31	21	24	21	22	17	14	19	19	19
立陶宛	26	25	26	25	24	21	21	21	16	14	11
爱沙尼亚	17	18	19	21	16	16	11	12	12	16	18
匈牙利	52	46	49	52	58	40	40	41	48	53	52
捷克	82	70	67	68	47	33	26	27	30	35	41
斯洛伐克	40	43	46	43	35	29	30	33	39	42	45
斯洛文尼亚	43	37	35	31	46	35	30	30	37	40	37
马耳他	——	——	——	——	——	——	——	——	——	——	——
塞浦路斯	35	49	37	38	62	60	41	45	53	57	54
保加利亚	53	57	64	57	36	36	37	39	50	59	61

续表

国家	2009	2010	2011	2012	2013	2014	2015	2016	2017	2018	2019
罗马尼亚	54	65	72	73	50	37	35	36	45	52	55
克罗地亚	89	79	80	88	67	39	39	43	51	58	51
英国（现已脱欧）	4	6	6	11	9	6	6	7	7	9	8

数据来源：世界银行数据库。

2020：建立中欧自贸区若干建议

中国（海南）改革发展研究院课题组

在2013年第十六次中欧领导人会晤期间，双方共同发表《中欧合作2020战略规划》（简称《规划》）。《规划》明确提出，双方“在条件成熟时签订全面深入的自贸协定”。由于受诸多因素影响，近两年建立中欧自贸区尚未有重要进展。从现在到2020年是建立中欧自贸区的关键时期。双方做出什么样的战略选择，关系中欧合作前景。

一、全球自由贸易发展大趋势下的中欧合作

1. 适应全球自由贸易发展大趋势。

（1）全球经济服务化进程加快。2011年全球服务业增加值占全球GDP的比重超过70%，2015年全球服务贸易总额占全球外贸总额的比重达到1/5。许多新兴经济体陆续进入工业化中后期，其服务业增加值占GDP的比重超过50%。在大数据、智能化、云计算、物联网、移动互联网等引领下，无论是在生产性服务业领域还是在生活性服务业领域，新的商业模式和新的发展业态快速涌现，深刻改变着人类生活。

（2）服务贸易成为新一轮全球化和全球贸易自由化的重要引擎。据世界贸易组织（WTO）统计，2000年全球服务贸易额（不包括政府服务）为1.44万亿美元，到2014年达到9.8万亿美元，接近10万亿美元大关，14年内增长了7倍左右。2001—2014年，全球服务贸易增速在大多数年份高于GDP增速和货物贸易增速。2014年，全球服务贸易增长率为6%，而同期全球货物贸易增速仅为0.8%。

（3）服务贸易成为双边多边贸易自由化进程的焦点。以货物贸易为重

点的“第一代”贸易规则正在向以服务贸易为重点的“第二代”贸易规则升级。同时，以服务贸易为重点的超大型自贸区正在兴起。TPP、TTIP 等多边自贸区谈判都把服务贸易规则作为谈判重点。这些自贸协定一旦达成，将对全球贸易规则产生重大影响。

（4）服务贸易成为全球经济治理变革的重要动力。2008 年国际金融危机以来，新兴经济体国家（E11，新兴 11 国）占全球经济的比重不断上升，到 2015 年达到 30.3%，对全球经济增长的贡献度为 52.9%，远大于 G7 国家的 22.9%和欧盟国家的 12.2%。为此，构建一个新兴经济体能够参与的、更具包容性的服务贸易体系，有利于全球经济再平衡和形成经济治理变革的新动力。

2. 中国经济转型升级与全球贸易自由化进程交汇的趋势。

（1）中国产业结构正由工业主导向服务业主导转型。城乡居民消费结构正由以物质型消费为主向以服务型消费为主转型。当前，中国城镇居民服务型消费需求占比约为 40%，到 2020 年这一比重有可能提高到 50%左右。这将带动服务业的快速发展。2000—2015 年，中国服务业增加值从 3.97 万亿元增长到 34.16 万亿元，增长了 8.6 倍，年均实际增速超过 9%，服务业增加值基本上每 5 年翻一番。2015 年，中国工业增加值增长 6.0%，服务业增加值增长 8.3%，服务业增加值占 GDP 的比重达到 50.5%。保守预测，到 2020 年，中国服务业规模将超过 50 万亿元人民币（7.7 万亿美元），占 GDP 比重有可能达到 58%左右，成为服务业大国。

（2）服务业将支撑中国未来 10 年的中速增长。到 2020 年，服务业对中国经济增长的贡献率有望从 2014 年的 62.8%提高到 72%~80%。这将支撑中国 6%左右的中速增长。当然，这种增长是带有波动特点的。

（3）中国服务业市场开放与全球服务贸易快速发展形成交汇。过去几年，中国在服务业市场开放上出台了一系列改革举措，与全球服务贸易发展形成交汇，服务业成为中国吸引外资的主要领域。从趋势看，通过开放做大服务业“蛋糕”成为中国供给侧结构性改革的重大任务。中国正加快服务业市场对国内外资本开放，扩大服务业有效供给的趋势正在形成。

（4）中国以加快实施自贸区战略为重点推动全球自由贸易进程的趋势。2013年以来，中国陆续设立了上海、天津、广东、福建四个自由贸易试验区，在服务贸易和服务业市场开放等方面加快先行先试。四个自贸区在服务贸易和服务业市场开放上形成的可复制、可推广的经验，在全国范围内普及推广，这将加快形成服务领域全面开放的新格局，释放中国经济转型升级的新动力，并在全球贸易投资新规则尤其是服务贸易规则的形成中发挥积极作用。

3. 欧盟经济复苏和实现可持续增长的趋势。

（1）欧盟经济复苏增长面临的挑战增多。尽管欧元区主权债务问题得到缓和，劳动力就业和信贷市场有所改善，但由于内部需求不足，青年失业率高、经济复苏乏力的状况尚未得到根本改善。英国“脱欧”，使得欧盟一体化和经济增长的不确定性加大。

（2）全球服务贸易发展给欧盟带来新机遇。欧盟处于后工业化时代，服务业占经济总量的比重超过70%，服务业就业占比接近70%。现代服务业是欧盟经济增长和就业增长的主要源泉，也是欧盟竞争强项。以“互联网+新能源”为重要特征的工业3.0、以智能制造为重要特征的工业4.0均发轫于欧盟。在生产性服务业领域，欧盟已经形成了突出的先发优势。

（3）依托服务贸易优势发挥欧盟在全球经济新格局中的重要作用。包括中国在内的新兴经济体服务业的快速发展，为欧盟参与服务业国际分工和拓展服务贸易提供了巨大市场空间。加快与中国的服务贸易自由化进程，不仅能够为欧盟经济复苏提供巨大的市场空间，也能够进一步提升欧盟的全球影响力。

二、2020：建立中欧自贸区的可行性

4. 2020：深化中欧合作的重要机遇。

（1）2020：中欧经济转型的关键期。对中国来说，未来几年是中国服务消费大市场的形成期。估计到2020年中国人均GDP将达到12000美元左右，城镇居民服务型消费的比重将达到50%左右，一些发达地区将达到60%以上。在服务型消费需求拉动下，2020年中国消费规模将达到50万亿元。对欧盟来说，未来几年是长期增长动力的重塑期。要实现《欧盟2020战略》中提出的这些目标，欧盟需要加快转型，在经济增长、社会保护和增加就业之间实现新的平衡。

（2）2020：中欧经济互补性的增强。欧盟经济服务化水平明显高于中国。加快中欧服务贸易进程，欧盟可以充分利用近14亿人的服务业大市场，实现经济复苏和可持续发展；中国则可以充分借鉴欧盟的先进技术和先进管理发展现代服务业，实现经济转型升级的突破。

（3）2020：全球服务贸易新规则的形成。2020年前，TiSA、TPP、TTIP、中日韩等双边多边自由贸易协定谈判有望取得实质性成果。这将重塑全球服务贸易规则。欧盟作为全球最大的发达经济体，中国作为全球最大的新兴经济体，到2020年以服务贸易为重点建立中欧自由贸易区，形成南北互利共赢的新规则，将给全球经济复苏与全球经济治理新格局的形成带来重大影响。

（4）2020：建立中欧自贸区的时机选择。对欧盟来说，无论与哪个国家建立自贸区，都难以获得像中欧自贸区这样大的市场规模效应。如果把中欧自贸区建立的时间定在2030年，欧盟很有可能错失14亿人服务业大市场的快速增长期。

5. 2020：以服务贸易为重点启动中欧自贸区进程。

（1）2020：服务贸易成为中欧贸易的主要增长点。2007—2014年，中欧服务贸易增速在大多数年份里都超过了全球服务贸易增速。2004—

2014年，欧盟对华服务贸易出口年均增长16%；中国对欧盟服务贸易出口年均增长率也高达14%。如果2020年初步形成中欧一体化的服务大市场，中国服务贸易总额有望达到1.2万亿美元，服务进口额将由2015年的4248.1亿美元增加至6000亿~7000亿美元；中欧服务贸易总额将达到2000亿~2200亿欧元的规模，占中国服务贸易总额的比重由13.2%提高到20%。

（2）中欧服务贸易合作将对中国经济转型形成推动力。通过与欧盟的服务业合作，中国将有效提升健康、教育、文化、养老等生活性服务业的供给能力。通过学习和借鉴欧盟工业3.0、工业4.0的先进经验，加快发展生产性服务业，中国有望加快中国制造2025战略的实施，实现由生产型制造向服务型制造的转型。

（3）中欧服务贸易合作将对欧盟经济增长和就业产生重大影响。2013年，欧盟对中国服务贸易顺差为120亿欧元，2014年为92亿欧元。未来中欧服务贸易占中欧贸易总额的比重提高到20%左右，欧盟对中国的服务贸易出口将扩大2倍左右。中欧服务贸易增长显著提速，欧盟将从参与中国现代服务业发展中受益，获得进入中国服务市场的先行者红利。

6. 2020：建立中欧自贸区的重要基础。

（1）中欧合作已有40年，双方形成了广泛的政治互信。中欧业已形成全面紧密的经贸关系，也没有地缘政治利益冲突。欧盟连续11年成为中国第一大贸易伙伴，中国成为欧盟第二大贸易伙伴和第一大进口来源地，双方在投资、金融、货币、产业等各个领域展开了广泛合作。自2004年以来，中国陆续与16个欧盟成员国建立了伙伴关系，与德国、英国、法国等国建立了高度政治互信关系。

（2）建立中欧自贸区的共识在扩大。在第十六次中国欧盟领导人会晤中，李克强总理提出“积极探讨开展自贸区可行性研究”的倡议；双方共同发布的《中欧合作2020战略规划》（简称《规划》）提出，“在条件成熟时签订全面深入的自贸协定”。中国对建立中欧自贸区的态度积极，欧盟把推进其与亚洲国家/地区的自贸协定作为其对外贸易政策的重点，德国、英国等欧盟成员国均明确表达了对建立中欧自贸区的积极态度。

（3）中国“一带一路”与欧盟“容克计划”相互兼容。中国是唯一一个向容克计划注资的非欧盟国家，英国、德国等欧盟成员国是亚投行的发起成员国，双方在彼此重大发展战略上精准对接与务实合作，为建立中欧自贸区创造了新的有利条件。

7.2020：建立中欧自贸区的行动建议。

（1）第一步：签署框架协议。2016—2017 年，TPP 进入国内批准程序，TTIP、欧日自贸区、RCEP 等都把完成谈判的时间设在 2016 年底。这些协定谈判的进度彼此影响，对全球经贸格局产生重要影响。欧盟和中国分别是全球最大的发达经济体和最大的发展中经济体，又互为第一大和第二大贸易伙伴，中欧自贸区的建设不应落后于其他区域的经济一体化进程。未来两年，中欧应尽快商签建立自贸区的框架协议，明确谈判目标、谈判主要内容、谈判时间框架、谈判机构以及早期收获计划。

（2）第二步：完成重点领域谈判。2018—2019 年，双方完成货物贸易、服务贸易、投资等主要谈判，同时加快收获早期项目成果。考虑欧盟 28 个国家发展水平不一、对华经贸情况不一，在协议中可以与不同欧盟成员国约定有区别的例外清单（敏感产品）和过渡期；对目前难以达成一致的内容，增加“逐步自由化”条款，明确给出更开放承诺的谈判时间表，通过先建立再逐步升级的办法，使谈判能够顺利完成。

（3）第三步：正式建立中欧自贸区。双方签署全面协议并完成国内程序，正式建立中欧自贸区。2020 年，争取货物贸易、服务贸易、投资等主要谈判条款生效，显著降低中欧贸易的关税壁垒和非关税壁垒，明显提高贸易投资便利化水平，加强宏观政策协调和监管合作，为形成一体化的中欧大市场奠定坚实基础。

三、合并推进中欧 BIT 谈判与 FTA 谈判

8. 合并推进 BIT 谈判与 FTA 谈判的趋势判断。

（1）BIT 融入 FTA 的趋势明显。总的看，国际投资协定与国际贸易协定呈现出相互融合的趋势，超大区域经济体的经贸合作大都选择 FTA 形态。例如，作为全球主要经济体，欧盟与其他经济体推进的大都是 FTA 谈判（欧越、欧印等），欧盟与中国进行的中欧 BIT 谈判是欧盟正在开展的极少数投资谈判之一。

（2）中欧仅谈 BIT 而不谈 FTA，困难大且成果有限。如果不谈 FTA，中欧 BIT 谈判即便达成，所取得的成果也有限。正在进行的中欧 BIT 谈判已经包含了自贸协定谈判的某些重要内容，使得中欧 BIT 与传统 BIT 谈判有着重大区别。适应双方需求，把中欧 BIT 谈判适时升级为 FTA 谈判水到渠成。

（3）合并推进中欧 BIT 谈判与 FTA 谈判具有可行性。欧盟有与发展中国家直接推进 FTA 谈判的先例。欧越已经签署《欧盟—越南自由贸易协定》，涉及消除关税、减少非关税壁垒、原产地规则、政府采购、公平竞争、服务贸易、投资、争端解决等领域。从转型和发展的进程看，中国明显快于越南，中欧完全有条件推进 FTA 与 BIT 合并，直接开展自贸协议谈判，并使中欧市场相互开放的程度不低于欧越自贸协定所达成的协议。

9. 合并中欧 BIT 谈判与 FTA 谈判的行动建议。

（1）扩大谈判范围。把服务业市场准入和服务贸易作为中欧 BIT 谈判的重点内容之一。目前欧盟主要关注中国市场准入、公平竞争和国民待遇等问题；中国主要关心欧盟的投资法规、标准和管理机制等议题。在中欧正式谈判文本最终确定之前，把更多服务贸易内容纳入谈判范围，是双方的务实选择。

（2）扩大实施地域。在双方达成协议之前率先在特定区域试点，探索双方共同关注的服务贸易内容、开放路径与开放方式。可以考虑把中国国

内自贸区（FTZ）作为中欧FTA涉及条款的先行实施主体，在FTZ地域范围不断扩大的同时，不断扩大中欧FTA实施范围，走出一条加快双向市场开放的新路径。

（3）扩大支持中欧FTA谈判的欧盟成员国数量。发挥态度比较积极的成员国的作用。德国在欧盟各个层面有重要影响和作用，获得其更深程度的支持有助于加快中欧FTA进程。加强与欧盟中南欧和中东欧成员国的沟通。希腊、西班牙、意大利等目前尚未完全从主权债务危机创伤中恢复过来，对外部冲击更为敏感，中国可以主动让利，给予其结构调整的缓冲期和过渡期。新加入欧盟的中东欧国家，经济活力相对较高，中国需要加强与这些国家的交流沟通，强调彼此在经济发展上的互补性，减少他们对中欧自贸区的疑虑。

10. 在合并推进中加快实施早期收获项目。

（1）以海关合作为重点的贸易便利化。在《中欧海关2014—2017年合作战略框架》下，探索与服务贸易特点相适应的通关管理模式，全面加强双方在促进贸易便利化、提高过境效率、知识产权执法、贸易统计等方面的合作。提高人员签证的便利性。针对服务贸易的自然人流动，尽快商签促进商业访问人员、公司内部调任人员、合约服务提供者和独立专家、咨询人员等劳动力流动的合作协定，相互保障对方合同服务提供者的员工待遇，提高签证程序的透明度。加强中欧在食品安全、质量标准领域的合作，推动第三方检测和认证服务的检测认证结果互认，加强信息资源共享。

（2）以人民币国际化为重点的中欧货币金融合作。加强金融机构互设和资本市场的互通机制建设，共同打造互联互通的亚欧金融大市场；以亚投行（AIIB）和欧投行（EIB）为桥梁和枢纽，开展亚欧之间多形式多渠道的投融资合作；加强双方在货币和金融监管领域的合作；在国际金融体系和货币体系的完善与改革、相关规则的修订与制定等领域加强中欧宏观政策协调。

（3）以环保技术为重点的技术合作。欧盟在环保技术、新能源开发使用技术等方面处于全球领先地位，在清洁能源开发使用技术的出口方面有很大优势。中国要放宽欧盟企业市场准入，吸引欧盟企业进入中国环保市场。

（4）以电子商务为重点的新兴产业合作。中国和欧盟建立自贸区，围绕跨境电子商务的内容进行平等协商，不仅能释放中欧跨境电子商务的发展潜力，还将为全球和区域跨境电子商务规则制定提供有益参考。中欧应共同探索对电子商务快件等特殊物品的监管模式创新，促进跨境电子商务通关便利化。

（5）加强中欧基础设施投资合作。欧盟桥梁、水道、铁路、公路、航空和电力等基础设施的更新、扩容和改造需要巨大投资，仅容克计划的实施就需要不低于3150亿欧元的投资。中国在高铁、桥梁、机场、电力等方面，有世界一流的技术与设备、建设能力和价格竞争力。双方可以把基础设施互联互通作为中欧FTA的重要内容。

（6）扩大中欧政府采购合作。中欧正在相互寻求更多参与对方大型基础设施项目建设，双方扩大政府采购的空间巨大。可以考虑以“负面清单”方式明确双方政府采购参与实体，稳定预期，减少不确定性。

四、2020：中欧深化结构性改革的重大课题

11. 深化中欧合作面临的结构性矛盾。

（1）欧盟。一是贸易保护。中欧经济有很强的互补性，但相互开放不可避免地会给各自某些行业带来包括就业调整在内的多方面冲击。面临某些行业和就业调整带来的强大压力，欧盟对中国采取了某些贸易保护措施。二是技术性贸易壁垒。在某些不具有优势的行业，尤其是在环境保护、机电仪器、化矿金属、纺织鞋帽等领域，欧盟仍实行或明或暗的保护政策，甚至列入限制市场准入和国民待遇例外之列。近年来，欧盟颁布了大量技术法规和标准，并制定了相应的合格评定程序，直接或间接地构成

了贸易壁垒。三是服务贸易自由化和便利化不足。例如，中国公民赴欧签证还比较困难，便利化程度低，手续复杂、申领时间过长、拒签率高等现象仍然存在。

（2）中国。一是产能过剩。由于传统增长方式尚未彻底转变，中国经济领域出现比较严重的产能过剩问题，某些领域甚至相当突出。这不仅成为影响中国短期经济增长、引发短期经济风险的因素，而且成为制约经济转型升级的重要因素。二是服务业市场开放相对滞后。改革开放以来，中国市场开放的重心主要在工业领域，服务业市场开放滞后。尤其是服务业对外开放的程度不高。三是服务贸易比重偏低。尽管过去几年中国服务贸易规模增长较快，但占外贸比重仍然偏低。2014 年，中国服务贸易额占外贸总额的比重仅为 12.3%，比全球平均水平低 8.3 个百分点，也明显低于 2013 年全球 19.6%、美国 22.1%和印度 26.5%的水平。2015 年，中国服务贸易总额 7130 亿美元，不足货物贸易规模的 1/5。

（3）深化结构性改革的共同选择。抓住服务贸易发展的趋势，着眼于 2020 年建设中欧自贸区的基本目标，需要中欧双方共同推进结构性改革，加大制度供给，破解中欧经贸合作中的结构性矛盾。例如，针对中欧投资与贸易中的“痛点”，加强相互沟通和相互协商，争取在关键领域尽早达成一致；针对中欧民众相互认知程度不一致的情况，通过推进人员往来便利化，深化中欧民间社会文化交流。

12. 深化欧盟结构性改革的相关建议。

（1）推进劳动力市场改革。有研究表明（2016），如果欧盟结构性改革到位的话，中欧自贸区建设尽管会给欧盟劳动力市场带来一定的冲击，但这种冲击带来的风险仍然可控。欧盟劳动力市场改革越快，就业调整的阵痛就越小。这就要求欧盟提高劳动力市场的灵活性，减少政府对劳动力市场的干预，提高企业在用人、薪资、待遇方面的自主性；提高福利制度的弹性，使福利制度与经济增长相互促进。

（2）放开对华高新技术出口管制。欧盟有条件也有责任加大对华低碳技术出口，帮助中国提高生产效率，降低碳排放强度，促进中国绿色增长与绿色转型。在双方加强知识产权保护合作的同时，欧盟需尽快消除对华高新技术出口管制；减少、取消专门针对中国的技术壁垒，尤其是生态标识等技术壁垒。

（3）显著降低技术性贸易壁垒。从释放中欧服务贸易市场潜力出发，欧盟需要尽快给予中国企业与其他市场经济国家同等的地位和待遇，不再单独设置针对中国企业的技术壁垒、国家安全审查壁垒等；进一步向中国开放欧盟服务市场，包括商业服务、金融、电讯、分销、旅游、教育、运输、医疗与保健、建筑、环境、娱乐等服务业。此外，欧盟需要审慎使用反垄断调查。

（4）消除劳务合作中的人员流动壁垒。人员往来便利化是深化中欧合作的关键。进一步简化旅游、商务、留学、就医、工作等签证申请程序，缩短签证审发时间；对符合条件的申请人，实施更加便利的签证审发程序；探索发放电子签证，增加有效期年限和多次入境签证的发放，延长签证的停留期。

13. 深化中国结构性改革的相关建议。

（1）推进服务业市场开放。一方面，加快服务业领域的反垄断进程。强化以社会资本为主的服务业发展思路，破除服务业领域的行政垄断与市场垄断，打破市场分割与地区封锁，建立统一开放、竞争有序的服务业市场体系。打破社会资本进入教育、医疗、通信、金融等服务业市场的种种障碍，通过公平竞争来提高服务业市场的供给能力、供给质量和供给效率。另一方面，加快服务业市场对外开放。加快推行准入前国民待遇和负面清单制度，缩小负面清单的限制范围；实行服务业外商投资登记备案制。在一般服务贸易部门，外国公司设立变更相关审批逐步改为备案管理。实行外商投资企业信息申报及共享公示制度。推进金融、教育、文化、医疗等服务业领域有序开放；放开育幼养老、建筑设计、会计审计、商贸物流、电子商务等服务业领域的外资准入限制。发展服务外包业务，充分利用服务外包提升服务业发展水平。

（2）提高服务贸易比重。一方面，以服务贸易为重点，国内自贸区再扩容 3~5 个，明显减少自贸区负面清单中关于服务贸易的限制措施，并加快在全国范围内复制推广自贸区的成功经验；另一方面，以服务贸易为重点开展中欧等双边多边投资贸易谈判，以服务业市场的双向开放带动服务贸易发展。这样，到 2020 年，中国服务贸易占比有望由 2014 年的 12.3%提高到 20%；中国服务贸易总额占世界服务贸易总额的比重将由 2014 年的 6.2%提高至 10%；将形成传统服务贸易和现代服务贸易均衡发展的贸易结构。

（3）深化国企改革。一是坚定推进产能严重过剩领域的国企“去产能”。钢铁、煤炭、有色金属等产能严重过剩领域的国有企业，需要通过优化重组实现去产能，加快转型升级。二是推进国有资本的战略性调整。尽快形成国有资本战略布局调整的分类改革方案。国有资本从房地产、酒店等一般竞争性领域退出，设立国有资本运营公司，推动国有资本战略布局调整；国有资本从自然垄断行业、城市公用事业的可竞争环节退出。与到 2020 年总体实现城乡基本公共服务均等化目标相适应，增加社会公共服务类国有资本投资。三是提高国有资本经营收益划拨全国社保基金的比例。以此为重点举措，落实 2020 年国有资本经营收益划拨公共财政不低于 30%的目标。

（4）提高政府购买公共服务比重。以政府购买公共服务为重点加快公共服务业市场开放，进一步放宽外资参与政府购买公共服务的范围，形成多元供给主体的格局。取消政府购买公共服务过程中对不同市场主体的某些歧视性政策。到 2020 年，争取政府采购规模占公共财政支出比重从 2014 年的 11.4%提升到 15%~20%，服务类采购占政府采购的比重从 2014 年的 11.2%提升到 30%左右。

（5）以监管转型为重点深化政府改革。近几年，中国政府加大了简政放权力度。例如，连续两次修订政府核准的投资项目目录，中央层面核准的项目数量累计减少约76%，95%以上的外商投资项目、98%以上的境外投资项目改为网上备案管理。着眼于“降成本”与增强监管的有效性，中国需要在“放管服”上尽快破题，加快监管转型进程，提升市场监管的法治化程度。

14. 2020：中欧深化合作面临重大抉择。

（1）贸易自由化仍是世界经济增长的重要动力。从世界经济发展史看，贸易便利化和自由化带来的增长和就业远远超过通过贸易保护所能保住的GDP和就业。无论是对发达国家，还是发展中国家，以邻为壑的贸易保护，虽能暂时延缓外部竞争带来的阵痛，却阻滞了自身产业调整的进程，中长期来看反而带来经济竞争力下降和创新能力削弱等深层次矛盾和问题。2008年国际金融危机爆发以来，面对外部需求持续放缓、内部失业率上升的压力，一些国家的贸易保护主义、保守主义、民粹主义倾向抬头，新一轮全球化的不确定性上升，世界贸易增速已连续4年低于3%。作为负责任的大国和国家联盟，中欧需要在关键时候发挥关键性作用。

（2）坚定推进以服务贸易为重点的市场开放。服务贸易已经成为全球贸易增长和经济增长的重要动力。当前，无论是发达国家，还是发展中国家，都面临形式各异的服务贸易壁垒的挑战。在服务贸易领域尚未形成全球自贸规则的情况下，中欧都需要推进以服务贸易为重点的双向市场开放，显著提高服务贸易在对外贸易中的比重，推动形成更具包容性的服务贸易规则。

（3）以经贸合作优先带动社会、文化、治理等全方位合作。建交40余年来，中欧关系总体上走出了一条经贸优先的务实合作路子。中国成为欧盟第二大贸易伙伴，欧盟成为中国第一大贸易伙伴和第一大高新技术来源地。在经贸合作的基础上双方社会、文化、环境、全球治理等领域的全面合作正在不断增强。中欧基于互补和共赢建立中欧自贸区，将在明显改善消费者福利的同时促进中欧产业转型升级、提高企业竞争力，有利于双方扩大就业和改善社会福利。

（4）“市场经济地位”不应成为建立中欧自贸区的障碍。从全球看，市场经济没有单一模式；从历史进程看，市场经济制度仍在不断完善中。中国自1978年以来不断探索，坚持社会主义市场经济改革方向，建立了社会主义市场经济体制，成为全球第二大经济体。这不仅对中国自身发展意义重大，对世界发展也是一个巨大贡献。欧盟已经与越南签订自贸协定，正在加快与印度的自贸协定谈判。中欧需要排除政治干扰，尽快启动中欧自贸进程。

（5）各自承担责任，深化结构性改革。在全球总需求放缓、传统行业全球产能过剩的背景下，中欧都需要通过深化经贸合作推动经济转型。中国已就削减过剩产能形成明确的时间表，欧盟也需要在传统行业转型及就业调整上有明确时间表。双方各自承担责任，通过深化结构性改革解决结构性失业等问题，不能把问题简单归咎于自由贸易。

（6）携手推进全球贸易自由化进程。作为全球最大的发达经济体和最大的发展中经济体，中欧建立自贸区，在以服务贸易为重点的贸易投资领域形成开放包容、互利共赢的合作规则，将为发达国家与新兴经济体的合作提供蓝本，为全球经济再平衡和全球治理改善做出独特贡献。

建立中欧自贸区，推动中欧两大市场的对接，是中欧面向21世纪、赢在转折点的重要选择，是促进世界经济可持续增长的重要选择。中欧双方需要在政府、企业、智库、社会、舆论等多个层面加强交流对话，早日就建立中欧自贸区达成共识。

参考文献

[1] 迟福林. 新型开放大国的选择[J]. 中国经济报告，2019（05）.

[2] 祁斌. 企业“走出去”的挑战和对策[J]. 清华金融评论，2019（12）.

[3] 高飞. 大变局与中国外交的选择[J]. 国际问题研究，2019（06）.

[4] 刘卫东. 解读三大赤字，寻求应对之道[J]. 红旗文稿，2017（08）.

[5] 张晓颖，王小林. 参与全球贫困治理：中国的路径[J]. 国际问题研究，2019（03）.

[6] 曹小衡. 新时代台湾经济的定位与“两制”台湾方案经济议题的思考[J]. 台海研究，2019（04）.

[7] 刘建飞. 何谓“百年未有之大变局”[J]. 党员文摘，2019（11）.

[8] 竺彩华. 市场、国家与国际经贸规则体系重构[J]. 外交评论（外交学院学报），2019（05）.

[9] 吴茜茜. 新时期中国参与全球治理的挑战与对策研究[J]. 法制与社会，2019（08）.

[10] 欧阳向英. 社会主义中国与未来的世界——70 年中国道路的启示与思考[J]. 人民论坛·学术前沿，2019（09）.

[11] 顾学明. 服务贸易自由化潮流不可逆转[J]. 服务外包，2018（09）.

[12] 刘华芹，于佳卉. 世界变局中的中俄经贸合作[J]. 欧亚经济，2019（01）.

[13] 陈鑫. 参与全球治理：推进“人类命运共同体”的现实构建[J]. 攀登，2019（01）.

[14] 邹治波. 从历史和全局看美国的霸凌主义[J]. 人民论坛，2018（08）.

[15] 吴丽萍. 中国农民可行能力贫困研究——以阿马蒂亚·森可行能力理论为视角[J]. 西安石油大学学报（社会科学版），2015（03）.

[16] 于潇宇，陈硕. 全球数字经济发展的现状、经验及对我国的启示[J]. 现代管理科

学，2018（12）.
[17] 迟福林．中国扩大开放趋势及其对东北亚经贸合作进程的影响[J]．经济纵横，2019（10）.
[18] 迟福林．新型开放大国的选择[J]．金融经济，2019（10）.
[19] 白舒婕．中国加速编织高标准自贸区网络[N]．国际商报，2020-01-21.
[20] 国务院发展研究中心“国际经济格局变化和中国战略选择”课题组，李伟，隆国强，张琦，赵晋平，王金照，赵福军．未来15年国际经济格局变化和中国战略选择[J]．管理世界，2018（12）.
[21] 国务院发展研究中心“国际经济格局变化和中国战略选择”课题组，隆国强，张琦，王金照，赵福军．未来15年国际经济格局面临十大变化[J]．中国发展观察，2019（01）.
[22] 高飞．反全球化难改全球化发展趋势[J]．理论导报，2017（05）.
[23] 李留宇．财经动态[J]．国际融资，2019（07）.
[24] 第二十一次中国—欧盟领导人会晤联合声明[N]．人民日报，2019-04-10.
[25] 中国对欧盟政策文件[N]．人民日报，2018-12-19.
[26] 新华网．中国对欧盟政策文件（全文）[EB/OL]．新华网，2018-12-18.
[27] 郭丽琴，冯迪凡．探讨逾50小时 中欧谈成了什么[N]．第一财经日报，2019-04-11.
[28] 张沛．自贸试验区带动全国营商环境优化[N]．金融时报，2019-04-12.
[29] 张旭东．中欧合作：为世界注入稳定性和正能量[J]．今日中国，2018（08）.
[30] 石岩．欧盟推动WTO改革：主张、路径及影响[J]．国际问题研究，2019（02）.
[31] 张贵洪．联合国、二十国集团与全球发展治理[J]．当代世界与社会主义，2016（04）.
[32] 李世磊．后《巴黎协定》时代中欧在全球气候治理上的分歧与合作研究[D]．广东外语外贸大学硕士学位论文，2019（04）.
[33] 牛群立．浅谈中国—欧盟贸易[J]．科技情报开发与经济，2007（12）.
[34] 魏桥．中美明确接下来磋商的原则及时间[N]．国际商报，2019-08-02.
[35] 张衡．商务部：否认中国的发展中成员地位不符合事实[N]．中国财经报，2019-08-03.

[36] 张明．深化中欧合作应对共同挑战[N]．人民日报，2018-07-15.
[37] 王宙洁，金嘉捷．“一条路四座桥”中欧经贸且行且亲近[N]．上海证券报，2014-04-03.
[38] 鞠辉．中欧签署地理标志协定 对中欧双方好处多[N]．中国青年报，2019-11-07.
[39] 关于深化互利共赢的中欧全面战略伙伴关系的联合声明[N]．人民日报，2014-04-01.
[40] 习近平同欧洲理事会主席米歇尔通电话[N]．人民日报，2019-12-10.
[41] 新华社．又踏层峰望眼开——国务委员兼外交部长王毅谈习近平主席访问意大利、摩纳哥、法国[J]．时事报告，2019（04）.
[42] 姚铃．“一带一路”& 中欧经贸：现实与未来[J]．中国远洋海运，2019（06）.
[43] 鞠辉．欧盟学者：欧盟对“一带一路”倡议态度日趋积极[N]．中国青年报，2019-04-24.
[44] 刘威，白波．欧洲对“一带一路”热情持续升温[N]．北京日报，2019-04-21.
[45] 毛雯．中国行动彰显大国担当[N]．中国贸易报，2019-04-23.
[46] 推进“一带一路”建设工作领导小组办公室．共建“一带一路”倡议：进展、贡献与展望[N]．人民日报，2019-04-23.
[47] 王永中，宋爽．建言“一带一路”融资机制[J]．中国外汇，2019（07）.
[48] 宁吉喆．中国经济运行呈现十大亮点[N]．中国信息报，2020-02-03.
[49] 张翼．中国经济：长期向好，平稳运行前景阔[N]．光明日报，2020-02-17.
[50] 顾阳．市场规模超大 韧性活力十足[N]．经济日报，2020-02-22.
[51] 徐贝贝．长期来看疫情不会对我国内需活力产生显著影响[N]．金融时报，2020-02-06.
[52] 李清如．从中国倡议到世界共识——“一带一路”建设近6年来取得丰硕成果[J]．中国金融家，2019（05）.
[53] 盛来运．稳中上台阶 进中增福祉[N]．人民日报，2020-02-29.
[54] 李婕．中国经济总量逼近100万亿元大关[N]．人民日报，2020-02-29.
[55] 魏桥．2019年中国经济取得新的重大进展[N]．国际商报，2020-03-02.
[56] 盛来运．稳中上台阶 进中增福祉[N]．中国信息报，2020-03-02.

[57] 依琰．向好趋势不变 消费新业态有望逆势成长[N]．中国商报，2020-03-03.
[58] 王晓红，李锋，夏友仁，高凌云[J]．国际贸易，2019（06）.
[59] 中国（海南）改革发展研究院课题组．中欧自贸区——2020：深化中欧合作的重大选项（下）[N]．上海证券报，2016-06-25.
[60] 张茉楠．自贸区升级战略：40 年中国改革开放再出发[J]．中国经贸导刊，2019（09）.
[61] 中国（海南）改革发展研究院课题组．加快打造中国—东盟自贸区升级版[N]．经济参考报，2014-02-27.
[62] 匡贤明，何冬妮．“10+1”：亚太自贸区突破口[J]．中国经济报告，2014（12）.
[63] 中国（海南）改革发展研究院课题组．中欧自贸区——2020：深化中欧合作的重大选项（上）[N]．上海证券报，2016-06-24.
[64] 黄耀东，唐卉．中国—东盟自由贸易区建设瓶颈及升级版建设路径研究[J]．学术论坛，2016（10）.
[65] 王铮．中石油阿联酋地面油气田工程建设市场投资策略分析[D]．云南大学硕士学位论文，2019（04）.
[66] 事关企业竞争力，日美欧药企竞相在华搞研发[EB/OL]．参考消息网，2019-08-02.
[67] 丁纯，杨嘉威．欧洲经济治理体制的问题、改进和前景[J]．国际论坛，2019（01）.
[68] 刘馨蔚．中企赴欧投资创新高 仍面临日趋收紧外资审查挑战——中国贸促会研究院发布《欧盟投资环境报告》[J]．中国对外贸易，2019（05）.
[69] 杨虹．中企投资意愿强烈 专家呼吁：欧盟应改善投资环境[N]．中国经济导报，2019-04-25.
[70] 卢晨阳．从《中国对欧盟政策文件》看中国对欧盟政策的演变及特点[J]．北京教育学院学报，2019（02）.
[71] 祝嫣然．国企改革已符“竞争中性”原则还要提倡“所有制中立”[N]. 第一财经日报，2018-10-16.
[72] 巴曙松．竞争中性原则的形成及其在中国的实施[J]．当代金融研究，2019（04）.

[73] 本刊编辑部．以竞争中立性原则为导向推动各种所有制企业共同发展[J]．中国总会计师，2019（03）．
[74] 程高全．浅谈我国服务贸易的发展[J]．才智，2011（08）：33-35.
[75] 迟福林．中国扩大开放趋势及其对东北亚经贸合作进程的影响[J]．经济纵横，2019（10）．
[76] 冯存万．多重危机视角下的欧盟政策调整及中欧关系[J]．国际展望，2018（06）．
[77] 郭庆慧，周广涛．中国服务贸易的发展状况与特征分析[J]．科技致富向导，2013（11）．
[78] 李春雷．我国服务贸易的发展影响因素分析及应对策略[J]．时代金融，2012（06）．
[79] 迟福林．推进以服务贸易为重点的开放转型[N]．经济日报，2017-02-18.
[80] 刘欣．OECD 国家技术劳动力跨国流动的动因及经济效应分析[D]．山东理工大学硕士学位论文，2018（04）．
[81] 李明明．共识政治的危机：欧洲一体化与欧盟政治分歧的发展[J]．德国研究，2019（02）．
[82] 张锐．统一财政：欧元区的理想构图与现实场景[N]．证券时报，2019-06-20.
[83] 李凯旋．意大利福利制度改革及启示[J]．经济研究参考，2018（07）．
[84] 中国（海南）改革发展研究院课题组．中欧自贸区：深化中欧合作的重大选项[N]．深圳特区报，2016-07-05.
[85] 侯俊军．推动中国标准“走出去”提升国际市场竞争力[J]．海外投资与出口信贷，2015（03）．
[86] 闫云凤．中欧贸易碳排放转移研究[J]．中央财经大学学报，2012（04）．
[87] 迟福林．转型中国的历史性抉择[J]．中国井冈山干部学院学报，2015（03）．
[88] 迟福林．走向服务业大国的转型与改革——2020 年中国经济转型升级的大趋势[J]．上海大学学报（社会科学版），2015（01）．
[89] 迟福林．加快以转型创新为主线的改革攻坚[J]．时事报告，2015（04）．
[90] 方栓喜，倪建伟，张飞．以公益性为目标优化国有资本配置[N]．经济参考报，2012-05-25.

[91] 迟福林．自由贸易港建设事关改革开放全局[N]．经济参考报，2019-03-04.
[92] 王瑞．供给侧视域下服务业结构性改革研究[J]．商业经济研究，2016（11).
[93] 张飞．放开服务行业 释放市场红利[N]．上海证券报，2015-04-14.
[94] 迟福林．改革开放40年建立与完善社会主义市场经济体制的基本实践[J]．改革，2018（08).
[95] 周民良．建设制造强国的宏伟蓝图[J]．金融经济，2015（07).
[96] 迟福林．以监管转型为重点推进简政放权[N]．经济日报，2017-08-18.
[97] 中国（海南）改革发展研究院．以监管转型为重点深化简政放权改革[N]．经济日报，2015-09-11.
[98] 关于完善产权保护制度依法保护产权的实施意见[N]．天津日报，2018-02-28.
[99] 迟福林．处理好政府与市场关系是深化结构性改革的关键[J]．行政管理改革，2017（08).
[100] 中国（海南）改革发展研究院课题组．监管变革：由传统市场监管向治理创新转型[N]．上海证券报，2016-03-26.
[101] 商务部欧洲司．意大利：高新产业和传统产业并举[N]．国际商报，2007-08-13.
[102] 中国民生银行研究院宏观经济研究团队．德国投资机遇及风险分析[J]．中国国情国力，2018（01).
[103] 秦忠．北欧四国以技术创新促进工业发展[C]．云南省机械工程学会会议论文集，2013-05-21.
[104] 华红娟，张海燕．“一带一路”框架下中国与中东欧国家“精准合作”研究[J]．国际经济合作，2018（02).
[105] 郭雯．我国与中东欧国家产业合作问题研究[J]．对外经贸，2014（03).
[106] 杨超等．英国“脱欧”谈判与中英经贸合作战略契机[J]．国际经济合作，2017（10).
[107] Alex Bellamy, Security Communities and their Neighbors: Regional Fortresses or Global Integrators [M]. New York: Palgrave Macmillan, 2004.
[108] Acharya A, The End of American World Order, Cambridge: Polity Books, 2014.
[109] Baldwin R E, Forslid R Martin P, et al. Economic Geography and Public Policy [M].

Prineeton University Press, 2003.

[110] Buzan B, Waever O, Rvgionsand Powers: The Structure of International Security [M]. Cambridge: Cambridge University Press, 2003.

[111] Brakman, Steven, Unlocking the Value of Cross-Border Mergers and Acquisitions [J]. CESifo Working Paper Series, CESifo Group Munich, 2008.

[112] Buckley, P. J., Clegg, J., Cross, A., Zheng, P., Voss, H. & Liu, X., The Determinants of Chinese Outward Foreign Direct Investment [J]. Journal of International Business Studies, 38(4), 2007.

[113] Birkinshaw, J. M. Strategy and management in MNE subsidiaries. The Oxford Handbook of International Business [M]. New York: Oxford University Press Inc. 2001: 380-401.

[114] Det1el N, "How to Compare Regional Powers: Analytical Concepts and Research Topics", Review of Internantianal Studies, Vol 36. No 4, 2010.

[115] Dunning, J. H., Lundan, S. M. Multinational Companys and the Global Economy [M]. Edward Elgar Publishing, 2008.

[116] Elke Krahmann. Conceptualizing Security Governance [J]. Cooperation and Conflict, 2003(1).

[117] Erramilli, M. K., Agarwal, S. &Devm, C. S. Choice between non-equity entry modes: An organizational capability perspective [J]. Journal of International Business Studies, 2002, 33(2).

[118] Huat T. H, Joseph Lim and Wilson Chen. Competing International Financial Centers: A Comparative Study between Hong Kong and Singapore [C]. Paper for Saw Centre for Financial Studies and ISEAS Conference, 2004.

[119] Keohane R. Governance in a Partially Globalized World [J]. American Political Science Review, 2001(3).

[120] Laura B. Pincers and James A. Belohlav Legal issues in multinational business Tactics: To Play the game, you have to know the rules [J]. Academy of Management Executive, 1996 Vol. 10 No. 3.

[121] Lee, C. L., Shinji Takagi. Deepening Association of Southeast Asian Nations' Financial Markets [J]. Asian Development Bank Institute Working Paper, 2013(3).

[122] Leal A. Lopez - LabordaJ., Rodrigo F. Cross - Border Shopping A Survey [J]. International Advances in Economic Research, 2010(16).

[123] Mathews, J. A., Dragon Multinationals: New Players in 21st Century Globalization [J]. Asia Pacific Journal of Management, 23, 2006.

[124] Mike W. Peng. Global Business [M]. South-Western Press, 2004.

[125] Mtigwe, B. Theoretical Milestones in International Business: The Journey to International Entrepreneurship Theory [J]. Journal of International Entrepreneurship, 2006, 4(1).

[126] McDougall, P. P., Oviatt, B. M. International Entrepreneurship: the Intersection of Two Research Paths [J]. Academy of Management Journal, 2000. 43(5).

[127] Mike W. Peng. GlobalBusiness [M]. South-Western Press. 2004.

[128] Mohd Nazri Bin Mohd Noor, Mohammad Noorizzuddin Bin Nooh, Joni Tamkin Bin Borhan. The Global Hub Process: Malaysia's Vision towards Becoming the Islamic Finance Global Hub Country [J]. International Journal of Business and Social Science, 2014, 5(8).

[129] Neary, J. P. Internatioal Trade in General Oligopolistic Equilibrium [D]. University College Dublin, mimeo, 2002.

[130] Nocke, V. and Yeaple, S. R. An Assignment Theory of Foreign Direct Investment [J]. Review of Economic Studies, 2008, 75(2).

[131] Niinisto S. "the Belt and Road Initiative" we are to deepen understanding [EB/OL] http://www.sohu.com/a/224759879_117503. 2018(3).

[132] Onuf N. World pf Our Making: Rules and Rule in Social Theory and International Relations [M]. Abingdon: Routledge, 2012.

[133] Paul T. V. International Relations Theory and Regional Transformation [M]. Cambridge: Cambridge University Press, 2012.

[134] Peter J. Burckley, L. Jeremy Clegg, Adam R. Cross, Xin Liu, Hinrich Voss, Ping Zheng. The Determinants of Chinese Outward Foreign Direct Investment [J]. Journal of International Business Studies, 2007, 38(4).

[135] Peng, M. W. Global Strategy. Cincinnate: Thomson South-Western [M]. 2006.

[136] Ramasamy B, Matthew Yeung, and Sylvie Laforet. China's Out-ward foreign Direct In-

vestment: Location Choice and Firm Owner-ship [J]. Journal of World Business, 2012, 47(1).

[137] Sahin S. "Timor-Leste's Foreign Independence Period", Journal of Current Snuthea Policy: "Securing State Identity in the Post IndependencePeriod" [J]. Journal of Currvnt Southeust Asian Affair, Vo 12, No 33, 2014.

[138] Stanley E. Torture, Truth and Justice: The Case of Timor-Leste [M]. Abingdon: Routledge, 2008.

[139] Shiping T. The Social Evolution of International Politics [M]. New York: Oxford University Press, 2013.

[140] V. Le Leslé, F. Ohnsorge, M. Kim, S. Seshadri. Why Complementarity Matters for Stability—Hong Kong SAR and Singapore as Asian Financial Centers [J]. IMF Working Paper, Strategy, Policy and Review Department, 2014.

[141] Webster A., Hardwick P. International Trade in Financial Services [J]. The Service Industries Journal, 2005, 25(6).

[142] Yiu, D., &Makino, S. The choce between joint venture and wholly owned subsidiary: An institutional perspective [J]. Organization Science, 2002, 13(6).

[143] Zahra, S. A., Matheme, B. P. and Curleton, J. Technological Resource Leveraging and the Internationlization of New Ventures [J]. Journal of International Entrepreneurship, 2003, 1 (2).